비주류의 이의신청

영화감독 켄 로치, 다른 미래를 꿈꾸다

비주류의 이의신청

영화감독 켄 로치, 다른 미래를 꿈꾸다

박홍규 지음

틈새의시간

내 친구 켄 로치

그리고

세상의 모든 빌리, 데이미언, 앤지, 다니엘에게

저자의 말

2018년에 국내에서 개봉한 영화 〈다키스트 아워〉는 그 전해의 영화 〈덩케르크〉나 드라마 〈처칠〉과 궤적을 같이합니다. 윈스턴 처칠을 영국은 물론 세계에서 가장 위대한 정치인으로 만들어준 영화라는 뜻에서 그렇습니다. 영국이 자랑하는 그런 정치인이 또 있어요. '여성 처칠'이라고도 불리는 마거릿 대처입니다. 대처도 2012년 〈철의 여인〉이란 영화를 비롯해 사십여 편의 영화와 드라마에 주인공으로 등장했습니다. 처칠은 2차 대전을 승리로 이끌었다는 점에서 영웅 대접을 받았고, 대처는 전시(戰時)를 제외하고 20세기에 영국 총리로 일했던 사람들 가운데서 가장 높은 평가를 받았습니다. 대처의 인기 요인으로 흔히 '영국병 극복'을 거론하지만, 한편에서는 그가 영국민의 빈부격차를 크게 벌린 주범이자 최악의 정치인이라며 악평을 퍼붓기도 합니다. 그렇게 악평을 쏟아낸 이들 중 대표적인 사람이 영화감독 켄 로치(Ken Loach, 1936~)*입니다. 어떤 정치인을 비판하는 주된 인물이 반대편 정치인이나 언론 종사자 혹은 강단의 학자들이 아니라 영화감독이라니, 참으로 신선하지요?

2013년 대처가 죽었을 때 켄 로치 감독은 대처를 역대 총리 중 가장 분열적이고 파괴적인 사람이라고 신랄하게 비판했습니다. 대량해고, 공장폐쇄, 공동체 파괴 따위의 끔찍한 유산을 남겼다고 지적하면서 대처가 집권한 1979년부터 시작된 여러 정책으로 영국이 엉망으로 되었다, 라고 토로했습니다. 그리고는 국장(國葬)으로 결정된 그의 장례식을 생전의 주특기인 '민영화'로 바꾸어 경쟁 입찰에 맡기면 어떻겠냐고, 가장 싼 업체를 받아들여 장례를 치르자고, 대처 자신도 그걸 원할 거라고, 의미심장하게 비꼬았습니다. 만일 켄이 대처 영화를 만든다면 그녀가 1차 걸프전

---

* 이하 '켄'이라고 적는다. 정식으로는 '로치'라고 부르는 것이 옳지만, 이 책에서는 그를 사랑하는 팬으로서 그냥 켄이라고 부르겠다. 마치 빈센트 반 고흐를 반 고흐가 아니라 '빈센트'라고 부른 것처럼.

발발에 큰 책임이 있으며, 2003년 미국의 이라크 침략을 지지했고, 피노체트와 후세인, 수하르토 같은 독재자들을 칭송했지만, 넬슨 만델라는 테러리스트로 규정했다는 점을 반드시 지적했을 것입니다.

일례로 그는 2013년에 찍은 〈1945년의 시대정신〉에서 대처 정부를 비판합니다. 2차 대전이 끝나고 1945년에 노동당 정부가 수립되면서 그나마 주요 산업의 국유화와 복지제도를 구축했으나 수익성과 효율성을 따지느라 마음이 급해서 공공서비스 공급이라는 본질을 잊어버렸다고요. 그 결과 빈익빈 부익부의 계급적 갈등이 심화했고, 빈민의 삶은 철저히 파괴되었으며, 노동당마저 대처의 노선에 굴복했다고 비판했어요. 심지어 노동당 정권조차 미국의 제국주의 정책에 부화뇌동하여 세계 정의를 파괴했다고 주장했습니다.

1979년 대처 집권 이후 신자유주의가 낳은 폐해는 2020년 벽두에 시작된 코로나19에 의해 단적으로 드러났습니다. 1981년 미국의 대통령이 된 삼류 영화배우 로널드 레이건과 함께 마거릿 대처가 이끈 지난 사십 년간의 신자유주의가 낳은 괴물이 바로 코로나19인데요, 지금 저는 그 괴물이 안겨준 공포 속에서 이 책을 씁니다. 이 세상이 그런 괴물의 소유가 되지 않도록 지난 반세기 이상 끊임없이 노력한 켄의 꿈을 빌려 그 괴물에 이기고 싶어서요.

켄은 또한 조지 부시와 토니 블레어에게도 '전쟁 범죄자'라는 악평을 서슴지 않았습니다. 이는 정치와 무관한 영화감독이 한순간의 객기로 내뱉은 '관심 좀 끌어보려는' 언사가 절대로 아니에요. 켄은 오십오년 동안 만든 수십 편의 영화와 드라마에서 같은 주장을 계속했습니다. 물론 우리 사회에서는 영화감독이 정치를 논하는 것, 그것도 주류에 저항하여 비주류 소수의 관점에서 비판하는 것을 낯설게 여깁니다. 영화감독이면 영화나 잘 만들 것이지 무슨 정치평론이냐, 라고 비아냥거릴 사람도 있겠지요. 우리보다 표현의 자유가 훨씬 잘 보장된다고 알고 있는 영국이나 유럽, 미국에서도 곧잘 그런 말이 나오는 터니, 우리 사회의 분위기가 새삼스럽다고 할 근거도 없습니다.

그러나 켄 로치에게는 영화가 곧 정치비판의 현장입니다. 처음부터 그는 '대다수가 모르는 현실' '잘못 알고 있는 현실'을 제대로 알리기 위해 '진실'에 드라마·영화의 옷을 입혀 꾸준히 말을 걸어왔습니다. "진실은 인간을 자유롭게 한다."는 것이 그의 신념이고 따라서 "진실을 위한 투쟁은 계속되어야 한다."는 것이 그의 신조이니 말입니다. 이런 점에서 그는 보기 드문 지성인이에요. 그에게는 예술과 정치, 그리고 인생이 그냥 하나입니다. 그것들을 결코 따로따로 분리할 수 없다고 봅니다. 제가 켄 로치 감독을 참된 지성인이자 예술인으로 사랑하는 이유입니다.

켄은 평소에는 겸허하고 온화해요. 그러나 자신의 사상과 신념을 예술로 펼칠 때만큼은 누구보다 강인하고 완고하며 집요합니다. 그렇다고 해서 영화를 만들 때 그 어떤 카리스마를 휘두르거나 권위를 행사하지는 않습니다. 도리어 모든 참여자와 함께 민주적이고 평등하게 일합니다. 그는 소위 독립영화나 저예산영화 감독의 전형이지만 그가 다루는 소재와 주제는 보편적인 휴머니즘에 입각해 있습니다. 언제나 평범한 보통사람의 이야기에서 드러나는 진실을 추구합니다. 극소수 엘리트 지배층이 대다수 피지배층을 착취하는 현실을 고발합니다. 그의 거의 모든 작품이 엘리트 지배층의 미움을 받는 배경이죠.

그런데 피지배층 역시 켄의 작품에 별로 환호하지 않습니다. 특히 한국에서 그래요. 대다수 피지배층 민중은 그가 묘사하는 자신들의 현실을 직시하기보다 자신의 비참한 현실을 잊게 해주는 비현실적인 할리우드 영화에 중독되는 쪽을 택합니다. 이것이 우리의 엄연한 현실이에요. 그러다 보니 아이러니하게도 켄의 영화는 접근하기 어려워 보이는 작가주의 영화 혹은 영화제용 영화로 오해받기 일쑤죠. 그뿐인가요? 우리나라에서는 그가 만든 영화의 의미와 가치를 쉽게 소개하는 책도 만나기 어렵습니다. 이러한 현실을 개탄하면서 저는 이 책을 썼습니다.*

이 책은 총 아홉 개의 장으로 구성했습니다. 첫 세 개의 장은 1960년대, 1970년대, 1980년대를 배경으로 초기 작품의 의미와 시대상을 다룹니다. 초창기부터 삼십년 동안의 작업에는 텔레비전 드라마나 다큐멘터리가 많은데, 우리가 쉽게 찾아볼 수 있는 작품이 많지 않아 비교적 간략하게 다루었습니다. 켄 로치가 세계적으로 알려진 것

---

* 한국 사회에서 살아가는 한국인의 눈으로 켄의 작품을 안내하는 책을 언젠가 꼭 쓰고 싶다는 바람이 이루어졌다. 그러나 분명히 말하지만, 이 책은 소위 전문가의 '전문서'가 아니다. 영화 전문가가 쓰는 영화 전문서가 아니다. 그저 평생 매일 한 편 이상의 영화를 볼 만큼 영화를 좋아하고, 특히 켄의 영화를 가장 사랑하는 그의 팬이 아마추어로서 극진한 사랑을 표현하는 데 불과하다.

은 1990년대와 2000년대부터예요. 이 시기는 각각 두 개의 독립된 장으로 나누어 총 네 개의 장으로 다루었습니다(1990년대 전반과 후반, 2000년대 전반과 후반으로 소개했다). 이후 켄의 전성기라고 부를 만한 2010년대 작품은 전반에 찍은 작품을 하나의 장으로, 2010년대 중후반에 작업한 작품들을 하나의 장에 모아 다루었고요. 시기마다 걸작들이 많지만 모두 소개하지 못하는 터라 어쩔 수 없이 주관에 따라 작품을 선택했습니다. 따라서 그 기준이 반드시 객관적이라고는 할 수 없어요.

켄의 전성기라고 생각하는 2010년대에 그의 나이는 칠십 대였습니다. 한국에서는 이미 은퇴했을 나이죠. 그런데 그는 오십 대 후반부터 세계적인 명성을 쌓았고, 한국에는 육십 대 이후에야 알려졌습니다. 그야말로 대기만성의 상징인 셈입니다.

켄 로치는 1964년에 만든 TV 드라마 〈캐서린〉부터 2019년의 영화 〈미안해요, 리키〉에 이르기까지 오십오년 동안 거의 매년 영화를 찍었습니다. 그야말로 노동하듯 영화를 만들어온 켄은 민중영화, 노동영화의 선두에 서 있지만, 안타깝게도 그의 뒤를 따르는 사람은 별로 없습니다.

영국이나 미국만이 아니라 세계 어디를 둘러봐도 그를 좇는 사람은 드물어요. 일본, 중국, 한국도 예외는 아닙니다. 20세기 초에 탄생해 세기를 대표하는 대중예술로 우뚝 선 영화 산업이 제국주의와 보수주의 편에 서 있다는 점은 굉장한 역설인 동시에 민주주의 발전에 커다란 장애 요인으로 작동합니다. 따라서 자유로운 개인, 안전하고 행복한 노동, 그리고 인간의 얼굴을 한 민주주의를 염원하는 사람이라면 누구든 켄 로치의 영화를 소중하게 여기고 아꼈으면 좋겠습니다.

그런 염원을 담은 이 책은 갓 태어난 〈틈새의시간〉이 '지금과 다른 미래'를 소망하며 세상을 둘러보는 첫 작업이기도 합니다. 새롭게 출발하는 〈틈새의시간〉이 건승하기를 바랍니다.

2021년 6월 경산에서

박홍규

차 례

저자의 말 · 6

프롤로그_내 친구 켄 로치 · 17

켄 로치를 찾아서, 켄 로치를 따라서 | 사회상을 읽어주는 영화 | 내가 사랑한 켄은 어떤 사람일까?

1장 죽어도 멜로드라마는 찍지 않는다 · 41

노동자 시대의 서막 | 출세가 보장된 법률가의 길을 버리다 | BBC에서 만든 뉴웨이브 작품들 | 켄은 트로츠키주의자일까? | 켄의 초기 드라마들 | 그들은 한순간에 무너졌다 | 내 안에는 마음이 너무도 많아 | 트로츠키주의가 영국 노동자들에게 미친 영향 | 나 같은 여자는 성공을 꿈꿀 수 없어 | '케스'처럼 하늘을 날고 싶다

2장 오로지 민주주의 영화를 찍는다 · 97

추락하는 영국 | 가족은 무엇으로 사는가 | 통념을 따르는 게 좋다는 통념을 비판한다 | 1970년대의 드라마 | 정신병원은 권력의 실험실일까? | 막장의 끝

3장 최악의 검열에도 항상 찍는다 · 123

길을 잃은 영국 노동당 | 누구에게나 일자리가 필요하다 | 조국을 찾아서, 아버지를 찾아서 | 1980년대 다큐멘터리

4장 언제나 최하층 사람들을 찍는다 · 135

1990년대 영국 노동계급의 인식 | 법은 누구의 편인가 | 노동과 노동자를 바라보는 따뜻한 시선 | 하늘에서 돌이 비처럼 쏟아진다면 | 누구를 위한 장미인가 | 일상화된 죽음을 그린 1990년대 다큐멘터리 | 한국과 영국의 노동법

5장 목숨을 건 진실투쟁을 찍는다 · 169

스페인혁명 | 피카소와 헤밍웨이의 스페인 | 스페인은 대의의 전장이었다 | 조지 오웰의 스페인 | 그녀의 무덤에서 가져온 흙 한 줌 | 그런다고 세상이 바뀌나요?

6장 참된 민중혁명을 위해 찍는다 · 205

살림살이는 좀 나아졌을까? | 모두에게 모든 것을, 우리 자신에겐 아무것도 | 언니는 매일 16시간씩 일해, 형부 병원비를 내려고 | 장미의 이름으로 | 노동자여, 연대하라! | 식스틴, 전혀 달콤하지 않은 | 9월 11일의 코인씨던스 | 다정한 입맞춤, 그리곤 영영 이별

7장 해방과 자유를 위해 찍는다 · 247

억압자 이스라엘에 반대하다 | 역사는 미래를 여는 열쇠다 | 시 「보리밭을 흔드는 바람」 | 영국과 아일랜드, 800년간 이어진 침략의 역사 | 우리에게 조국이란 무엇인가? | 우리가 우리 자신에게 원했던 것 | 나의 아일랜드 | 나도 당신도 나빠질 수 있다

8장 행복과 복지를 위해 찍는다 · 301

'제3의 길' 이후 2010년대의 영국 | 전쟁의 광기는 어디에서 오는가? | 시대정신은 없다 | 천사의 몫을 룸펜프롤레타리아에게 | 혁명은 일상의 변화를 스스로 촉구할 때 가능해진다

9장 인간성 회복을 위해 찍는다 · 327

차라리 아무것도 하지 마세요 | 인생 이야기는 금지되어 있습니다! | 나는 다니엘 블레이크, 개가 아니라 인간이다 | 한국의 '나, 다니엘 블레이크' | 명목은 개인사업자, 현실은 택배노동자 | 분노하는 대신 우리는 죽어간다

에필로그_자유로운 개인, 행복한 노동 · 351

진실의 평범성에 눈을 돌려라 | 켄 로치의 영화 철학은 사회적 리얼리즘이다 | 자유로운 개인, 행복한 노동은 가능한가?

켄 로치 필모그래피

일러두기

본문에 소개한 각 작품의 발표 연도는 해당 국가에서의 개봉일에 준했다.

외래어 및 인명은 국립국어원의 외래어 표기법을 따랐으며, 도서의 외래어 제목은 국내에 번역된 대로 표기했다.

인명에는 생몰연대만 병기했다.

단행본은 겹낫표(『』), 단편·논문·문서·소설·시의 제목은 홑낫표(「」), 각종 신문·잡지는 겹꺾쇠표(《 》), 미술작품 제목, 영화·노래 등의 제목은 홑꺾쇠표(〈 〉)로 표기했다.

프롤로그_ **내 친구 켄 로치**

켄 로치를 찾아서, 켄 로치를 따라서[*]

영화계의 이단아로 불리는 켄 로치 감독은 제게 매우 특별한 사람입니다. 사십여 년간 노동법과 사회보장법을 공부하고 가르치면서 저는 언제나 그의 영화를 수업의 기본 교재이자 함께 살아가는 세상에 꼭 필요한 사고와 실천의 기준으로 삼아왔습니다. 가령 2019년의 〈미안해요, 리키〉는 노동법, 2016년의 〈나, 다니엘 블레이크〉는 사회보장법의 교과서였어요. 아니, 그가 만든 모든 작품이 그렇습니다. 그가 걸어온 구불구불한 길이 그렇습니다. 그러니 이

---

[*] 이 꼭지의 글은 〈한겨레신문〉 2019년 11월 16일자에 실었던 것을 수정·보완한 것이다.

세상 누구보다도 그는 중요한 스승이자 친구입니다.

켄은 1936년생이에요. 고령이지만 지금도 그는 노동하듯이 매년 한 편 이상의 영화를 찍습니다. 그 점에서도 저의 사표가 되기에 충분하다고 생각합니다. 여든은커녕 그 반인 마흔만 넘어도 대가인 양 거들먹거리며 공부나 창작을 그만두고 권력이나 탐하는 자들이 넘쳐나는 세상이잖습니까? 그런 점에서 켄은 정말 예외적인 사람이에요. 아마도 그 자신 영국 중부 시골의 보수적인 노동자 가정에서 태어나 자란 탓이 아닐까요?

그는 계급이 분명한 영국에서 노동자 아들로서는 보기 드물게 세인트피터스 대학교 법학부에 진학했습니다. 그러나 출세를 위해서 들어간 것은 아니에요. 대학 생활 초기부터 법 공부가 아닌 연극에 매료되어 법률가의 길을 포기한 것만 보아도 알 수 있습니다. 졸업 후 그는 줄곧 연극을 하다가 1963년에 BBC(British Broadcasting Corporation, 영국방송공사)에 입사해 정치적인 드라마를 만들기 시작하는데요, 그의 드라마 입봉은 이듬해 윌슨이 이끄는 노동당 정부가 십삼 년 만에 출범한 것과 무관하지 않았습니다.

켄은 무조건 노동당을 지지하지 않았습니다. 노동당

의 우경화에 반대했을 뿐 아니라 공산당의 스탈린주의는 더욱더 싫어했어요. 양쪽 모두 다수를 차지하는 피지배계급 노동자들과 무관하게 소수 지배계급에 봉사하는 비뚤어진 권력이라고 생각했기 때문입니다. 1980년대 마거릿 대처(1925~2013)가 이끄는 보수당 정권하에서 여러 번 검열을 당하고 몇 번이나 상영 금지를 당하는 등 극심한 탄압을 받은 것도 이런 성향 탓이지요. 게다가 당시에는 켄의 작품에 대한 대중의 반응이나 여론도 좋지 못했습니다.

대한민국을 비롯하여 여러 나라에서 주목받기 시작한 그의 영화는 그가 '부활'했다고 평가되는 1990년대 이후에 만들어진 것들입니다. 특히 스페인 시민전쟁을 다룬 1995년 작 〈랜드 앤 프리덤〉의 감동을 많은 사람이 기억할 텐데요. 저는 그 영화를 일본에서 처음 보았습니다. 상영 시의 제목이 〈대지와 자유〉였어요. 니카라과 민중투쟁을 소재로 한 1996년 작 〈칼라 송〉이나 1920년대의 아일랜드 독립투쟁을 다룬 2006년 작 〈보리밭을 흔드는 바람〉도 대지와 자유라는 주제를 조명한 영화입니다. 동족의 자유를 지켜내기 위한 투쟁을 그린 이 작품들을 통해 켄은 스페인 시민전쟁의 해방자라고 주장한 소련이나 남미의 해방자라고 자위한 미국이 실제로는 가해자임을 폭로했고, 약 팔백 년 간 아일랜드를 지배한 영국은 제국주의 침략의 원흉이라고 폭로했습니다. 일본인 영화감독이 조선독립전쟁을 찬양하는 영화를 만들거나 한국인 영화감독이 베트남에 파병되었던 한국군의 만행이나 한국기업의 악행을 비판하는 영화를 제작한 것과 같은 결입니다.

그 밖에 켄 로치가 만든 영화 대부분은 영국이나 미국의 노동자들이 일상에서 누릴 수 있는 자유를 지키려 고군분투하는 모습을 담고 있습니다. 1993년의 〈레이닝 스톤즈〉, 1994년의 〈레이디버드, 레이디버드〉, 1998년의 〈내 이름은 조〉, 2012년의 〈앤젤스 셰어〉, 2014년의 〈지미스 홀〉, 2016년의 〈나, 다니엘 블레이크〉와 같이 밑바닥에서 바라본 영국을 찍은 영화들은 한국인이 품고 있는 영국의 젠틀맨 환상을 정면으로 부정합니다. 2000년의 〈빵과 장미〉처럼 미국에 온 이민노동자의 노동조합 투쟁을 보여주는 영화도 할리우드에서는 볼 수 없어요. 그의 대표작 중 하나인 1969년 작 〈케스〉[*]처럼 1990년대 이전의 작품들도 나중에

---

[*] 시골 탄광촌을 무대로 계급을 고착화하는 교육 시스템을 비판한 영화.

차츰 소개되었지만, 켄이 만든 초기의 TV드라마나 영화, 특히 다큐멘터리는 여전히 우리가 보기 어렵습니다.

이 작품들은 영국에서 발표되었을 때 정부는 물론 노사(勞使) 양측으로부터 비판을 받았습니다. 노동자에 대한 착취는 국가나 자본만이 아니라 노동자를 보호한다는 미명하에 관료권력과 노동권력에 의해서도 충분히 일어날 수 있음을 적나라하게 보여준 탓이지요. 〈케스〉에서는 부모가 형제나 자녀의 자존심을 짓밟고, 〈사냥터의 관리인〉에서는 노동자 출신의 관리인이 유한계급을 위해 사냥감을 키우며, 〈희망의 나날〉에서는 법과 질서를 지킨다는 명목 아래 영국군이 아일랜드나 북아일랜드 주민을 탄압하고 살해합니다. 그래서 켄은 자본주의는 물론 공산주의와 사회민주주의 측으로부터도 비난을 받았습니다. 그를 설명해주는 소위 '주의(-ism)'가 있다면 분명 휴머니즘일 것입니다. 물론 진보적 휴머니즘이겠지요.

그는 철저히 민주적이고 자유롭고 평등한 분위기에서 영화를 만듭니다. 한두 명의 스타에게는 엄청난 출연료를 지급하면서 나머지 수많은 스태프로부터 노동력을 착취하는 악마적인 시스템은 당연히 없어요. 상업주의나 대중적

흥행, 인기와는 담을 쌓은 지 오래된 그가 독립영화와 저예산영화의 거장이 된 또 하나의 배경인데요, 바로 이 특이점이 언제나 보통사람들이 주인공인 그의 영화를 '보통 이상의 작품'으로 만들어주었습니다. 물론 해피엔드 식의 위안이나 환상적 구제를 철저히 거부하기에 그의 작품은 종종 관람자의 심기를 불편하게 건드려요. 너무 어둡고, 대안 없는 비판만 있다면서 깎아내리는 사람들이 많은 것도 사실입니다. 일면 그런 측면도 없지 않죠. 하지만 모든 싸움은, 특히 민주주의를 위한 싸움은 결코 쉽게 끝나지 않는 법 아닐까요? 켄의 영화는 이런 각오로 만나야 합니다.

정치 권력이나 자본 권력이 서민을 착취하는 세상에서 반세기 이상, 비주류의 이의신청 수단으로 시종일관 이단적 영화를 만들어온 사람은 켄 로치밖에 없습니다. 그런 영화를 한두 편 만든 사람들이야 적지 않지만 거의 매년, 극영화나 다큐멘터리를 노동하듯 만든 사람은 그밖에 없습니다. 육십여 년 전, 영국 등지에서 그와 같은 생각으로 출발한 사람들은 많았지만, 평생을 그렇게 산 사람은 그밖에 없습니다.

대중은 흔히 켄을 사회파 감독이나 정치적 감독으로

평가합니다. 그러나 그는 이데올로기를 추종하는 사람이 아니에요. 다만 현실에서 실제로 만나는 서민들과 하층계급에 속한 사람들이 겪어야 하는 '이 순간의 삶'을 충실하게 이야기할 따름이죠. 따라서 켄의 영화는 교조적인 도그마와 전혀 무관합니다. 굳이 '주의'를 붙여야 한다면 앞서 말한 휴머니즘에 이어 노동주의나 아나키즘이 적당할 거예요. 그러니, 그의 싸움에 끝이 있을 리 없습니다. 휴머니즘도 노동주의도 아나키즘도 본질은 저항이고, 저항이란 원래 근본적 착취에 대한 투쟁이니 말입니다.

지금 우리의 현실은 어떤가요? 부조리한 노동환경, 사각지대에 놓인 실업자들, 불평등한 경제구조, 무너진 교육시스템, 환경파괴 들을 낳아온 틀이 조금이라도 개선되었나요? 변화의 동력을 잃고 인기투표에만 매달리는 모든 권력에서 우리는 희망을 거둔 지 이미 오래입니다.

저는 2019년 부산영화제에서 택배 노동자의 노동 착취를 다룬 〈미안해요, 리키〉*를 보았습니다. 영화는 독립된 자영업자인 양하지만 실상은 종속 노동자에 불과한 택배

---

* 원제목인 '소리 위 미스트 유(Sorry we missed you)'는 집주인이 부재중이어서 택배기사가 물건을 전달하지 못했다는 뜻으로 쪽지에 남기는 말이다.

기사가 법의 보호를 받지 못하는 불안한 위치에 있을 뿐 아니라 그 가족 모두를 착취하고 있는 자본주의 체제를 적나라하게 고발했습니다. 영화를 보면서 몇 번이나 눈물을 흘렸는지 모릅니다. 관객들 가운데 택배기사나 그 가족은 없을 것 같아 더욱 마음이 아팠고, 영화제가 열리는 동안에도 여전히 짐을 싣고 내리고 있을 택배 노동자들이 떠올라 미안했습니다. 다시는 화려한 영화제 따위 참석하지 말아야겠다는 생각도 들었습니다.

사실 켄의 영화는 제가 아주 오래전에 그랬던 것처럼 로빈후드 마을의 노동자 빈민촌이나 초라한 선술집에 앉아 싸구려 술을 마시며 욕을 하면서 봐야 제격일지도 모릅니다. 25년 전 부산영화제가 처음 열리던 자갈치시장에서 만난 수많은 켄의 친구들, 그들이 뿜어내던 빛나는 생명력이 너무도 그립습니다.

사회상을 읽어주는 영화

한국에 수입되는 영화 대부분은 할리우드 영화나 홍

콩 영화입니다. 유럽 영화는 대개 비주류로 취급되는데, 그나마 영국 영화는 대우가 좀 나은 편이지요. 영화의 본산지인 프랑스를 중심으로 한 기타 대륙 국가와 달리 영국은 문화의 뿌리를 연극에 둡니다. 그래서 영화가 발전하지 못했다는 평도 있는데요. 누벨바그(Nouvelle Vague)*를 선도했던 프랑수아 트뤼포가 앨프리드 히치콕 감독과 대담을 나누던 중 "영화가 탄생한 지 칠십 년이 지났는데도 시간의 시험과 공간의 테스트를 거치고 살아남은 감독은 찰리 채플린과 히치콕 당신밖에 없다는 사실이 다소 기이하기까지 하다."고 말했을 정도입니다.

그러나 연극 문화 특성의 하나인 엘리트주의로 인해 영국 영화에도 엘리트주의이 뿌리가 아주 깊은 편입니다. 영국 배우들의 상당수가 상류층 출신이라는 점, 즉 이들이 어린 시절부터 명문 학교에서 연기와 영화를 전문적으로 공부한 엘리트들이며, 하층계급 출신의 배우들은 출연할

---

* '새로운 물결'이란 뜻의 프랑스어로 1958년경부터 프랑스 영화계에서 일어난 새로운 풍조를 지칭한다. 좁은 의미로는 영화 평론지 〈카예 뒤 시네마〉를 본거지로 삼고 활동했던 신예 비평가들의 영화 제작 활동을 말하지만 보다 넓은 의미로 당시 프랑스 영화계의 새로운 풍조 전체를 가리키는 경우가 많다. 1960년 이후로 프랑스 영화의 주류가 됨과 동시에 세계 영화계에 큰 영향을 끼쳤다. 대표적인 감독으로 〈400번의 구타〉의 프랑수아 트뤼포, 〈네 멋대로 해라〉의 장뤼크 고다르, 〈사형대의 엘리베이터〉의 루이 말 등이 있다.

기회조차 잡기 힘들다는 점이 이를 방증합니다. 물론 찰리 채플린 같은 예외도 있습니다. 그러나 그는 1912년부터 미국 할리우드에서 활약했기에 영국 배우라고 보기 어렵지요. 지금도 상류층 출신이 아닌 영국 배우는 영국이 아니라 미국에서 출세하는 경향이 있습니다. 리처드 버튼이나 게리 올드만, 그리고 헬렌 미렌이 좋은 예지요. 그들은 영국 노동자 계급을 대표하는 연기파들로서 계급 사회의 축소판인 영국 영화계를 뛰어넘어 활동하기에 저는 그들을 좋아합니다.

올드만이 〈다키스트 아워〉에서 처칠을 연기한 것은 그다지 마음에 들지 않지만 미렌은 여전히 좋습니다. 미렌의 할아버지는 러시아 제국 육군 출신의 귀족으로 러일전쟁에서 싸웠으나 러시아 혁명의 영향으로 집안이 몰락해 가족과 함께 영국으로 이주했고, 미렌의 아버지는 런던에서 택시 운전을 했습니다. 그리고 어머니는 노동자 계급의 런던 토박이 영국인으로 집시 혈통도 섞여 있는 푸줏간 가게의 딸이었습니다. 어쩌면 미렌은 〈마이 페어 레이디〉에 나오는 여주인공과 출신이 같다고 할 수 있습니다.

영국이라는 나라를 이해하는 데 〈마이 페어 레이디〉

보다 더 좋은 영화는 없을 겁니다. 이 작품은 1964년 켄이 첫 번째 텔레비전 드라마 〈캐서린〉을 방영한 바로 그해에 개봉되었습니다. 제37회 아카데미 시상식에서 작품상, 감독상, 남우주연상 등 여덟 개 부문을 휩쓸었는데 켄도 그 소식을 들었을 테지요. 〈마이 페어 레이디〉의 주인공 일라이자는 캐서린과 같은 하층민 출신이지만 출발점과 상관없이 일종의 '현대판 신데렐라화'를 경험합니다. 그리고 남자 주인공인 언어학자와 사랑에 빠져요. 켄의 여주인공 캐서린이 보여주는 행로와는 완전히 다른데요, 여기서 의문이 생깁니다. 〈마이 페어 레이디〉를 보면서 캐서린을 의식한 사람이 켄 외에 더 있었을까, 하는 점입니다. 아마 당시의 빈민층 여성들두 캐서린보다는 일라이자에게 더욱더 매료되지 않았을까요?

〈마이 페어 레이디〉는 1913년 조지 버나드 쇼(1856~1950)가 쓴 희곡 「피그말리온*Pygmalion*」을 영화로 만든 것입니다. 사회주의자인 쇼는 원작에서 주인공 남녀가 헤어지는 것으로 결말을 지었는데, 영화에서는 두 사람이 결합하는 해피엔딩으로 바뀌었습니다. 이러한 변화도 영국이라는 나라의 모습을 단적으로 드러내지만, 이 작품의 경우 희곡이든 영화든 출발점은 '두 개의 국민'이라는 계급 갈등입니다.

'두 개의 국민'이란 19세기 영국의 총리였던 벤저민 디즈레일리(1804~1881)가 1845년에 쓴 「시빌-두 개의 국민 *Sybil, or The Two Nations*」이라는 소설에서 "영국에는 어떤 교섭도 사랑의 정도 없이, 서로의 습관이나 사상이나 감정을 모르는 두 개의 국민이 있다."라고 한 말에서 나왔어요. 18세기 후반부터 산업혁명이 급속하게 전개되고 신흥 부르주아와 프롤레타리아 사이의 계급 격차가 더욱 확대된 시대에 나온 말이지만, 20세기는 물론 21세기에도 여전히 통합니다. 영국만이 아니라 한국에서도 통하는 말이에요. 아니, 영국보다 한국에서 더욱 잘 통할 것입니다. 물론 한국에는 둘 이상으로 층이 나누어진 국민이 있지만요.

20세기 후반, 영국의 국민은 세 층으로 나누어졌습니다. 상류, 중류, 하류층이죠. 영국에서 사람들이 자신을 어떤 부류에 속한다고 생각하는지 조사해보았더니 상류 10퍼센트, 중류 42퍼센트, 하류 48퍼센트라는 수치가 나왔습니다. 중류는 다시 상중하로 나누어지는데, 가령 대처는 여기서 하층 출신이고, 그 뒤를 이은 존 메이저는 서커스 예능인의 아들로 태어나 의무교육만 겨우 받았지요. 반면 1997년에 집권한 토니 블레어는 중산층 출신으로 사립 기숙학교와 옥스퍼드 대학교를 졸업하고 노동조합 경험도 없이 노동당의 당수가 되었습니다. 영국의 지배층은 이처럼 계급이 아직까지는 유동적으로 보입니다.

저는 1990년에 영국에서 반년 정도 살았던 적이 있습니다. 짧은 시간이었지만 그 당시 제 눈에 비친 영국은 명백히 계급국가였어요. 심지어 그들은 노골적으로 누구는 어떤 계급에 속한다고 말하기도 했습니다. 이웃에 사는 서민 노부인에게 "레이디 퍼스트!"라고 하자 그녀가 깜짝 놀라면서 "나는 레이디가 아니다."라고 손사래를 치던 모습이 눈에 선합니다. 사실 계급을 나타내는 표현이 미국의 경우에 철저하게 금기시되고, 프랑스에서는 입 밖에 내선 절대 안 되는 말이지만, 이는 미국이나 프랑스에 계급이 없어서가 아니라 관습이 그렇다는 것에 불과합니다.

이번엔 한국과 영국의 계층(계급) 인식을 비교해볼게요. 매우 흥미로운 점은 한국인은 역사적 사실과 전혀 다르게 누구나 자신을 양반 출신이라고 자처한다는 것입니다. 인간은 다 평등하다고 생각하고, 자신은 평균적으로 중류라 자부하며, 앞으로 노력하면 얼마든지 상류층으로 올라갈 수 있다고 믿는다고 해요. 그런데 이런 식의 사고가 유럽, 특히 영국에는 없습니다. 저는 한국인의 이런 의식을 허위라고 봅니다. 21세기 한국인 대다수는 중류가 아닌 하류이고, 아무리 노력해도 상류는커녕 중류조차 되기가 쉽지 않잖아요? '인간이 평등하다.'는 표현도 실제로 여러 능력의 차이가 분명하게 드러나는 현실에 대한 묘사로서는 적절하지 않아 보입니다. 우리가 그토록 외치는 '자유와 평등'은 어쩌면 이상(理想)에 불과할지도 모릅니다. 그러니 영국인들이 지닌 계급에 관한 통념을 이해하려면 한국식 중류의식이나 출세의식을 버려야 합니다.

두 나라 국민의 차이점은 교육제도를 받아들이는 방식에서 가장 현격히 드러납니다. 영국은 20퍼센트 정도였던 대학 진학률이 40퍼센트까지 올랐으나 한국과 비교하면 여전히 낮은 수준입니다. 하지만 영국에서는 고등학교를 졸업했다고 해서 모두 대학에 가는 게 아니기에, 그리고 대학생의 평균 연령 또한 이십오 세 이상이기에 진학률로 비교하는 것은 문제가 있습니다. 그보다는 언론을 소비하는 유형이나 정당 지지도로 가늠하는 편이 나을 텐데요. 예를 들어 교육 수준이 낮은 영국 노동자 계층은 한국의 스포츠 신문과 유사한 소위 '황색신문(yellow paper)'을 즐겨 읽습니다. 지지하는 정당도 계층별로 다른데, 중상류층은 보수당을 지지하고 하류층은 노동당을 지지합니다. 때에 따라 유동적이기는 하지만 그런 경향이 강해요. 우리나라의 모습과는 사뭇 다릅니다.

계급의 장벽을 넘기 어렵게 만드는 여러 요소 중 가장 큰 것은 말, 즉 언어입니다. 계급에 따라 사용하는 영어가 전혀 다르기 때문인데, 특히 표준 영어를 사용할 수 있는 인구는 3퍼센트에 불과합니다. 한국에서 배우는 영어는 표준 영어인데요, 영국에서는 이를 구사하는 사람을 라디오나 텔레비전 밖에서 만나기가 어렵습니다. 켄의 영화가 이 점을 단적으로 증명해줍니다. 그의 영화에는 표준 영어를 구사하는 사람이 거의 나오지 않아요. 같은 영국인끼리도 시골 사람들이 구사하는 영어를 이해하기 어려워하지만, 더욱 심각한 것은 계급 사이를 갈라놓는 '사회적 방언(social dialect)'이 있다는 점입니다. 켄의 영화에 나오는 노동자들이 대개 그런 말을 쓰는데[*] 이들은 그 사실을 부끄러

---

[*] 영국 런던에는 두 가지 영어가 있다. 교육 정도가 높은 중상류층이 사용하는 '퀸즈 잉글리시(Queen's English)'와 17세기경 노동자로부터 시작되어 중산층 이하 서민들로 퍼

워하기는커녕 자부심마저 느낍니다. 지방 출신의 한국인이 의식적으로 서울말을 사용하는 것과 전혀 다르죠.

19세기를 대표하는 작가 찰스 디킨스(1812~1870)도 빈부격차를 규탄했지만, 그것은 체제 내 비판에 불과했습니다. 실제로 그는 빅토리아 여왕이 다스린 대영제국의 기만을 체현한 작가, 즉 빅토리아 조를 대표하는 부르주아 작가입니다. 19세기에 대영제국의 위선을 발가벗긴 작가는 아일랜드 출신의 오스카 와일드(1854~1900)입니다. 이 외에 영국의 하층계급을 대변한 사람으로 토머스 하디(1840~1928)가 있습니다. 이들의 작품은 대부분 영화로 만들어졌지만 켄은 그것들을 다루지는 않았습니다. 하지만 켄이야말로 와일드처럼 제국의 위선을 폭로하고 제국의 그늘에서 연명한 하층민을 대변한 거의 유일한 영화인입니다.

〈마이 페어 레이디〉 같은 영화를 본 영국인은 영화를 볼 때는 웃다가도 극장을 나서면 그것이 현실이 아님을 자각합니다. 하지만 한국인들은 그것이 영국의 실제 모습인 양 착각하여 영국을 숭배하게 되는데요. 디킨스의 「위대

져나가 현재 런던 인구의 60퍼센트가 사용하는 '코크니(cockney)' 방언이다. 이 내용을 다룬 영화가 바로 〈마이 페어 레이디〉다.

한 유산*Great Expectations*」 같은 소설이나 영화도 마찬가지 영향을 끼칩니다. 어린 나이에 고아가 되어 대장장이인 매형 집에서 살던 소년 핍에게 난데없이 정체불명의 후견인이 생기고, 후견인의 뜻에 따라 신사 교육을 받으러 런던으로 간 후 벌어지는 일을 다룬 일명 '남자 신데렐라'의 이야기는 영국과 한국에서 각기 다른 반응을 불러일으켰습니다. 영국에서는 '소설 같은 이야기'로 치부되었고, 한국에서는 '영국이라는 나라에서는 저런 기적도 가능하구나.'라는 식으로 수용되었거든요. 저도 1980년대에 조지 오웰(1903~1950)의 책을 읽고서 영국에 대한 환상을 깰 수 있었습니다. 그러나 더욱 분명하게 영국의 실상을 인지하게 된 것은 켄의 영화 덕분입니다.

켄에 대해 말하기 전에 꼭 언급해야 할 영화가 있습니다. 1642년부터 1651년까지 진행된 영국 내전을 소재로 한 〈윈스탠리〉(Winstanley, 1975)입니다. 내전은 의회가 주권자가 되기를 원하는 자들과 군주를 절대 통치자로 유지하고 싶어 하는 자들 사이에 벌어진 싸움이었는데, 17세기 영국의 사회사상가였던 제라드 윈스탠리(1609~1676)가 주도했던 '디거스(Diggers) 운동'*은 그 어느 편도 들지 않았습니다. 영화는 디거스가 빈 땅에서 농사를 짓다가 지역 상류층에 의해 난폭하게 쫓겨날 때까지 자급자족하며 살아가는 모습을 보여주는데, 그것이 바로 켄이 〈토지와 자유〉에서 묘사한 민중의 꿈이었습니다. 그런 점에서 켄은 윈스탠리의 후예라고 볼 수 있겠군요. 조금 더 거슬러 올라가면 "아담이 경작하고 이브가 길쌈할 때 도대체 귀족은 어디 있고 평민은 어디 있었는가?"라고 물었던 존 볼(1338~1381), 『유토피아Utopia』를 쓴 토머스 모어(1478~1535)가 같은 선상에 있습니다.

내가 사랑한 켄은 어떤 사람일까?

제가 처음 접한 켄의 영화는 〈케스〉입니다. 1990년 여름, 영국 노팅엄 대학교 근방의 선술집에 들어갔다가 TV에서 방영해주는 것을 보았는데, 그때만 해도 켄을 제대로 알

---

* 흔히 17세기 영국의 농민반란을 일컫는다. 디거스는 1649년에서 1650년 사이, 영국의 '성 조지'라 불리는 작은 언덕에 농사를 지으러 모인 사람들을 가리키는 말이다.

지 못했기에 그저 흘낏거리는 정도였어요. 그러나 가난에 발목을 잡힌 소년과 그가 훈련하는 한 마리 매가 자유롭게 비상하던 대조적인 모습은 매우 인상적이었습니다. 그 뒤 대학도서관에서 켄이 만든 텔레비전 드라마, 다큐멘터리, 영화 들을 비디오로 보았는데 충격이 이만저만 아니었습니다. 그로부터 몇 주 뒤 저는 영국에 실망하여 그곳을 떠났어요. 장학금을 받아 몇 년간 공부할 생각이었는데, 그만 겨우 몇 달 만에 마음이 바뀐 거예요. 영국에서 지내는 동안 직접 보고 읽고 들은 여러 경험의 영향도 있었지만, 켄이 보여준 침통한 영국상은 제가 마음을 돌리는 데 적지 않은 역할을 했습니다. 그 후 1995년 일본 영화관에서 대형 화면으로 켄 로치의 〈대지와 자유〉를 처음 관람했습니다. 이듬해 한국에서도 이 영화가 개봉되어 한 번 더 보았는데, 그때 우리나라에서 상영된 제목은 영어 그대로 〈랜드 앤 프리덤〉이었습니다.[*]

　　영국인 노동자가 스페인혁명[**]에 참전하는 이야기인

---

[*]　그 뒤 한국에서 나온 DVD는 제목을 '토지와 자유'로 했기에 이후로 이 책에서는 〈토지와 자유〉로 표기한다.
[**]　흔히 스페인내전이라고 하지만 이 책에서는 '스페인혁명'으로 부른다.

〈토지와 자유〉가 한국에서 최초로 개봉된 켄의 작품인 셈입니다. 스페인혁명은 스페인에서 1935년 민중정권이 수립되자 군인들이 쿠데타를 일으켜 터진 전쟁이에요. 우리는 그 전쟁에 어니스트 헤밍웨이(1899~1961)나 조지 오웰을 비롯한 많은 외국인 지식인들이 '세계의 정의' '인류의 정의'를 위해 참전했다는 것을 알고 있습니다. 그러나 외국인 지식인보다도 외국인 노동자들이 더 많이 참전했다는 사실은 잘 모릅니다. 비슷한 경험이 없는 한국인으로서는 이해하기 힘들겠지만, 1930년대에는 '세계의 정의'를 위해 목숨을 바치려 했던 지식인과 노동자들이 실제로 많이 있었습니다. 켄이 이 영화를 만든 것도 그런 사람들이 기억되고 앞으로 더 많아지기를 바랐기 때문일 테지요.

영화에 나오는 감동적인 대사, 즉 "혁명은 전염병과 같아. 우리가 성공했다면 세상을 바꿀 수 있었을 테지. 그래도 괜찮아. 우리의 시대가 꼭 올 거야."라는 그 말이 바로 시대의 과제이자 켄의 과제를 응축한 표현 아닐까요? 하지만 영화의 결말처럼 혁명의 시대는 오지 않았고, 영화에서처럼 모든 혁명의 시도는 실패로 돌아갑니다. 그래도 저는 '우리의 시대가 반드시 찾아온다.'는 희망을 여전히 품고 살아갑니다. 〈토지와 자유〉의 마지막에 인용된 윌리엄 모리스의 시 「그날은 온다 The day is coming」의 다음 구절처럼요.

누구도 질 수 없는 싸움터로 가라
늙어 죽어가도 그 행적은 영원하기에.

위 시는 1880년대부터 반세기 동안 영국에서 간행된 노동가(勞動歌)나 운동가(運動歌)들을 모은 책에 자주 실렸던 것으로 당시 노동자들에게 꽤 인기를 끌었습니다. 당연히 〈토지와 자유〉의 주인공도 이 시를 알고 있었을 거예요. 그에게 싸움터는 스페인혁명이었고, 당시 그를 비롯한 민중은 그 싸움에서 패배했지만, '늙어 죽어가도 그 행적은 영원'히 남았습니다.

〈토지와 자유〉를 보고 난 뒤로부터 지금까지 켄은 제가 가장 좋아하는 영화감독이 되었습니다. 영화의 내용도 내용이지만 감독은 물론 대부분 일반인인 배우들이 영화와 혼연일체를 이루는 점이 너무나 좋았어요. 감독은 연출만 하고 배우는 연기만 하는 것이 아니라 모두 영화 속 인물이 되어 영화를 함께 창조한다는 점이 감동적이었습니다.

그의 영화에는 스타가 없습니다. 감독 자신도 스타일리 없고 이른바 '작가'도 아니에요. 감독도 배우도 스태프도 모두 노동자일 따름입니다. 영화 속 주인공도 대부분 노동자죠. 그러니, 명실공히 '노동영화'라 할 수 있습니다. 하지만 켄의 영화에는 설익은 구호는 물론 비현실적인 영웅도 나오지 않아요. 그저 현실 속의 인간들이 주인공입니다. 리얼리즘 그 자체이죠.

이 책은 일반 사람들이 켄의 영화에 좀 더 쉽게 다가가고, 나아가 그의 영화를 좀 더 깊이 이해하는 데 도움을 주고 싶어서 쓴 '친절한' 안내서입니다. 가령 〈토지와 자유〉의 배경인 스페인혁명에 대해 상세하게 안내하면서 영화에 그려진 스페인혁명을 나름으로 평가합니다. 마찬가지로 〈보리밭을 흔드는 바람〉의 경우 그 배경인 아일랜드 독립전쟁에 관해서 설명합니다. 그러나 초기에 작업한 영화나 텔레비전 드라마, 다큐멘터리에 대해서는 가능한 한 간단하게 설명했습니다.

이 책에는 짧게나마 영국 사상사에 등장하는 몇몇 인물이 등장합니다. 멀리는 위에서 언급한 윌리엄 모리스로부터 조지 오웰, 가깝게는 레이먼드 윌리엄스, 나아가 레온 트로츠키와 E. H. 카에 이르기까지요. 이들은 모두 켄에게 어떤 식으로든 영향을 준 인물들입니다. 켄 로치의 작품 구석구석에 알게 모르게 그들 사상가의 흔적이 남아 있지요. 또한 켄은 1960년대 당시의 노동당 정부를 비판하는 사회주의 경향의 텔레비전 드라마를 국영방송인 BBC에서 제작했습니다. 그런 드라마가 2021년 한국 국영방송에서 나올 수 있을까요? 저는 한국에서도 그런 드라마가 나올 수 있기를 기대하며 이 책을 씁니다.

1장

죽어도 멜로드라마는 찍지 않는다

켄은 1960년대 초 BBC에 입사하여 텔레비전 드라마를 만들기 시작했고, 육십 년대 후반기에는 영원히 기억될 명작 〈케스〉를 제작했습니다. 이번 장에서는 그의 여러 작품과 함께 배경이 된 영국의 사회상황을 살필 겁니다. 켄은 1980년까지도 텔레비전 드라마를 찍었지만, 정작 그 자신은 텔레비전 드라마 보는 것을 끔찍이도 싫어했습니다. 대다수 드라마가 배우들의 자연스러운 연기를 배제한 채 기계로 찍어내는 것처럼 만들어진다고 여겼기 때문이에요. 따라서 그는 영화를 만들 때 가급적 기성 배우들의 출연을 자제하고 일반인들을 아마추어 배우로 삼아 그들이 실제 극 중 인물인 양 지내게 했습니다. 그리고는 사건 순서대로 촬영하면서 리얼리즘을 최대한 살립니다. 켄은 또한 스타를 고용하지 않기로 유명합니다. 스타에게 고착된 이미지가 켄 자신의 영화를 방해한다고 여겼기 때문이에요. 드라마와 영화는 물론 상품 광고나 교육매체 광고에 이르기까지 스타 위주로 판을 짜는 한국에서는 상상도 하지 못할 일입니다.

노동자 시대의 서막

켄이 청년기를 보낸 영국의 1960~1970년대는 노동당의 시대였습니다. 1964년 10월, 노동당은 보수당에 자리를 내준 지 십삼 년 만에 H.윌슨 내각을 성립시키는 데 성공하는데요. 노동당 정부를 경험한 적 없는 한국인에게는 이 상황에 대한 약간의 설명이 필요할 것입니다.

영국 노동당은 1924년에 이미 자유당과 연립하여 맥도널드 내각을 탄생시켰던 전력이 있습니다. 영국은 오랫동안 보수는 토리당(Tory Party), 진보는 휘그당(Whig Party)을 중심으로 양당체제를 유지했습니다. 그러던 중 1832년에 1차 선거법 개정이 이루어짐으로써 귀족과 젠트리

(gentry)*에게 국한되었던 선거권이 도시를 중심으로 성장한 신흥 상공업자들까지 확대되지요. 그러나 노동자들에게는 선거권을 부여하지 않았던 탓에 1838년부터 1848년까지 최초의 노동자 운동인 차티스트 운동(Chartism, Chartist Movement)이 일어납니다.

차티스트라는 명칭은 1838년에 노동자들이 제기한 '인민헌장(People's Charter)'의 이름에서 유래했습니다. 헌장은 보통선거와 비밀선거, 선거구 평등화, 의회 매년 소집, 하원의원 유급제, 피선거권의 재산 자격 제한 폐지 등을 요구하는 내용으로 이루어졌는데요. 노동조합의 보호와 노동자의 처우 개선을 위해 활동한 노동자들은 그 뒤로 자유당과 연대하여 자유당 소속으로 선거에 출마합니다. 그 결과 1874년에 광산 노동자 출신 두 명이 자유당-노동자 연대를 통해 의원으로 당선되면서 영국 노동자들의 정치 참여의 서막이 오릅니다.

---

* 귀족으로서의 지위는 없으나 가문의 휘장을 사용할 수 있도록 허용받은 유산계층이다. 역사적인 개념으로는 중산층인 요먼(Yeoman) 이상, 귀족 이하의 토지 소유자 즉 부농(농장주)·법률가·기술자·대기업 회장·중소기업 사장·대상인·은행장·건물주·공장주 등 전문적인 직업을 가진 사람 및 부자 등을 핵심으로 한 유산계층을 말한다. 20세기 초까지 권력을 장악했으며 영국의 자본주의와 사회 발전에 큰 역할을 담당했다. 신사를 뜻하는 단어인 젠틀맨(gentleman)은 여기서 유래했다.

1832년의 1차 선거법 개정 이후 삼십오 년 만에 이루어진 2차 선거법 개정(1867)을 통해 선거권은 도시 소시민과 대다수 도시 노동자 계층, 일부 농촌 노동자들에게 확대됩니다. 이어 1884년의 3차 개정으로 농촌과 광산의 노동자가 선거권을 갖게 되고, 1918년의 4차 개정으로 이십일 세 이상의 남성과 삼십 세 이상의 여성이, 그리고 1928년의 5차 개정을 통해 이십일 세 이상의 남녀가 선거권을 획득하지요. 이로써 영국은 거의 백 년에 걸쳐 차별 없는 보통선거제를 확립하게 됩니다. 영화 〈서프러제트〉(2015)는 20세기 초 여성의 선거권 확보 운동을 보여주었는데, 메릴 스트립이 연기한 실존 인물 에멀라인 팽크허스트(1858~1928)는 영화에서 "노예가 되느니 반란자가 되겠다."고 말했습니다.

  이제 노동당의 탄생 과정을 톺아볼까요? 선발 공업국이던 영국에는 1851년부터 직업별 노동조합이 등장합니다. 테이프를 끊은 곳은 합동기계공조합이었습니다. 당시 직업별 노조는 '러다이트운동(Luddite, 기계파괴운동)'[*] 등 새

---

*   러다이트운동은 19세기 초반 영국에서 일어난 사회운동이다. 섬유 기계를 파괴한 급진파로부터 시작하여 1811~1816년까지 계속된 지역적 폭동을 기점으로 절정을 찍었다.

롭게 형성되는 자본주의를 거부했던 숙련 노동자들이 일정한 임금수준을 유지하기 위해 결성한 것입니다. 독일 등 유럽 대륙에서 발달한 산별노조* 중심의 노동운동과 달리 영국의 직업별 노조체계는 경제주의적 노동운동 발전에 기여했고, 1868년에는 영국노동조합회의(TUC; Trades Union Congress)를 구성하는 데 힘을 보탰지요.

1889년의 제1차 노동자 대투쟁과 신노동조합운동 이후 1893년에는 독립노동당이 창당되어 기존 노동자들이 벌였던 정치 활동을 '정당'으로 끌어안았습니다. 이로써 영국 최초의 노동자 정당이 탄생하게 된 거예요. 그리고 1900년, 독립노동당(Independent Labour Party)과 페이비언 협회(Fabian Society)와 같은 온건파, 마르크스주의 성향의 사회민주연맹, 기존 노동조합 등이 연합하여 노동대표위원회(Labour Representation Committee)를 발족시킴으로써 공식

시간이 지나면서 이 용어는 산업화, 자동화, 컴퓨터화 또는 신기술에 반대하는 사람을 의미하게 되었다.

* 산별노조(産別勞組)는 기업별 노동조합과 반대되는 개념으로 사업장이 크든 작든 동일한 산업에 종사하는 노동자라면 누구나가 조합원으로 가입하는 노조를 말한다. 비슷한 업종 종사자의 급여와 복지를 균등한 수준으로 유지하려고 만들어진 것으로 산별노조에 소속되면 영세사업장도 사측을 상대로 당당히 목소리를 낼 수 있다. 유럽과 미국을 위시해 주요 선진국은 거의 100퍼센트 산별노조로 이루어져 있다. 독일과 미국 등은 기업노조를 아예 법으로 인정하지 않는데 기업노조는 기업이 노조를 쥐락펴락하면서 개입할 여지가 큰 구조라고 판단하는 탓이다.

적인 활동을 시작합니다. 이들은 1906년 총선에서 스물아홉 석을 얻어 의석수를 확보한 후 노동당으로 개칭했지만, 자유당과 차이가 없을 만큼 우경화하여 정체성을 상실했습니다. 이러한 성향은 1차 대전 초기까지 계속되어 노동당이 앞장서서 징병을 지지하고 파업을 저지하며 반전 운동가들을 공격하는 아이러니를 양산하지요.

    노동당이 사회주의로 선회하기 시작한 데엔 1917년 러시아 혁명의 영향이 큽니다. 노동조합 가입자 수가 늘어 그 어느 때보다 노동운동이 활발해지면서 노동자들은 생산수단의 공동소유를 주장하게 됩니다. 그런데 1924년 총선에서 노동당은 자유당과 연정하여 첫 집권에 성공하지만, 당내 지도부의 보수화로 집권 구 개월 만에 내각 불신임으로 해산됩니다. 게다가 이어진 선거에서 참패함으로써 결국 보수당에 정권을 넘겨주지요. 이후 1926년 총파업을 계기로 1929년 첫 원내 1당이 되고 자유당과의 연정으로 다시 집권합니다. 그러나 1931년 미국 발 대공황의 여파로 실업급여 삭감안을 두고 의견이 엇갈리면서 내각은 붕괴하고 노동당은 재선에서 대패합니다. 그러고는 1939년 2차 대전이 발발하자 노동당은 이듬해 1940년 보수당의 윈스턴 처칠(1849~1895)을 총리로 하는 거국내각에 참여하지요.

1945년 종전 후, 영국 노동당은 총선에서 삼백구십삼 석을 획득하여 압승을 거둡니다. 노동당 단독으로는 처음 과반수 의석을 점유하게 된 거예요. 클레멘트 애틀리 정권은 중앙은행, 탄광, 가스, 전력, 철도 등 주요 기간산업 부문을 국유화하고, 「베버리지 보고서 *Beveridge Report*」*에 근거한 이른바 그 유명한 '요람에서 무덤까지'로 불리는 복지정책을 펼쳤습니다. 그중에는 임산부 보조, 장례비용 보조 등의 내용을 담은 국민의료법(National Health Service Act, 1946)과 맹인·광인·극빈자 등 취약자의 기본 생계를 보장해주는 국민보조법(National Assistance Act, 1948)을 골자로 한 복지제도 및 국민공익서비스에 대한 내용도 있습니다. 앞으로 살펴볼 〈1945년의 시대정신〉이라는 켄 로치의 다큐멘터리는 이 같은 당시 상황을 여실히 보여준 작품입니다.

---

* 1941년 6월에 창설된 '사회보험 및 관련 사업에 관한 각 부처의 연락위원회' 위원장인 W.H.베버리지가 1942년에 제출한 보고서다. 당시 사회보장제도로서 합리성이 결여되던 영국의 여러 제도의 구조와 효율성을 재점검하고 필요한 개선책을 권고하는 것이 주목적이다. 베버리지는 보고서에서 현대 사회의 진보를 가로막는 다섯 가지 요인을 '결핍, 질병, 나태, 무지, 불결'이라 보고 그 가운데 사회보장의 궁극적인 목표를 '궁핍 해소'라고 주장했다. 궁핍의 원인으로서 실업·질병·노령·사망 등에 의한 소득 중단을 거론하면서 이에 대처하려면 기본적 수요 충족을 위한 사회보장보험이 마련되어야 하고, 긴급한 수요를 충족하는 데 국민부조(扶助)가 필요하다고 역설했다.

그러나 노동당은 승승장구하지 못했습니다. 1947년 이후 누적된 부채와 무역적자가 금융위기로 번지면서 긴축재정을 위해 가장 먼저 복지정책을 포기했기 때문이에요. 게다가 생산수단의 국유화에도 별로 성과가 나타나지 않자 노동당은 1951년 보수당에 다시 한번 정권을 내줍니다. 그 후 1964년까지 십삼 년 동안 지리멸렬하던 노동당은 '프러퓨모 사건'* 덕으로 가까스로 집권에 성공했습니다.

이후 노동당은 '관용'을 강조하는 자유주의적 개혁을 시행합니다. 1965년에 사형제도를 폐지하고, 1967년에는 낙태법을 개정하는 동시에 스물한 살 이상의 성인이 합의한 동성애를 기소 대상에서 제외시킵니다. 1969년에는 이혼 개정법에 의해 이혼 사유로 '파경'이 추가되면서 소위 귀책주의가 사라져요. 이처럼 노동당 정부는 관용을 키워드로 정책을 펼쳐나갔는데, 이때 홍보와 전파 역할을 텔레비전이 도맡았습니다. 1965년 사형제도가 폐지되기 직전에 방영된 켄의 〈세 번의 맑은 일요일〉은 사형제도의 문제점을 다룬 것이고, 낙태 문제를 다룬 〈업 더 정션〉은 1967년의

---

* 1962년 당시 영국의 해럴드 맥밀런 정권의 정치인 존 프러퓨모가 소련 측 스파이와 관계가 있는 매춘부에게 국가 기밀을 누설했다고 의심된 사건이다.

낙태법 폐지 이 년 전인 1965년에 방영되었습니다.

출세가 보장된 법률가의 길을 버리다

켄 로치는 케네스 찰스 로치를 줄여 부르는 말입니다. 1936년 6월 17일생이니 2021년인 올해 팔십오 세가 되었습니다. 켄이 태어난 워릭셔의 너니턴은 영국 중부에 있는 중소도시예요. 인구는 현재 팔만 명 정도지만, 켄이 십대였던 시절에는 인구가 육칠만 명 정도였습니다. 같은 워릭셔에 있는 셰익스피어의 고향 스트랫퍼드어폰에이번에서 48킬로미터 정도 떨어진 너니턴은 19세기 여성 소설가 조지 엘리엇(1819~1880)의 고향이기도 해요. 그녀가 쓴 소설 곳곳에는 너니턴에 대한 묘사가 나옵니다. 가령 「플로스강의 물방앗간 *The Mill on the Floss*」에 나오는 세인트오그스는 인근 지역에서 상업 중심지 역할을 하는 오래된 소읍으로 가부장적인 전통 사회에서 산업자본주의 사회로 이행 중인 마을인데 그 모델이 바로 너니턴입니다. 어린 시절을 시골에서 보낸 덕에 켄은 영국의 중소도시나 시골을 묘사하는 데

탁월한 눈썰미를 발휘합니다. 그러나 특이하게도 그에게는 '시골 출신'이라는 말로 규정할 만한 통념적인 취미나 자연 회귀 묘사 같은 특성은 보이지 않습니다.

켄의 아버지 존 로치는 전기 노동자로서 코번트리의 알프레드 허버트 공작기계제작소 공장*에서 일했고, 뒤에 간부로 승진할 수 있었는데도 평생 일반 노동자로 살았습니다. 그런 아버지로부터 물려받은 심성으로 켄도 평생 노동자처럼 일하며 노동을 중시했고 노동자에 대한 영화를 찍었습니다. 그러나 켄의 아버지는 노동당이 아니라 보수당을 지지했고, 평생 극보수의 입장을 대변하는 《데일리 익스프레스*Daily Express*》를 애독했습니다. 그 때문에 켄은 자라면서 아버지에게 반발하기도 했지요. 아버지는 1970년대에 일찍 사망했지만, 결혼 전 이름이 비비안 햄린이었던 어머니는 장수했습니다. 켄은 그들 두 사람의 외아들이었습니다.

너니턴에서 초등학교와 중학교를 마친 뒤 켄은 '킹 에드워드 6세 그래머스쿨'**에 진학했습니다. 그 당시 연극,

---

* 전성기에는 영국 최대 규모의 공장이었다.
** 1974년 이후 킹 에드워드 6세 컬리지(King Edward VI College)로 바뀜.

특히 셰익스피어 연극에 몰두했던 그는 자전거를 타고 스트랫퍼드까지 가서 셰익스피어 연극을 보고 새벽 두 시쯤 집으로 돌아오곤 했습니다. 물론 그는 영화에도 관심이 많았습니다. 당시 너니턴에는 영화관이 네 곳 정도 있었는데, 켄은 그중 유럽 영화를 상영해주는 곳에 자주 다녔어요. 미국 영화보다는 이탈리아나 프랑스 영화를 더 좋아했는데, 특히 이탈리아의 네오리얼리즘(neorealism) 영화의 영향을 많이 받았다고 합니다. 19세기 중엽의 리얼리즘 운동과 구별하기 위해 '네오리얼리즘'이라고 부르는 이 영화 운동은 개인과 사회의 갈등 속에서 결국 개인이 희생하게 된다는 주제를 선호했고, 전문배우가 아니라 일반인들을 배우로 기용하여 스튜디오 밖 현장에서 자연채광을 이용하여 촬영하는 특징이 있었습니다. 이 경향은 훗날 켄의 창작에 가장 중요한 요소로 작용합니다. 네오리얼리즘은 이탈리아에서는 1960년대에 막을 내렸지만, 그 뒤 켄을 비롯하여 다른 나라 영화인들이 그 경향을 이어나갔습니다.

    켄은 킹 에드워드 6세 그래머스쿨에 이어 법을 공부하러 세인트피터스 칼리지(St. Peters College)에 진학했습니다. 세인트피터스 칼리지는 1929년에 세워진 것으로 옥스퍼드의 서른아홉 개 칼리지* 중에서는 하위권이지만 노동자 자녀가 많이 다니는 공립학교 출신들의 입학 비율은 가장 낮은 곳이었습니다. 1957년 그는 법학사 학위를 받고 학교를 마친 후 1960년까지 시행되었던 징병제에 따라 이 년간 영국 공군에 입대하여 노팅엄 부대에서 타자병으로 복무했습니다.

사실 켄은 '법을 알고 싶다.'는 막연한 생각에서 법학을 전공으로 선택했던 터였습니다. 그러니 법 공부에 흥미가 있을 리 만무했어요. 자연스레 전공인 법학보다 연극에 더 몰두했고 '옥스퍼드 대학교 실험극 클럽'의 멤버로 활약했습니다. 대학 시절 관람했던 존 오스본(1929~1994)의 연극 〈성난 얼굴로 돌아보라〉(1956)는 켄에게 큰 충격을 안겨 주었는데요. 그 자신 노동계급 출신으로서 같은 계급 젊은이들의 좌절과 분노를 고스란히 그려낸 이 작품에 크게 감동한 것으로 보입니다. 오스본은 이 작품으로 '최초의 성난 젊은이(the first Angry Young Man)'라는 별칭을 얻었지요. 고루하고 안이한 전후 영국 사회에서 하층계급의 분노를

---

* 옥스퍼드나 케임브리지 같은 영국 대학의 칼리지란 우리나라의 단과대학이 아니라 기숙사가 딸린 독립대학으로서 여러 개의 학과를 가지고 있다.

폭발시켰던 오스본 연극의 주인공 지미 포터는 후일 켄의 작품에 등장하는 여러 인물의 원형이 되었습니다.

켄은 또한 당시 인기가 많았던 독일 작가 베르톨트 브레히트(1898~1956)의 작품도 열심히 읽었습니다. 그의 사회주의적 작품은 물론 '낯설게 하기 효과(Verfremdungseffekt)'*를 비롯한 연극영화에 대한 기법과 이론도 열심히 공부했어요. 이 역시 켄의 영화 창작에 큰 영향을 미쳤습니다. 켄은 대학 시절에도 유럽 영화를 자주 보았지만, 그때까지만 해도 자신이 영화 일을 하게 되리라고는 생각하지 않았던 듯싶습니다.

대학을 졸업한 후 켄은 영국 중부의 베드퍼드에서 극단을 만들어 버밍엄 지역에 있는 학교들을 돌며 순회공연도 했습니다. 성과는 별로 좋지 않았지요. 그때 마침 웨스트앤드 지역의 극단에 대역 자리가 나서 노인 역할을 맡아 연기를 시도해보았지만 그 자신 훗날 "나의 연기는 아마도 영국에서 가장 형편없었을 것"이라고 고백했을 만큼 주변의 평가도 좋지 않았습니다.

---

* '낯설게 하기' 효과라고도 한다. 친숙하고 일상적인 사물이나 관념을 낯설게 하여 새로운 느낌이 들도록 표현하는 예술적 기법이다.

그 뒤 1961년 ABC텔레비전 방송국의 후원으로 '노섬버턴 레퍼토리극단*'에서 애거사 크리스티(1890~1976)가 쓴 추리 탐정극의 조연출로 일 년간 일했습니다. 그는 훗날 "이때 배우의 역할에 대해 많은 것을 배웠다."고 회상했는데, 연극에서 어느 한 배우가 다른 배우를 배려하는 관대함이 얼마나 중요한 것인지를 깊이 깨달았다고 합니다. 그 경험에 따라 켄은 배우들에게 공개 오디션을 보게 하거나 단독으로 대사를 읽게 하는 등의 행동을 하지 않았습니다. 이 원칙을 평생 고수했지요. 저마다의 절박함을 진열장에 죽 늘어놓고 그 결과로서의 재능을 취사선택하는 행동을 천박한 권력이라고 보았기 때문입니다. 스타를 발굴한답시고 각종 오디션 프로그램을 앞 다투어 개발하는 대한민국 제작자들과는 달라도 참 많이 다른 결단이죠?

---

* 레퍼토리극단(repertory theater)이란 어느 지역에 정주하는 극단이 공연할 수 있는 몇 개의 희곡을 항상 준비하고 매일 또는 매주 바꾸어 공연하는 시스템을 말한다.

BBC에서 만든 뉴웨이브 작품들

켄의 첫 작품은 1964년에 방영된, 어느 가난한 여성의 삶을 다룬 〈캐서린〉입니다. 1963년 8월 BBC에 입사한 켄은 1964년에 개국할 BBC2를 대비하여 육 주간 교육을 받은 뒤 드라마 제작에 참여해 첫 드라마 〈캐서린〉을 찍었습니다. 그로부터 오십육 년간 '가난한 사람들의 삶을 찍는다.'는 그의 창작 원칙엔 조금도 변함이 없습니다.

영국의 공영 방송사인 BBC는 1922년에 출발했습니다. 2022년에 백 주년을 맞는 방송사로 언론의 공정성과 중립성에서 매우 높은 평가를 받는 곳이지요. 대처가 총리였던 시절, 1982년의 포클랜드 전쟁 상황을 전하면서 영국군을 '아군'이라 부르지 않고 '영국군'이라고 호칭한 에피소드는 유명합니다. 그뿐 아니에요. 대처가 "BBC에도 상업광고를 허락하자."고 권했지만, BBC의 경영위원회는 이에 강력하게 반발했고 시도는 무산되었습니다. 지금도 BBC가 영국 내에 송출하는 방송엔 상업광고가 붙지 않아요. 여전히 수신료와 프로그램 판매만으로 수익을 창출합니다.

켄이 입사한 1963년, BBC에는 여러 가지 변화가 있었습니다. 그해 1월, 캐나다 출신의 시드니 뉴먼이 드라마국장으로 부임하면서 "드라마가 할 일은 시대를 해석하는 것이다."라고 역설합니다. 드라마의 현실 인식에 큰 비중을 둔 거예요. 스튜디오 세트의 화려하고 권위적인 아름다움을 철저히 배제했고, 정치적인 내용과 극적인 가능성이라는 두 마리 토끼를 쫓으며 영국 텔레비전 드라마를 개혁했습니다. 이는 곧 영국에서 1950년대 후반에 발생한 영화 운동 '프리시네마(Free Cinema)'와 그 뒤를 이은 '뉴웨이브(New Wave)' 정신을 텔레비전 방송용 드라마에 도입하는 것을 뜻했습니다.

다큐멘터리 정신의 부활을 목적으로 삼은 프리시네마는 주로 당대 영국 노동자들의 삶을 표현했습니다. 대표적인 작품으로는 앞에서 말한 존 오스본의 연극 〈성난 얼굴로 돌아보라〉를 토니 리처드슨(1928~1991)이 영화로 만든 것이 있습니다. 일반적으로 1959년에서 1963년 사이 개봉된 특정 감독들의 영화를 가리키는 뉴웨이브 영화는 2차 대전 이후 영국이 경험한 엄청난 경제성장과 풍요로움, 소비주의, 그리고 이러한 사회적 흐름에 따라 부흥한 상류층과 노동자 사이의 격차를 배경으로 삼았습니다. 특히 공장을 중심으로 형성된 노동자 계급은 경제성장과 풍요의 이면에 존재하는 영국 사회의 모순을 상징하는 존재로서 뉴웨이브 영화의 키워드가 되었습니다. 이 영화들은 대개 사회 현실을 사실적으로 묘사하면서 상업적으로도 큰 성공을 거둔 문학 작품을 배경으로 제작되었는데, 앨런 실리토(1929~2010)의 소설 「토요일 밤과 일요일 아침*Saturday Night And Sunday Morning*」(1958) 「장거리 주자의 고독*The Loneliness of the Long Distance Runner*」을 영화화한 것이 대표적인 사례로 꼽힙니다.

영국 노팅엄의 노동자 집안에서 태어난 실리토는 열네 살 때 학교를 그만두고 공장에서 일하다 공군에 입대하여 무전 기사로 복무했습니다. 그는 '성난 젊은이들' 그룹의 일원으로서 앞의 두 작품을 통해 소외된 노동자와 반체제적인 청춘의 삶을 탁월하게 묘사했다는 호평을 받았어요. 「토요일 밤과 일요일 아침」에는 방탕함과 혼란이 지배하는 토요일 밤이 지나고 일요일 아침이 되면 다시 규율과 사회의 속박에 얽매인 채 살아가는 공장 노동자 아서 시튼이 주인공으로 나옵니다. 죄책감이나 사회적 책임의식 없이 동네 주민에게 공기총을 쏘거나 공장 상사에게 이유 없이 반항하는 아서의 비도덕적인 모습과 더불어 정부나 규제에 반대하는 아나키스트적인 모습도 함께 묘사되지요. 「장거리 주자의 고독」에 나오는 콜린 스미스는 사고뭉치입니다. 그는 늘 화난 얼굴을 하고 있는데, 남편을 병으로 잃자마자 바로 딴 남자와 살림을 차린 자기 어머니를 몹시도 미워합니다. 어느 날 빵집을 털다 체포되어 소년원에 가게 된 콜린은 교도소장에게 장거리 달리기 주자로 발탁됩니다. 교도소장은 콜린더러 크로스컨트리 레이스에 참가하면 우승할 수 있을 거라고 독려합니다만, 교도소장의 속셈은 따로 있었습니다. 콜린이 우승하면 소년원의 위상도 자연스레 높아질 거라고 계산한 것입니다. 콜린은 아침마다 달리기 연습을 하여 대회에 출전하지만, 결승선에 다다랐을 때 다른 소년에게 선두를 양보합니다. 그러고는 교도소장으로 상징되는 체제에 굴복하지 않고 오로지 자신의 마음과 뜻에 따라 달렸던 장거리 경기의 참 의미를 되새기며 진심으로 행복해합니다.

켄은 트로츠키주의자일까?

켄은 1960년대부터 지금까지 정통파 마르크스주의자, 트로츠키주의자, 아나키스트 등으로 불리었으나 정작 그 자신은 그러한 규정에 당혹스러움을 표했습니다. 다큐멘터리 〈1945년의 시대정신〉(2013)에 나오는 것처럼 켄은 1945년에 단독으로 처음 과반수 의석을 점유하면서 집권하게 된 노동당의 기본정책에 찬성하고 1960년대 초에 당원이 됩니다. 그러나 1960년대, 노동당 정부가 노동자와 노동조합을 배신*했다는 평가를 받을 정도로 보수화하자 켄은 노동당에 크게 실망했습니다. 그럼에도 1990년대 중반 탈당하기까지 무려 삼십 여 년을 당원으로 지냈고, 그 뒤에 다시 노동당에 가입하는 등 애정을 버리지 않았습니다.

한편 1956년 러시아(구 소련)의 흐루쇼프가 스탈린을 비판한 비밀 연설을 하고 헝가리를 침공하자 유럽의 다른 나라와 마찬가지로 영국에서도 많은 사람이 공산당을 떠

---

* 1966년, 정부가 6개월간 임금을 동결하는 사건이 벌어진다. 이 일은 노동조합의 가장 중요한 권리인 단체교섭권을 제한한 것으로 노동조합에 충격적인 배신감을 안겨주었다. 그 결과 트로츠키주의자들을 비롯한 진보세력은 노동당 정부가 금융자본에 백기를 들었다고 비난하면서 정부를 상대로 '비공인 파업(wildcat strike)'에 나섰다.

나 트로츠키주의 단체 등으로 옮겨갔습니다. 1960년대 중반에 켄도 '반스탈린주의 좌파(Anti-Stalinism left)'에 적극적인 관심을 두게 되는데요. 이는 스탈린주의에 반대하는 정치사상과 운동으로, 기존의 공산주의 국가와 코민테른 계보의 각국 공산당을 '스탈린주의'로 비판하고 부정하는 세력이었습니다. 그중 대표적인 흐름인 트로츠키주의(Trotskyism)*는 러시아의 혁명가 레온 트로츠키(1879~1940)의 영구혁명론을 따른 것으로 스탈린의 일국사회주의 및 관료주의에 반대하며 세계 혁명 없이는 사회주의의 건설과 수호 및 지속적 발전이 불가능하다고 주장했습니다.

트로츠키주의라고 하면 보통 교조적 스탈린주의에 반대하는 것으로 생각하지만, 그들에게는 사회민주주의—우파 사회주의라고 비난해온—에 대한 비판도 중요한 이슈였음에 주의해야 합니다. 사회민주주의자들은 이상과 목적이 어찌되었든 결과적으로 대량 실업, 빈곤, 식량 지원, 심각한 불평등과 환경파괴 들을 남겼으므로 실패한 것

---

* '트로츠키주의'라는 말은 스탈린이 트로츠키의 사상을 폄훼하려는 의도로 사용한 표현이다. 트로츠키는 넓은 의미에서 레닌의 사상을 따랐지만, 스탈린은 트로츠키의 사상이 볼셰비키도 아니고 레닌주의도 아니라고 비난했다.

이라고 비판했습니다. 켄 역시 스탈린주의에도 찬성할 수 없지만 '자본주의 식탁에서 부스러기를 모으는 것'이라고 비판한 사회민주주의에도 찬성하지 않았습니다.

켄의 동료 중에는 트로츠키주의를 공식적으로 표방하여 1958년에 조직된 '사회주의자 노동연맹(SLL: Socialist Labour League)'에 참여한 사람들이 있었습니다(켄은 회원으로 활동하지는 않았다). 이 연맹은 노동당의 분파로 1958년 헝가리 투쟁에 참여한 사람들이 조직한 것입니다. 노동혁명당(WRP: Workers' Revolutionary Party)의 전신인 '사회주의자 노동연맹'은 공산당과 전국 광산노동조합의 긴밀한 연대에 반대했는데 1962년 노동당은 노동연맹을 '금지 조직'으로 선언하였고, 그 결과 켄의 동료들을 포함한 구성원들이 노동당에서 제명되는 일도 벌어졌지요. 켄은 1960~1970년대에 '국제 사회주의자(International Socialists)'* 들과도 연대합니다.

반스탈린주의 좌파에는 트로츠키주의만이 아니라 로자 룩셈부르크(1871~1919)의 노선을 따르는 좌파공산주의

---

* 뒤에 사회주의 노동자당(SWP: Socialist Workers Party)이나 국제 마르크스주의 그룹(International Marxist Group)과 관련된다.

자도 포함되었습니다. 그들은 스탈린주의나 레닌주의가 노동자 스스로 자원을 생산하고 소유하여 분배하는 것이 아니라 당이 생산물을 분배하는 형태이므로 국가자본주의나 다름없다고 비판했습니다. 당시 활동한 아나키스트들 역시 반스탈린주의자였습니다.*

반스탈린주의와 스탈린주의의 분쟁이 가장 극명하게 드러난 곳은 스페인입니다. 스페인혁명 과정에서 반파시즘 좌파진영 가운데 스탈린주의자(스페인 공산당)와 아나키스트 간의 분쟁이 있었고, 아나키스트들은 스탈린주의의 전체주의적, 권위주의적 성격을 비판했는데, 조지 오웰의 『카탈루냐 찬가』『동물 농장』『1984』는 스탈린주의의 권위주의를 비판한 작품들입니다.

반스탈린주의를 더 광범위하게 본다면 '68혁명' 이후의 '신좌파(New Left)'도 포함할 수 있습니다. 신좌파는 1960년대 서구에서 발흥한 구조주의, 사회비판이론, 포스

---

* 마흐노를 비롯하여 러시아 혁명을 전후하여 활동한 우크라이나의 아나키스트들은 혁명 초기에는 볼셰비키에 호의적이었고 러시아 적백 내전에서는 볼셰비키의 편에 가담하였으나, 혁명 후기에는 볼셰비키의 전체주의적인 국가도 사회주의 질서에 반대하는 진영과 볼셰비키를 여전히 지지하는 진영으로 양분되는 상황에서 볼셰비키와 결별하고 비볼셰비키 좌파 봉기를 일으켰으나 실패했다. 이후 우크라이나 아나키스트들은 볼셰비키로 전향하거나 볼셰비키에 의해 숙청당했다. 레닌 사후 스탈린이 공산당을 장악하며 러시아 및 우크라이나 아나키스트와 볼셰비키의 결별은 돌이킬 수 없는 지경에 이른다.

트모더니즘 등에 영향을 받아 기존의 사회문화 현상에 드러나는 권위주의를 비판한 좌파적 조류입니다. 이들은 다문화주의, 동물권, 여성주의, 성소수자운동, 환경운동, 기타 소외 계층에 대한 인권신장운동 들에 집중했습니다. 켄은 환경운동에는 그다지 큰 관심을 보이지 않았지만, 기타 신좌파적 관심은 적극적으로 공유했습니다. 그러나 마르크스주의의 전통적인 계급투쟁이론 및 혁명 노선을 포기하고 문화담론 위주의 해석을 중시하는 프랑크푸르트학파 같은 신좌파와 켄의 입장은 분명히 다릅니다.

    켄은 오히려 에릭 홉스봄(1917~2012)이나 크리스토퍼 힐(1912~2003)의 역사관을 공유합니다. 홉스봄은 자본주의의 초기 현상만을 분석하여 영리 추구와 최대의 지속 성장이라는 자본주의 시장의 법칙을 읽어낸 마르크스주의를 혁명을 외치는 불온한 사상이 아니라 세상의 모든 현상을 세밀하게 읽어낸 보편적 포괄성을 지닌 사상으로 보았습니다. 자본주의가 이윤을 추구하는 가운데 기술집약적이며 무제한적인 경제발전을 이루어 삶의 편리성을 전반적으로 올려놓은 것은 사실이지만, 그 이면에는 철저하게 희생당한 생산자, 노동, 자연자원 들이 있다는 점 역시 명백하므로 결국 지금의 자본주의로는 이러한 문제들을 해결할 수 없고, 따라서 마르크스주의를 다시 진지하게 고려해야 한다는 홉스봄의 사상에 켄은 동의했습니다.

한편 크리스토퍼 힐은 특히 과거와 현재의 상호작용에 주목했습니다. 따라서 과거에 대한 태도와 역사에 대한 해석 역시 현대 사회의 변화에 따라 얼마든지 수정하거나 발전시킬 수 있다고 보았어요. 그에 의하면 현대 정치가 역사학에 혁명을 일으킨 가장 극적이고 광범위한 예는 '여성사'와 '아래로부터의 역사'입니다. 특히 그는 현대에 가장 보람 있는 태도 변화가 '아래로부터의 역사' 출현이라고 보았습니다. 즉 평범한 사람들이 저마다의 역사를 소유한다는 사실, 혁명적인 변화를 위해서든 연속성을 위해서든 역사적 과정의 어떤 방향을 결정하는 데 보통사람들이 매우 중요한 역할을 했다는 점을 깨달은 것이라고 했습니다. 이에 따라 역사의 관심이 귀족, 양반, 상인, 성직자에서 농민, 장인, 빈민으로 옮겨갔고, '보통사람'이 세상을 바꿀 수 있으며, 대중운동의 역사가 영감을 줄 수 있다는 것을 알게 되었다는 것입니다. 그는 무릇 역사학자라면 사건의 표면에만 관심을 두거나 머물러서는 안 된다고 말합니다. 국가적 전통, 보물, 오래된 법률, 판결 등에만 집중할 게 아니라 민중의 소통 수단인 노래, 연극, 팸플릿, 신문 등에 눈과 귀를 더 섬세하게 열어두어야 한다고 했어요. 그러면서 정치와 경제 사이의 상호작용을 강조하는 역할을 맡아야 한다고 강조합니다. 정치혁명은 이미 그 안에 경제적 명분을 가지고 있고, 따라서 정치혁명은 결국 사회적, 경제적 삶을 변화시키기 때문이라는 것이 요지인데요. 그러나 유물론이 주장하는 경제적 결정론은 경계해야 하고, 혁명이 일어나는 데 가장 중요한 것은 사상의 변화임을 인식해야 한다고 역설했습니다.

그 자신 평생 노동하듯 영화를 만들면서 전반적인 시민 의식의 혁명을 꿈꿔온 켄의 생각과 바람도 크리스토퍼 힐과 같았습니다.

켄의 초기 드라마들

켄의 첫 작품인 〈캐서린〉(Catherine, 1964)은 지금 우리가 볼 수 없습니다. 필름이 남아 있지 않기 때문*이죠. 파경을 맞은 젊은 여성의 경험을 다룬 〈캐서린〉에 이어 켄이 만든 세 편의 〈제트카〉(Z Cars, 1964) 시리즈는 북부지역 공장지대에서 계속 증가하는 범죄를 예방하기 위해 네 명의 조사 담당 경관이 팀을 구성해 두 대의 순회차인 제트카를 타고 출동하여 범죄를 해결하는 드라마입니다. 기존의 유사 장르 드라마와 달리 리얼리즘을 강조했다는 게 특징이어서 많은 논란을 낳았습니다.

켄이 같은 해 만든 드라마 시리즈인 〈청년의 일기〉(Diary of a Young Man, 1964)는 불량한 청년 노동자들의 일상을 중심으로 국회의원, 군인, 경찰, 은행원 등 지배층의 탐욕과 위선을 폭로한 작품입니다. 여기엔 심지어 대법원장이 슈퍼마켓에서 절도하다가 잡히는 장면도 나와요. 〈청년의 일기〉는 총 6부작이었는데, 그중 3부를 켄이 연출했습니다.

시리즈물이 아닌 단독 작품으로 〈탭 온 더 숄더〉(A Tap on the Shoulder, 1965)가 있어요. 이 드라마는 한 무리의 도둑

---

* 1970년대 중후반에서야 영국 방송사들은 오래된 프로그램들을 적극적으로 보관하기 시작했다. 그전에는 보관하는 것보다 폐기하는 것이 더 많았다.

들이 공항에 있는 거대한 금괴를 훔치는 이야기로, 경매에서 값비싼 술을 훔치는 영화 〈앤젤스 셰어: 천사를 위한 위스키〉(The Angels' Share, 2012)를 연상시킵니다. 프러퓨모 사건 이후의 영국이 보여준 도덕적 타락을 배경으로 지배층을 풍자한 이 드라마는 범죄자들이 형벌을 받기는커녕 프랑스 리비에라 해안으로 도피해 잘 살아간다는 내용이어서 평단의 비판을 받기도 했습니다. 같은 해에 만든 〈매우 큰 모자를 쓰세요〉(Wear a Very Big Hat, 1965)도 젊은이의 사회적 고민을 다룬 것입니다.

켄이 가장 처음 제작한 사회 비판적 영상물은 〈세 번의 맑은 일요일〉(Three Clear Sundays, 1965)입니다. '세 번의 맑은 일요일'이란 사형수가 사형당하기 전 독방에 구금되어 있는 기간을 의미합니다. 자신의 운명에 드리워진 불운함과 몽매함 때문에 결국 교도소까지 가고 기어이 사형을 맞게 되는 한 젊은이의 인생을 다룬 이 드라마가 방영되자 당시 보수당은 대놓고 불만을 표시했습니다.

공장에 다니는 세 명의 젊은 여성 노동자가 주인공이었던 〈업 더 정션〉(Up the Junction, 1965)은 '교차로 쪽으로'라는 뜻입니다. 이 영화는 주인공 여성들이 주변 환경 때문에 점점 더 곤란한 상황에 이르는 과정을 보여주는데, 특히 성문화와 놀이문화, 그 결과로 벌어지는 낙태 문제*까지 다루었다는 점에서 문제적이라 할 수 있어요. 특히 영화에 나오는 불법 낙태 장면이 너무도 생생해서 낙태라는 소재를 텔레비전에서 처음 접한 사람들은 매우 큰 충격을 받았고 실제로도 시청자 항의가 쇄도했다고 합니다.

1965년에 방영된 〈아서 결혼의 파경〉(The End of Atyhur's Marriage, 1965)은 당시 중산층의 소비주의를 풍자한 뮤지컬 드라마인데, 판타지와 초현실주의 요소가 혼재되었다는 점에서 사회적 리얼리즘으로 유명한 켄으로서는 이례적인 작품을 만든 셈입니다. 뒤에 켄은 그것을 두고 '실수한 작품'이라고 말했습니다.

켄이 1968년에 만든 〈골든 비전〉(The Golden Vision)은 리버풀 출신인 네빌 스미스의 각본을 켄이 연출한 작품으로 노동계급 축구광에게 축구가 갖는 의미는 생일, 결혼, 죽음 같은 사건들보다 더욱 중요하다는 사실을 보여줍니다. 그러나 축구를 노동계급의 진정한 문화라고 찬양하기

---

* 영국에서 낙태법이 합법화된 것은 1967년이다.

보다 노동자들의 경제적 불이익이나 박탈감을 비정치적으로 보상해주는 '순간적인 달콤함을 주는 어떤 것'이라고 정확하게 꼬집지요. 우리나라가 경험했던 군사독재 시대의 3S산업과 같은 맥락이라 할 수 있겠군요. 뒤에서 함께 살필 〈케스〉〈보리밭을 흔드는 바람〉 등에 자주 등장하는 축구 경기 소재도 마찬가지 의미를 지닙니다. 켄이 1969년에 찍은 〈생애 뒤에〉(After a Lifetime)도 네빌 스미스의 각본으로 1926년 5월에 발생한 제네스트에서 활동한 노동조합 운동 이야기를 다룬 것인데 방영은 1971년에야 이루어졌습니다.

그들은 한순간에 무너졌다

1965년부터 십 년간 영국 인구의 하위 80퍼센트는 국가 전체 부(富)의 10퍼센트 정도만 소유했을 정도로 불평등했습니다. 그 사이 켄은 위에서 소개한 드라마를 포함하여 〈캐시 컴 홈〉(Cathy Come Home, 1966) 〈인 투 마인즈〉(In Two Minds, 1967) 〈빅 플레임〉(The Big Flame, 1969) 〈평조합원들〉(The Rank and File, 1971) 등을 만들어 당대 사회의 불평등을 낱낱이 고발합니다. 그중에서 가장 유명한 작품인 〈캐시 컴 홈〉은 켄의 초기 드라마 작품 중 대표작으로 제러미 샌드퍼드(1930~2003)가 하류계층과 오랫동안 함께 살면서 관찰한 노숙, 실업, 사회복지사업 등을 주제로 쓴 소설을 드라마화한 것입니다. 뒤에 집시에 대한 작품을 써서 유명해진 샌드퍼드는 켄의 드라마와 영화의 각본을 많이 쓴 넬 던(1936~)의 남편이기도 해요.

캐시라는 젊은 여자가 답답한 시골집을 떠나 도시에서 직장을 얻고, 배달 일을 하는 운전사 레지와 사랑에 빠져 결혼하고 아이를 낳고 살다가, 실직을 당해 결국 노숙자로 전락하는 모습을 다큐멘터리처럼 보여주는 드라마인데요. 당시 중산층이 가진 환상이 너무도 쉽게 몰락하는 과정을 적확하게 묘사했다는 평과 함께 1960년대 텔레비전 드라마 중 가장 뜨거운 반응을 끌어낸 작품입니다. 관료적 복지제도가 가족을 파괴하는 모습을 보여주는 이 드라마는 2016년에 켄이 만든 〈나, 다니엘 블레이크〉로 이어지는 복지제도에 대한 비판의 서막인 셈이지요.

〈캐시 컴 홈〉의 내용을 잠시 둘러볼까요? 캐시 부부는 드라마가 진행되면서 단계적으로 몰락의 길을 걷습니다. 처음 두 사람은 새로 장만한 신혼집 아파트에서 행복했으나 레지가 사고를 당한 원인이 산업재해였음에도 아무런 보상을 받지 못하게 되자 두 사람은 시어머니 집으로 이사합니다. 좁은 집에서 함께 살며 여러 고충이 발생하자 캐시 가족은 간신히 작은 주택으로 이사하는데요. 친절했던 집주인이 사망한 후 먼 친척이 소유권을 갖게 되면서 그들은 밀린 집세 문제로 강제 퇴거를 당합니다. 그 후 캠핑카에서 살다가 마을 주민들의 반대로 결국 복지시설로 가지만 그곳 관리인과의 갈등과 주거비 문제로 다시 쫓겨나서 노숙하게 되고, 이어 가족은 뿔뿔이 흩어집니다.

〈캐시 컴 홈〉은 "이렇게 좋은 적은 없었다(You've never had it so good),"라는 표어로 대변되는 1960년대 영국의 '흥청거리는 런던(swinging London)'의 허상을 적나라하게 폭로한 작품으로 평가됩니다. 특히 가장 열악한 부분이 복지문제와 복지시설이라는 점을 강조한 것으로 보아 당시 켄은 정부의 복지정책을 강력하게 비판한 게 분명해요. 그가 드라마에서 보여준 캐시 가족의 몰락에는 사적인 원인만 있었던 게 아니었습니다. 간신히 이어가던 삶의 고리를 어느 순간 확실하게 끊어버린 힘은 대개 주변에서 가해진 것들이었습니다. 경제적이고 사회적인 압력에 의해 위태로운 삶의 연결 부위가 툭 부러져나가는 순간, 더는 어찌해볼 도리가 없어 그대로 몰락하는 취약계층의 아찔한 상황을 우리는 그들 가족의 모습에서 확인하고도 남습니다.

켄은 이 드라마에서 객관적 정보를 제공하는 보이스오버(voice-over)* 기법을 활용하여 개인적 경험을 확장시킵니다. 가령 레지가 사고를 당한 뒤 "런던에는 살 곳이 없는 가정이 이십만 가구나 된다. 그 외 육만 명의 싱글들은 싱크대나 전열 기구 하나 없이 살고 있다. 런던 중심부에 있는 일곱 개 구에서는 열 가구 중 한 가구가 (인구) 과밀상태에서 산다. 즉 방 하나에 1.5명 이상이 살고 있다." "특정 규모의 가족이 (정부로부터) 집을 받으려면 대기 리스트에 삼백오십 년 동안 이름을 올리고 있어야 한다. 현재 정부가 목표로 하는 오십만 호 건설은 충분하지 않다. 이 목표를 이룬다고 해도 앞으로 십 년 동안 슬럼에서 살게 될 사람들이 있다. 정부는 이를 위기로 인식하고 위기로 다루어야

---

* 영화와 TV 등에서 화면에 나타나지 않는 화자의 목소리(해설자의 서술 등)를 가진 표현 방식을 이른다.

한다."는 등의 보이스오버가 계속 나옵니다.

당시 무주택자들이 수없이 쏟아져 나온 상황 속에서 육백만 명 이상이 시청하며 큰 인기를 끈 〈캐시 컴 홈〉은 다큐멘터리와 극영화의 스타일을 섞은 연출기법에 대한 논란부터 내용이 부도덕하다는 비판까지 다양한 피드백을 받았습니다. 그러나 무명배우들을 캐스팅하여 그들이 드라마의 내용과 같은 삶을 살게 하고, 사전 정보를 주지 않은 상태에서 순간의 자발성을 이끌어내는 연출 방식은 그 후 켄의 모든 영화에 일관성 있게 적용됩니다. 배우가 카메라를 의식하지 않도록 카메라를 배우로부터 가능한 한 멀리 떨어지게 하거나 조명을 최소화하여 자연주의적 스타일로 영화를 만드는 방식도 마찬가지입니다.

켄은 〈캐시 컴 홈〉(1966) 이후 오십 년이 지난 2016년에 〈나, 다니엘 블레이크〉를 제작했습니다. 이 영화 역시 평범한 영국의 보통사람들을 주인공으로 삼아 이들이 사고와 질병으로 일하지 못하게 되면서 겪는 사회적 추락을 다룬 것으로 정부의 무능한 복지제도를 비판했습니다.

저는 이따금 '오십 년 동안 주택문제를 비롯한 복지제도에 관심을 가진 켄과 같은 영화감독이 우리에게 있을까?' 하고 질문을 던져보곤 합니다. 〈캐시 컴 홈〉처럼 노숙인 문제를 다룬 소설이 있는지도 궁금합니다. 현재 한국의 주거 현실이 오십 년 전 영국보다 훨씬 더 심각하기 때문입니다.

무주택자가 인구의 반을 넘겼지만 집은 여전히 투기의 대상입니다. 투기수단으로서의 주택건설은 건설경기 활성화로 경제성장을 앞당긴 측면도 분명 있지만 그 대가는 너무나도 가혹합니다. 국민의 심성을 피폐화했고, 사회를 분열시켰고, 가치를 전복했습니다. 전월세난도 갈수록 심각해지고 있으며 심지어 집이 있어도 혼자 힘으로는 주거문제를 해결할 수 없는 사람들이 늘고 있습니다. 오죽하면 '하우스푸어'라는 말까지 나왔을까요? 게다가 기성세대는 이제 젊은이들에게 '영혼을 팔아서라도' 집을 먼저 장만하라고 부추깁니다. 그러니 1966년에 방영된 이 드라마를 다시 보면서 21세기 대한민국의 모습을 떠올리는 것은 너무도 자연스러운 일 아닐까요?

당연히 해야 할 일을 선심 공약처럼 떠드는 모리배 정치인, 사건사고가 터지고 난 뒤에야 단세포적으로 올라오는 법안들, 용두사미 격으로 논의되는 정책들을 두고 "우리나라만의 일이 아니다."라고 자위하는 것도 더는 참을 수 없을 만큼 불편합니다. 어쩌면 우리 인류는 시공을 초월해서, 한마음으로, 그릇된 전통을 세워가는 중인지도 모릅니다.

내 안에는 마음이 너무도 많아

〈인 투 마인즈〉(In Two Minds, 1967)는 〈캐시 컴 홈〉과 마찬가지로 여주인공이 사회적 압력과 부르주아적 도덕에 의해 희생당하는 과정을 그린 드라마예요. 제목의 뜻은 문자 그대로 '두 개의 마음으로'입니다. 전반부는 주인공 케이트와 그의 부모 및 언니, 그리고 남자친구의 인터뷰를 통해서 가족이 케이트에게 미친 영향을 이야기하고, 후반부는 케이트의 재입원과 의료진이 치료에 실패하여 케이트의 정신을 더욱더 황폐하게 만드는 과정을 다룹니다.

케이트의 부모와 보수적인 고정관념을 지닌 의사들은 케이트의 정신병이 문란한 성생활에 기인한다고 판단하지만, 드라마 속 인터뷰어인 진보적인 의사는 그 원인이 가족의 압박 때문이라고 주장합니다. 그렇다고 해서 이 가족에게 특별한 문제가 있는 것은 아니에요. 도리어 지극히 도덕적이고 일반적인 규범을 철저히 준수하는 사람들입니다. 따라서 이 드라마는 1960년대 영국이라는 선진 자본주의 사회가 갖는 일종의 억압성 때문에 청소년들이 정신적으로 황폐해지는 현상을 묘사한 것으로 보는 게 옳습니다.

광기를 사회규범에 대한 저항으로 해석한 이 작품에는 당대 반체제적 심리학자인 로널드 랭(1927~1989)의 견해가 반영되어 있습니다. 랭은 『분열된 자기 The Divided Self』(1960)에서 조현병(정신분열증)에 대한 전통적 이론을 부정합니다. 그러고는 조현병이 육체적 현상인 동시에 의사소통의 패턴과 가족 관계 안에서 이루어지는 심리적 강화과정의 산물, 즉 진단할 수 있는 질병이 아니라 의료제도, 나아가 사회가 붙인 꼬리표일 뿐이라고 주장했습니다. 즉 조현병 환자를 '세계와의 관계에서 불화'를 경험하고 '자신과의 관계에서 분열'을 경험한 사람으로 이해하자고 제안했지요. 나아가 그는 정신과 검사라고 하는 굴욕적인 절차를 치르고 나면 정신병원이라는 전체주의적 시설에 갇혀 시민적 자유를 모두 잃게 된다며 분노했습니다. 이러한 굴욕적인 제도에 대한 비판은 이후의 영화 〈나, 다니엘 블레이크〉를 연상하게 합니다. 복지라는 이름 아래 '현재 어떤 면에서 취약한' 시민에게 복잡한 절차를 요구하는 비합리적인 현실을 가슴 아프게 분석하여 그렸다는 점에서 두 작품은 매우 닮았습니다.

〈인 투 마인즈〉는 켄이 스튜디오 촬영을 전면 거부하고 모든 장면을 로케이션으로 찍었다는 점에서도 획기적이에요. 기록 자료를 바탕으로 다큐멘터리 촬영기법을 사용하여 현실성을 강조한 점은 전작들과 다르지 않으나 인터뷰 촬영기법을 사용했다든지 인터뷰어가 랭을 상징하는 정신과 의사라는 점 등은 새로운 요소들입니다. 또 한 가지 특징은 인터뷰어를 화면에 등장시키지 않고 목소리만 들려주었다는 점이에요. 인터뷰어와 인터뷰이를 동시에 볼 수 있었던 기존 다큐멘터리 영상에 익숙했던 시청자들은 이런 방식에 불안감을 느꼈는데, 이 기묘한 상황은 드라마에 사용된 다양한 표현주의 기법 덕분에 더욱 강조되었습니다.

드라마는 첫 방송 당시 정신과 의사들로부터 엇갈린 반응을 얻었습니다. 일부에서는 케이트가 진정한 조현병

환자라기보다 우울하고 히스테리적인 성향이 강할 뿐이라고 했고, 드라마에 나오는 정신병원 환경 역시 실제 정신병원과는 다르다고 주장했습니다. 그러나 드라마의 본질이 현실 상황을 정확하게 묘사하는 데 있는 것이 아니라 정신의학이라는 이데올로기를 비판한 데 있으므로 그 같은 단순 비평에는 문제가 있습니다.

개인의 자유의지와 사회적 윤리의 갈등이라는 문제를 제기하며 국가권력의 전제적인 통제를 비판한 소설 『시계태엽 오렌지 A Clockwork Orange』를 쓴 앤서니 버지스(1917~1993)도 드라마가 케이트의 문제를 해결하는 방법을 찾아내지 못했으며 드라마 형태에도 문제가 있다고 지적했습니다. 그러면서도 그는 이 작품이 포함된 '수요극장' 시리즈 전체가 비록 반예술적이기는 해도 〈인 투 마인즈〉만큼은 너무도 현실적이어서 예술보다 오히려 좋았다고 평했습니다.

한국 사회에는 지금도 이 드라마가 비판한 전통적인 정신치료법이 여전히 시행되고 있습니다. 앞에서 말한 랭의 저작 『분열된 자기』는 2018년에야 번역되었는데 그것이 랭의 저서 중 처음으로 소개된 책이라는 점만 보아도 정신질환자 치료에 대한 우리 사회의 시각이 어떠한지 짐작할 수 있습니다. 치료법만이 아니라 정신질환자의 인권 보장도 여전히 한국에서는 문제시됩니다. 특히 정신질환자 본인의 의사와 관계없이 병원에 강제입원을 당하는 관행, 정상적인 의료기관이 아니라 기도원 등의 사인(私人)에 의한 감금시설에 비인권적으로 장기 구금되는 사례, 수용시설 안에서 차마 입에 담지 못할 다양한 폭력에 무기력하게 노출되는 경우 들이 여전히 보고되고 있으니 말입니다.

트로츠키주의가 영국 노동자들에게 미친 영향

켄은 각본가 짐 알렌(1926~1999)과 작업을 많이 했습니다. 이 두 사람의 조합에서 태어난 작품들은 켄이 트로츠키주의자임을 더욱 분명하게 보여주는데, 맨체스터 출신인 짐은 켄보다 열 살가량 연상으로 건축노동자, 해군 소방관, 광부, 노동조합 등 이력이 다채롭습니다. 그는 군대에 복무하던 중 폭행죄로 교도소에 수용되었다가 동료로부터 사회주의 이야기를 듣게 됩니다. 끝내 스탈린주의를 혐오했고, 공산당과의 연대를 거부했지만, 그는 평생 열정적인 사회주의자로 살았습니다.

켄과 짐 알렌이 함께한 첫 번째 작품은 〈빅 플레임〉(The Big Flame, 1969)입니다. 이 작품은 트로츠키파 노동자가 이끄는 리버풀 부두 노동자들의 파업이 육군과 경찰에 의해 격렬하게 깨지는 과정을 묘사했는데요, 노동부 직원인 가필드가 파업 방지를 위한 대책회의 참석차 리버풀에 오는 장면으로 시작됩니다. 파업 지도자인 잭 리건을 비롯하여 많은 사람이 파업을 성공시키기 위해 노력하지만, 그들은 결국 경찰과 군대에 의해 진압되고, 지도부는 3년 징역형에 처합니다. 등장인물을 트로츠키파로 설정한 것은 제1차 러시아 혁명(1905)의 실질적 중심이었던 트로츠키가 일찍부터 노동계와 소통했으며, 그 자신 "우리의 주된 무기는 파업이다."라고 말했을 정도로 파업을 '폭력 없는 힘'을 보여줄 수 있는 강력한 기제로 보았다는 점, 그리고 영국에서는 트로츠키주의 조직이 그나마 정치력이 강했다는 점 등을 반증하는 장치였을 겁니다.

일만 명의 부두 노동자들이 리버풀 부두를 점령한 이야기를 담은 이 드라마는 실업률이 상승하고 있던 시기에 최초로 방송*된 만큼 많은 논쟁을 불러일으켰습니다. 앞에서 본 초기 드라마들이 사회구조로 인한 희생양을 묘사한 것이라면 〈빅 플레임〉은 그 희생양이 사회를 변화시키는 주체가 될 수 있다는 점을 부각했습니다. 대단히 중요한 터닝포인트인 셈인데요. 노동자들의 항구 점령은 군사력 개입으로 실패하지만, 이 사건은 주변 노동자들의 마음을 움직였고 마침내 노동자들의 연대 투쟁을 이끌어냈다는 묘사가 그렇습니다. 이 드라마는 1970년대 초 영국에서 터진 연좌 농성과 생산관리 노동자 파업의 사실상 전조(前兆)가 되었습니다.

〈빅 플레임〉의 후속작이자 속편 격인 〈평조합원들〉(The Rank and File)은 1970년에 제작되었으나 방영은 1971년에 이루어져요. 백 년 동안 파업이 없었던 공장지대 마을에서 노동자들의 비공인 파업 투쟁이 급증한 상황을 다룬 이 드라마는 노동자들과 유리된 노동조합의 진실을 비판했습니다. 배경이 된 사건은 1970년, 세인트 필킹턴 유리공장에서 일어난 비공인 파업이었는데 이 파업에는 자그마치 육

---

* 각본은 1967년에 쓰였고 1968년에 촬영을 모두 마쳤지만, 드라마 방영은 계속 보류되다가 제작 1년 만인 1969년에야 비로소 안방에 선을 보였다.

천 명의 노동자가 두 달 동안 참가했습니다.

사건의 조짐은 1968년 5월 프랑스의 비공인 파업과 학생 시위에서 보였습니다. 이들 두 사건은 당시 영국 좌파에게 큰 영향을 미쳤는데요, 그 뒤로 노조의 틀에서 벗어난 파업이 증가하고 특히 1969년 10월에는 광부들의 파업이 두드러졌다는 점만 보아도 알 수 있습니다. 필킹턴 파업 후 에드워드 히스의 새로운 노동당 정부하에서 통과된 1971년 산업관계법은 비공인파업을 불법으로 규정했는데 이 내용은 영화가 끝날 무렵 언급됩니다.

비공인파업은 한국에서도 불법으로 간주됩니다. 한국에서는 합법적 파업을 포함한 대부분의 파업이 업무방해 혐의를 포함한 불법으로 여겨져요. 엄청난 민형사상의 책임을 감당해야 합니다. 예외적으로 형사 처분을 피해간다고 해도 기업들이 제기한 거액의 손배소송은 헌법상 단체행동권을 막는 거대한 족쇄입니다. 따라서 1990년대 중반부터 각 기업은 노동자들이 파업하면 손배·가압류 등의 방법으로 민사소송을 걸면서 파업 자체를 원천봉쇄하는 작전을 쓰고 있는데요, 그 결과 수많은 노동자가 손해배상 및 가압류로 인한 경제적 어려움을 견디지 못해 자살을 선택하는 최악의 사례도 증가했습니다. 시대를 넘어선 야만의 얼굴들입니다.

나 같은 여자는 성공을 꿈꿀 수 없어

지금까지 살펴본 텔레비전 드라마들은 한글 자막이 있는 것으로 보기가 어렵습니다. 유튜브에서 자막 없이 볼 수는 있지만, 사투리나 비어, 욕설 등이 난무하는 탓에 영국인이 아닌 경우엔 알아듣기가 쉽지 않아요. 그래서 텔레비전 드라마에 대해서는 간단하게 설명했습니다. 반면 인제부터 설명하는 극영화나 다큐멘터리는 대부분 한글 자막으로 시중에 판매되고 있으므로 가능한 한 상세히 설명하고 싶습니다. 그중 가장 먼저 제작된 것은 켄이 1967년에 만든 최초의 장편 극영화 〈불쌍한 암소〉(Poor cow)로 우리말 번역이 있는 켄의 DVD 중에서 가장 오래된 작품입니다.

〈불쌍한 암소〉는 여성 작가 넬 던의 동명 소설을 영화화한 것인데, 소설은 우리말로 번역되어 있지 않아요. 넬 던은 앞에서 살핀 〈업 더 정션〉의 작가지만 우리에게는 희곡 「욕탕의 여인들 *Steaming*」(1981)로 더 유명합니다. 그녀는 귀족의 후손이었지만 아홉 살에 읽는 법을 배운 이후로는 그 어떤 교육도 받지 않았습니다. 그러고는 이십 대부터 공장 생활을 한 뒤 그 경험을 바탕으로 노동자들이 주인공인 소설을 집필했습니다.

〈불쌍한 암소〉는 여성들에 대한 성적착취를 비판하면서 자유로운 성적 관계를 여성의 시각에서 다룬 페미니즘 작품입니다. 사회성이 짙은 이 영화는 수많은 남자를 만나고 헤어지며 살아가는 한 여인의 기구한 삶을 통해 현대 자본주의 사회의 문제들을 현실감 있게 풍자합니다. 앞에서 본 〈업 더 정션〉이나 〈캐시 컴 홈〉과 같이 '흥청거리는 런던'의 실상을 폭로함과 동시에 이후 켄이 만든 〈레이디버드 레이디버드〉의 연장선상에서 여자 주인공을 내세워 현실을 비판하는 영화죠.

영화는 런던의 빈민가인 이스트엔드에 사는 조이가 병원에서 혼자 출산하는 장면으로 시작합니다. 그녀의 남편이자 아기 아빠인 톰은 조이가 퇴원할 때까지 병원에 오지도 않고 아기에게도 전혀 관심을 보이지 않아요. 폭력을 행사하는 남편과 불행한 결혼생활을 보내던 조이는 남편이

절도죄로 교도소에 가자 그의 공범 중 한 사람인 남편의 친구 데이브와 가까워집니다. 그러나 그마저 절도 혐의로 십이 년 형을 선고받아 교도소에 들어가지요. 보는 사람마저 '참 재수도 없지. 어쩌면 만나는 사람마다 저럴까?' 하고 생각하게 됩니다.

조이는 먹고살기 위해 여러 직업을 전전하지만, 생활은 늘 빠듯하지요. 달라질 게 없습니다. 그러다 우연한 기회에 바(bar)의 종업원으로 일하면서 속옷 광고 모델로 활동하게 되는데, 그러는 사이 알게 된 중년 남자와 부적절한 관계를 맺습니다. 하지만 관계가 들통 나는 바람에 조이는 남자친구에게 다시 구타를 당합니다. 뜻대로 일이 풀리지 않는 와중에도 조이의 아이는 조금씩 성장하고, 조이는 출소한 톰과 함께 다시 삶을 이어갑니다. 나중에 두 사람은 좀 더 좋은 아파트로 이사하지만 조이에겐 폭력을 버리지 못하는 톰과 사는 날들이 결코 즐거울 리 없죠. 영화의 마지막에서 조이는 "나 같은 여자가 사회에서 성공하는 거 봤어요?"라고 묻습니다.

영화 전체를 소제목 아래 나누어 진행하는 기법, 소외 효과를 보여주는 브레히트적인 자막, 주관적인 독백 사용,

여주인공과 보이지 않는 인터뷰어 간의 토론 등 켄은 이 영화에서 아주 다양한 스타일을 실험했습니다. 뮤지컬에 가까울 만큼 음악이 과하게 사용된 것도 이 영화의 또 다른 특징이에요. 게다가 영화 속 연인들이 산으로 들로 다니며 사랑을 주고받는 통속극의 느낌은 이후로 켄이 만든 다른 작품들의 분위기와 상당히 다릅니다. 이 영화는 상업적으로 어느 정도 성공을 거두었으나 훗날 켄은 '유행을 좇아 만든 것'이었다고 하며서 스스로 비판했습니다.

'케스'처럼 하늘을 날고 싶다

2008년에 출간된 『영국의 50대 영화』라는 책*에는 켄 로치의 〈케스〉와 〈토지와 자유〉가 포함되어 있습니다. 켄 외에 두 작품이 포함된 감독은 앨프리드 히치콕과 데이비드 린(1908~1991) 정도인데요. 그 책이 십 년 뒤인 2018년에 나왔다면 아마도 켄의 작품이 몇 점 더 들어갔을 것이고,

---

* Sarah Barrow and John White eds., Fifty Key British Films, Routledge, 2008.

그랬다면 켄은 영국 최고의 감독으로 평가되었을 것입니다. 제가 처음으로 본 켄의 작품인 〈케스〉는 배리 하인즈(1939~2016)의 소설 「케스-매와 소년 *A Kestrel for a Knave*」(1968)을 영화화한 것입니다. 배리 하인즈는 영국 북부 요크셔주의 탄광촌에서 태어나 그래머스쿨을 졸업하고 석탄위원회에 취직했다가 사범대학을 마치고 나서 체육 교사로서 일한 뒤 영국 북부로 돌아가 소설을 썼습니다. 요크셔주는 에밀리 브론테가 쓴 『폭풍의 언덕 *Wuthering Heights*』의 배경이기도 한데 그 음울한 분위기는 〈케스〉에서도 그대로 재현되었습니다.

1969년 영국 북부 요크셔지방의 공업지대 반즐리 공영주택지에 사는 열다섯 살 소년 빌리는 집에서는 이복형 주드에게, 학교에서는 학생들과 교사들에게 폭력과 따돌림을 당하며 희망이라곤 찾아보기 힘든 하루하루를 견디고 있습니다. 빌리는 자기도 자라서 형처럼 광산 노동자로 남게 되는 건 아닌지 늘 불안합니다. 그렇게 될까 봐 너무 두려워해요. 학교에서는 '기회균등'을 부르짖으며 "공부를 열심히 하라." "꿈을 가져라."고 독려하지만, 졸업을 앞둔 빌리에겐 암울한 현실만 있을 뿐입니다. 허황된 말로 아이들의 앞길을 재단하는 것은 동서고금을 막론한 일인가 봅니다. 그러나 번드르르한 외침과 달리 빌리의 학교도 내심 학생들을 순종적으로 길들이는 데만 연연해합니다.

빌리의 가정에도 뾰족한 수는 없습니다. 아버지는 집을 나가 연락이 끊긴 지 오래고, 노동하랴 남자친구 사귀랴 하루가 바쁜 어머니는 집안의 가장이라기보다 동거인에 불과하지요. 그런데 켄은 여기서 빌리를 대다수 성장영화의 흔한 주인공처럼 순수한 인물로만 그리지 않습니다. 그 역시 다른 아이들처럼 이따금 서점에 가서 잔돈을 슬쩍하거나 도서관에서 책을 훔쳐 오는 불량학생입니다. 고된 노동에 시달리는 가족들에겐 분풀이와 짜증의 대상이고요.

설상가상으로 빌리는 공부도 잘하지 못합니다. 노동자 계급의 자녀들이 다니는 학교에서도 가장 열등반에 속해 있으면서 늘 문제아 취급이나 당하죠. 우유를 훔쳐 먹고, 체육복을 사지 못해 선생으로부터 욕을 먹지만 누구 한 사람 빌리에게 사정을 묻지 않습니다. 학교 분위기도 매우 칙칙합니다. 노동자의 자녀들이라는 계급적인 패배감에 불량스러운 분위기까지 더해진 탓에 교실은 학습에 대한 의욕이나 배움의 열기는 고사하고 편견과 폭력, 권위적인 교사들의 노골적인 무시만 있을 뿐입니다. 심지어 빌리의 담임선생은 축구 수업 시 자기 뜻대로 경기가 진행되지 않으면 사적인 감정을 담아 학생들을 괴롭힙니다.

빌리에게 학교생활은 올해가 마지막입니다. 졸업 후에는 형처럼 광부가 되어야 합니다. 그러나 빌리는 운명을 받아들이고 싶지 않아요. 그런 빌리에게 동물은 유일한 친구입니다. 그는 누구보다도 동물 다루기에 능숙합니다.

어느 날 빌리는 집 근처 옛 성곽 폐허에서 매가 서성이는 것을 발견합니다. 매가 성곽 근처에 새끼를 낳은 것입니다. 자유롭게 하늘을 날아다니는 매에게 매력을 느낀 빌리는 매를 집으로 데려와 길들이기 시작해요. 도서관에서 훔쳐온 책을 읽으며 전문적인 지식을 쌓고 한 걸음씩 매에게 다가갑니다. 매에게 '케스'*라는 이름까지 붙여주면서요. 빌리가 케스에게 열중하는 모습과 대조적으로 엄마와 형은 답답하고 무의미하게 시간을 보냅니다.

어느 날 빌리는 자기에게 유일하게 관심을 보인 영어 교사에게 이렇게 말해요.

---

* 팔콘의 한 종류. 케스(kes)는 매를 뜻하는 'kestral'의 앞글자를 딴 이름이다.

저는 많은 동물을 길러봤어요. 여우나 까치, 갈가마귀…… 어치도 길러봤어요. 하지만 케스는 다른 애들과 격이 달라요. 제가 제일 기분 나쁠 때가 언제인지 아세요? 사람들이 케스를 보며 '와, 빌리의 애완매다' '이 매를 어떻게 길들였니?'라고 할 때예요. 세상에, 길들이다니! 매는 절대 길들지 않아요. 훈련될 뿐이죠. 다른 이들에게 아무런 관심이 없어요. 저한테도 별 관심이 없어요. 그게 바로 멋진 점이에요. 그냥 바라보고 날아가게만 해도 좋아요. 그거 아세요? 선생님. 보게 해주는 것만도 제게 큰 선심을 쓰는 것 같아요.

빌리에게 케스는 유일한 친구이자 희망입니다. 빌리는 그 누구에게도 길들여지지 않는 자유로운 케스처럼 되고 싶습니다. 그러나 빌리가 경마에 배팅하라고 형이 준 돈을 케스의 먹이를 사는 데 써버리자 화가 난 형 주드는 케스를 죽여버립니다. 빌리는 형에게 있는 대로 악다구니를 써보지만 죽은 케스는 돌아오지 않아요. 빌리의 유일한 희망이 사라진 겁니다.

이 영화는 노동자 가족의 아동들에게 최소한의 지식

만을 가르쳐 노동시장에 몰아넣었던 당대의 학교 교육을 고발합니다. 영국의 교육은 '두 개의 국민'에게 확연히 구별되었습니다. 열한 살에 시험을 치르는 중상류층은 그래머스쿨을 거쳐 대학에 진학하지만, 하류층은 실업계 중등학교로 가야 했어요. 빌리의 엄마는 빌리가 다른 환경에서 성장했다면 훌륭한 사람이 되었을 것이라고 말하지만 이 역시 헛된 희망입니다.

빌리가 교사의 도움에 힘입어 동물원에서 일하게 되는 것으로 영화의 대미를 장식하면 어떻겠냐, 라는 제안도 있었지만 켄은 그렇게 하지 않았습니다. 그런 식으로 결말이 지어졌다면 〈케스〉는 도리어 매우 평범한 영화가 되었을 테고, 애초 목표했던 체제비판과는 무관한 한 편의 '인간극장'이 되었을 테니까요.

〈케스〉는 켄의 초기 작품과 구별되는 점이 많은 영화입니다. 가령 과거 작품에 흔했던 보이스오버, 팝음악, 설명적 몽타주는 거의 사라지고 없어요. 그런 것들이 좋게 말해서 문학적이고 나쁘게 말하면 인위적이거나 지시적이고 권위주의적이라고 느낀 탓으로 보입니다. 어쩌면 주관적인 태도에서 벗어나려는 시도일 수도 있고요. 가령 원작 소설은 빌리가 폐업한 영화관에 몰래 숨어드는 것으로 끝나는데, 그곳에서 빌리는 자신이 매를 조종해 형을 무찌르는 영웅이 되는 상상을 합니다. 그러나 영화에는 이 장면이 나오지 않습니다.

켄 로치의 〈케스〉는 종종 발레리노를 꿈꾸는 가난한 소년의 성장기인 〈빌리 엘리어트〉(2000)와 비교됩니다. 두 작품의 원작이나 시나리오의 작가가 모두 광산 출신이고 1980년대 대처가 강행한 석탄산업 합리화 정책을 철저히 비판한 점, 그리고 탄광 노동자 가정에서 태어나 좌절을 겪다가 자신의 정체성을 찾는다는 비슷한 설정 때문인데요. 두 영화 사이엔 분명한 차이점이 있습니다. 〈빌리 엘리어트〉에서의 '춤'은 스스로를 주체로 돋보이게 하고 성공하게 하는 희망의 상징입니다. 그러나 〈케스〉의 '케스'는 가정에서, 학교에서, 직장에서 소외당하고 억눌려 있던 빌리에게 처음으로 소통의 물꼬를 터주지만 얼마 안 가 그 작은 싹마저 짓밟혀 더욱 깊은 절망에 떨어지게 하는 현실입니다. 말하자면 희망과 절망이라는 전혀 다른 두 얼굴의 이야기죠.

그 밖에 〈케스〉는 여러 가지 층위로 관객에게 말을 건다는 점에서 뛰어난 작품입니다. 등장인물 개인의 시각으로 보면 희망과 절망의 이야기고, 사회적으로 눈을 돌리면 부조리한 교육 시스템을 고발하는 것이고, 여기서 스펙트럼을 더 좁혀보면 교육의 수준(질)에 관한 고발이자, 개인의 입장에서 보면 아무리 일하고 또 일해도 별반 달라지지 않는 삶, 막장의 어둠처럼 심연에 잠긴 가난한 삶들의 이야기 아닙니까?

이처럼 입체적인 작품의 특성을 한마디로 보여주는 장면이 있습니다. 관객들이 가장 인상적인 씬으로 꼽는 것인데, 바로 주인공 빌리가 탄광촌을 바라보며 책을 읽는 모습입니다. 시커먼 연기에 잠식된 마을과 빌리 사이의 거리는 너무도 가깝게, 한편으로 너무나 멀어 보입니다. "이 마을 아이들은 자라서 모두 광부가 된다."는 형의 말을 받아들여야 할지 말아야 할지 갈등하는 순간의 답답함과 두려움의 크기에 비례하여 그 간극은 줄어들거나 더 벌어질 것입니다. 영화나 소설의 빌리가 아닌 '현실의 빌리'들은 과연 어떤 선택을 할까요?

2장

오로지 민주주의
영화를 찍는다

1970년대에 켄은 영화 〈가족생활〉〈블랙 잭〉, 텔레비전 드라마 〈불행〉〈희망의 날들〉 외에 최초의 다큐멘터리를 제작했습니다. 이 시기에 그는 영화보다는 드라마를 더 많이 찍었습니다. 영화를 제작하기엔 상황이 녹록하지 않았거든요. 그러나 마거릿 대처가 전면에 등장하여 끊임없는 검열과 싸우게 되는 다음 1980년대에 비하면 1970년대는 그나마 행복한 시절이었다고 할 수 있습니다. 숨을 쉬는 일 외에 마음대로 할 수 있는 게 없는 안전한 날들보다는 어렵고 고단해도 자신의 의지로 작동 가능한 시간이 언제나 더 고귀한 법이니까요.

추락하는 영국

'영국병(British disease)'이라는 말은 보수주의자들이나 시사평론가들이 1970년대 경제침체를 겪은 영국을 비하하는 데 곧잘 사용하는 용어입니다. 이들은 영국병의 원인을 영국이 자랑하는 복지제도 탓이라고 보았습니다. 2차 대전 후의 고복지·고부담 정책과 평등주의가 일반화함에 따라 특권 의식이 희박해졌고, 그 결과 대영제국 번영기의 중심이었던 중산계급이 쇠퇴하면서 적극성·과감함·냉철함·끈기·자기희생·이타주의 같은 미덕이 사라졌는데, 그 과정에서 필연적으로 경기침체가 나타났다는 것입니다.

실제로 1960~1970년대 영국 노동자들의 생산성은 미국보다 50퍼센트 낮았고, 서독보다도 25퍼센트 낮았습니다. 영국의 일 인당 GDP는 1960년대에 세계 9위였지만, 1971년 15위에 이어 1976년 18위까지 추락했습니다. 그 원인으로 영국 정부가 비효율적인 산업을 구조조정 없이 국유화[*]

---

[*] 1971년 영국은 자국 자동차 산업의 상징인 롤스로이스를 국유화하여 국민의 세금 투입으로 살리고자 했고, 1975년에는 영국 최대의 자동차 기업인 브리티시 레일랜드와 브리티시 에어로스페이스(BAe)를 국유화했다.

했다는 점이 거론되곤 합니다. 설상가상으로 1970년부터 1974년까지 보수당이 집권하는 동안 노동계의 파업은 더욱 빈번해졌습니다. 1971년 2월 런던에는 십만 명이 넘는 노동조합원들이 모여 시위를 벌였고, 백오십만 명의 기술노동자들은 1일 파업을 밀어붙였습니다. 노동조합 이슈가 영국의 최대 과제가 된 것은 이때부터죠. 이후 1973년에는 석탄산업노조가 임금 인상을 요구하면서 파업을 전개했고 석탄 공급량이 제한되었습니다.* 석탄산업노조의 임금 인상 파업은 당시 오일쇼크로 석탄산업이 반사 이익을 얻게 되면서 벌어진 것입니다. 이어 철도와 전기 등 공공부문 노조들도 임금 인상을 요구하게 되지요.

이 같은 상황에 이르자 정부는 석탄산업노조의 파업 중단을 요구했습니다. 그러나 1974년 보수당이 총선에서 패하고 노동당이 재집권하여 1979년까지 권력을 장악하면서 1975년 석탄산업 근로자들의 임금은 30퍼센트 상승했습니다. 그 와중인 1976년, 영국은 IMF의 금융지원을 받는

---

* 배경은 1973년의 석유 파동이다. 그해 10월 제4차 중동전쟁이 발발한 이후 페르시아만의 산유국 여섯 나라가 가격 인상과 감산에 돌입하였고 그 결과 2~3개월 만에 석유 가격이 무려 네 배 폭등한다. 이 파동으로 1974년 주요 선진국들은 두 자릿수 물가상승과 마이너스 성장이 겹치는 전형적인 스태그플레이션을 겪어야 했다.

상황에 몰리게 됩니다. 그로부터 삼 년 뒤인 1979년까지도 영국의 복지 예산은 45.7퍼센트를 차지하고 있었습니다. 정부의 재정 부담은 실로 어마어마했지요. 게다가 '요람에서 무덤까지'를 보장하는 영국의 사회복지제도가 노동자의 근로 의욕을 약화하고, 스스로 일을 그만두는 자발적 실업증가에 큰 영향을 미쳤으며, 조세에 부담을 느낀 기업가들이 적극적인 경영과 투자를 꺼리게 했다는 의혹마저 만연해졌습니다. 요즘 우리 사회에서도 비슷한 논쟁을 볼 수 있는데요, 문제는 거기서 그치지 않았습니다. 주요 산업을 국유화해놓고 이를 관료주의적 태도로 경영함으로써 경쟁력을 잃었을 뿐 아니라 효율성은 저하되고, 경쟁 제한 조처로 민간부문의 활력까지 저하되는 등 많은 폐해가 불거진 것입니다. 이 상황은 1979년 선거에서 민심을 보수당으로 이반시켰고, 결국 향후 영국의 정체성에 변화를 가져오는 '대처리즘'으로 나아가게 됩니다.

그러나 이러한 분석과 완전히 다른 의견을 내놓는 부류도 있습니다. 영국의 연간 경제성장률은 1961~1973년까지 마이너스를 기록한 적이 없으며, 1973년의 연간 경제성장률은 6.5퍼센트고, 마이너스를 기록한 것은 1973년 10월

오일쇼크 이후*일 뿐이라는 것입니다. 따라서 이들은 흔히 말하는 영국병은 실체가 없을뿐더러 역사적 사실과도 다르다고 보았어요. 이 같은 의견을 피력하는 측에서는 영국에 문제가 생긴 이유를 복지제도 자체에서 찾으면 안 된다고 말합니다. 그보다는 영국이 이웃 프랑스나 독일과 달리 실직자들에게 실업급여만 줄 뿐 재취업을 적극적으로 돕지 않은 탓이 더 크다고 지적했습니다. 실직, 실업수당, 복지제도의 허점, 무너지는 삶 등의 문제는 이때부터 켄 영화에서 빠지지 않는 소재로 등장합니다.

가족은 무엇으로 사는가

켄이 1970년대에 처음으로 찍은 영화는 〈노동에 대해 말한다〉(Talk about work)입니다. 그러나 이 작품은 정부기관의 의뢰로 만들어졌는데도 불구하고 일을 의뢰한 바로 그 기관에 의해 거부당하는 바람에 제때 상영되지 못했습니

---

* 1974년의 -2.463퍼센트, 1975년의 -1.48퍼센트.

다. 기관 측은 영화 상영을 거절한 이유로 '공장노동을 지루하고 불만족스럽게 묘사한 점'을 들었는데, 이러한 시각은 자칫 '노동 프로파간다'로 보이기도 합니다. 그러나 켄은 육체노동에 경제적인 필요 이상의 의미를 두지 않았습니다. 노동에 대한 비판적 시각은 앞에서 본 〈케스〉에서도 잘 나타나는데요, '노동은 그냥 노동일 뿐'이라는 게 그의 생각입니다.

대중에게 공개되지 못한 〈노동에 대해 말한다〉를 빼면 일 년 후 나온 〈가족생활〉(Family Life, 1971)이 1970년대 최초의 작품입니다. 이 영화는 〈인 투 마인즈〉를 리메이크한 것인데 여기서는 실험적 기법을 포기하고 관객들이 이야기를 쉽게 이해할 수 있도록 만들었습니다. 일례로 이 영화에서 그는 각 사건 간의 인과관계를 분명히 드러내어 관객들의 접근성을 높였는데, 특히 정신과의사 랭의 역할이 드라마보다 더욱 두드러졌어요. 드라마에서는 모습을 드러내지 않는 인터뷰어로만 그쳤지만, 영화에서는 환자를 직접 만나고 치료하는 실제 의사로 등장합니다.

영화는 천편일률적인 형태의 소시민 주택이 늘어서 있는 영국 도시의 풍경으로 시작됩니다. 거기에는 역시 천편

일률적인 생활을 이어가는 사람들, 그들이 다니는 직장, 그들이 타고 다니는 복잡한 지하철이 있습니다. 찍어낸 듯 비슷한 일상이 반복되는 가운데 열아홉 살 소녀 재니스가 지하철에서 정신분열 증세를 보입니다. 경찰이 그녀를 집으로 데려다주지만, 성실함의 표본 같은 재니스의 아버지는 딸이 직장에 적응하지 못하는 것을 '무책임하다'고 비난합니다. 한편 재니스의 남자친구 팀은 당시 젊은이들이 탐닉했던 히피 문화에 빠진 미술학도로 닐 영(1945~)의 노래 〈다운 바이 더 리버〉(Down by the River)를 즐겨 듣습니다.

캐나다의 싱어송라이터이자 사회운동가인 닐 영이 1969년에 발표한 그 노래의 가사는 영화의 주제를 잘 드러내는 것이므로 한 번쯤 음미해볼 필요가 있습니다.

> 내 편이야, 난 네 편이야, 자기
> 네가 숨어야 할 이유는 없어
> 나 혼자 여기 있는 게 너무 힘들어
> 날 태워다 줄 수 있을 때, 그래
> 그녀는 나를 무지개 너머로 끌고 갈 수 있었지
> 그리고 나를 멀리 보내줘

강가에서

나는 내 아기를 봤어

(……)

이만큼의 광기는 너무 큰 슬픔이야

오늘은 불가능해, 응

오, 그래

그녀는 나를 무지개 너머로 끌고 갈 수 있었지

날 멀리 보내줘, 응

(……)

초반부에 나오는 재니스의 부모와 히피 남자친구는 기성문화와 반문화라는 대조를 보이면서 이 영화의 주제를 암시하는데, 위 노래는 재니스의 부모가 그녀에게 낙태를 강요하는 장면 바로 전에 시작됩니다. 영화에서 낙태는 재니스 자신의 죽음을 상징하기도 하는데요. 그녀는 임신한 상태로 부모의 손에 이끌려 정신과 상담을 받게 됩니다. 의사는 가족과의 면담을 통해 재니스를 막다른 골목으로 내몬 이들이 다름 아닌 그녀의 부모라는 사실을 밝혀내지요. 재니스의 어머니는 청교도로서 완고하고 냉담한 여자입니다. 그녀는 '요즘 젊은것들'은 자기 자신 하나 어쩌지 못해 마약에 의존하며 별것도 아닌 일로 걸핏하면 시위를 벌인다고 비난하면서 젊은이들을 더욱 통제해야 한다고 주장합니다. 한편 아버지는 명예와 의무에 목숨을 거는 가부장적인 남자인데 노동자 출신인 그는 처가에서 자신과의 결혼을 반대하지 않았더라면 재니스가 더 나은 환경에서 살았을지 모른다고 고백합니다. 이들 부부는 시계처럼 사는 삶을 가장 가치 있는 것이라 믿고 자식에게도 그런 방식을 강요합니다. 그러면서 자신들이 매우 훌륭한 부모임을 자부하죠. 재니스의 부모와 대조적인 인물인 팀은 정상적인 사회의 가치관을 거부하는 인물로 재니스에게 자기처럼 살아보라고 권유하지요. 그러나 이미 부모의 방식에 길든 재니스는 이를 수용하지 못합니다. 너무도 이질적인 두 세계 속에서 교차점을 찾지 못한 재니스는 결국 심각한 분열 상태에 이릅니다.

영화에는 재니스를 치료하는 두 가지 방식이 나와요. 전통적인 물리치료가 하나의 축이고, 다른 하나는 공동생활을 통해 병을 치료하고자 하는 실험적인 치료법*입니다. 그러나 재니스의 부모는 이 새로운 치료법을 거부하고, 재니스는 병의 원인보다 증상에만 관심을 보이는 통념적인 의료행위 때문에 날이 갈수록 자아를 잃어갑니다. 의사들은 재니스에게 낙태를 종용하는 것도 모자라 그녀를 전기충격요법을 실시하는 정신치료시설로 보냅니다. 원치 않는 퇴원과 입원을 반복하는 사이 재니스는 이제 완전히 수동적인 존재가 되어 끝내 강의용 도구로 전락하지요.

켄은 이 영화에서 가족이 계급사회의 구조적 생산물인 동시에 그 구조를 유지하게 해주는 견고한 발판임을 보여주고 싶어 했습니다. 이는 랭이 『온전한 정신, 광기, 가족 *Sanity, Madness and the Family*』(1964)에서 어머니가 딸의 독립을 방해한다는 내용을 반영한 것인데, 랭은 『경험의 정치학과 천국의 새 *The Politics of Experience and the Bird of Paradise*』(1967)에서 가족의 기능이 존중, 순응, 복종에 능하며 노동의 가치를 존중할 줄 아는 일차원적인 인간**을 길러내는 것이라고

---

* 당시 영국은 2차 대전 후 빈에서 런던으로 건너온 유대인 의사 조슈아 비어러의 의해 시작된 그룹치료를 바탕으로 1950년대까지 정신치료의 새로운 리더로 주목받고 있었다. 대표적인 곳이 런웰 병원(Runwell Hospital)이다.

** 이런 인간상을 양성하는 주체가 가족과 학교라는 것을 켄은 이미 〈케스〉에서 보여주었다.

강조했습니다. 이 영화가 품은 비관주의에 대해 켄은 "체제가 전체적으로 엉망인데 우리(너희)에겐 희망이 있으니 기다리라고 하는 것은 〈케스〉에서 빌리를 동물원에 취직시켰으면 좋았을 것이다."라고 말하는 것만큼 우매한 일이라고 토로했습니다.

통념을 따르는 게 좋다는 통념을 비판한다

켄 로치가 1979년에 만든 〈블랙 잭〉(Black Jack)은 영국의 아동문학가인 레온 가필드(1921~1996)의 소설 「블랙잭」(1968)을 원작으로 한 영화입니다. 이 작품은 18세기 중반 요크셔를 배경으로 어린 소년 톨리와 프랑스인 산적 블랙 잭, 그리고 영국 소녀 벨의 모험을 그린 것입니다. 1750년 영국의 요크에서 '블랙 잭'으로 알려진 한 프랑스 선원이 살인죄로 교수형을 선고받습니다. 나이 어린 수습생 톨리는 그의 관을 지키라는 명령을 받는데, 그는 블랙 잭이 교수형에서 살아남았다는 것을 알게 됩니다. 그런데 놀랍게도 톨리에겐 블랙 잭이 하는 말을 통역할 수 있는 재주가 있었어요. 이에 두 사람은 서로 도울 수 있는 관계라고 확신하고 함께 시골로 도망갑니다. 하지만 야수 같은 블랙 잭은 톨리를 이용하기 바빠요. 그 과정에서 이들은 부유한 가문 출신으로 부모에 의해 강제로 정신병원에 갇힌 소녀 벨을 구출합니다. 벨은 톨리의 따뜻한 보살핌에 힘입어 점차 정상적인 상태를 찾아가지만, 우여곡절 끝에 다시 정신병동에 갇히게 됩니다. 블랙 잭은 톨리와 함께 지내는 동안 그의 순수하고 진정성 가득한 마음에 감동하여 다시 한번 톨리를 도와 벨을 구출합니다.

그러나 〈블랙 잭〉은 영화가 지닌 본래의 매력에 비해 과소평가되었습니다. 이 영화 역시 켄의 다른 영화와 마찬가지로 기성세대의 부조리와 실패, 가족이든 친구든 인간을 쉽게 포기하는 풍조 때문에 일찌감치 버려진 젊음에 대한 우려를 공유하고자 했던 작품인데 말이에요. 또한 〈인투 마인즈〉(1967)와 〈가족생활〉(1971)에 나왔던 것처럼 이 영화에서도 정신질환을 바라보는 시민들의 뻔한 통념이 비판적으로 그려졌는데요. 벨이 남의 이목과 겉치레에 신경 쓰는 부르주아 가족의 억압에서 벗어나 톨리의 배려 아래 정서적으로나 신체적으로 건강을 회복하는 모습은 매우 의미심장합니다.

1970년대의 드라마

켄이 1973년에 만든 드라마 〈불행〉(A Misfortune)은 러시아의 소설가 안톤 체호프(1860~1904)가 쓴 두 편의 단편소설인 「불행」과 「사냥꾼」을 합쳐서 만든 이색적인 드라마입니다. 「불행」은 가정을 이룬 한 여인이 남편이 아닌 다른 남자와 위태롭고 비극적인 사랑에 빠지는 상황을 그린 작품이고, 「사냥꾼」은 바람둥이 사냥꾼을 숲속에서 우연히 만나게 된 아내의 호소를 담은 작품이에요. 자신을 좋아하는 남자와 산책을 즐길 수 있는 부유한 여인과 밭에서 일만 해야 하는 시골 여인이라는 극명한 대조를 통해 켄은 계급 문제에 적극적으로 눈을 돌렸습니다. 욕망하는 여자와 버림받은 여자라는 두 유형을 다룬 체호프의 두 작품은 최근 우리말로 번역된 『사랑과 욕망의 변주곡』에도 소개되었습니다.

1916년에서 1926년까지의 십 년간을 다룬 4부작 드라마 〈희망의 나날들〉(Days of Hope, 1975)은 켄이 만든 첫 번째 역사물로 1차 대전에서 1926년의 총파업까지 시간을 여행하며 20세기 초의 거대한 급진주의를 기록했습니다. 첫 회에 등장하는 양심적 병역거부자는 "나는 (내게) 가장 중요하고도 유일한 전쟁인 계급전쟁에서 싸울 준비가 되어 있습니다."라고 말하는데, 이는 켄의 사상을 집약해서 보여준 대사입니다.

1부에서 주인공 벤 매튜스는 입대 후 영국 통치에 저항하는 아일랜드에서 복무하게 됩니다. 여동생의 남편 필립 하그리브스는 양심적 병역거부자로서 사형을 선고받은 처지고요. 그런데 구사일생으로 막판에 구류 처분이 내려져 목숨을 부지하게 됩니다. 2부의 배경은 1921년 석탄 봉쇄 기간입니다. 벤의 군부대는 이제 재배치를 통해 더럼 탄광의 분쟁을 감시하라는 명을 받습니다. 탈영한 벤은 조엘이라는 광부에게 보호를 받던 중 그의 딸과 사랑에 빠집니다. 그런데 경찰과 군대가 리버풀에서 기부한 식량을 가로채는 일이 벌어지자 광부들은 반란을 일으키고 일부 군인을 인질로 잡아둡니다. 3부에서 벤은 교도소에서 풀려나 공산당에 입당하고 필립 하그리브스는 노동당 하원의원으로 선출됩니다. 4부는 1926년의 총파업에 참여했던 광부들이 노조 간부들에게 배신당하는 모습을 그립니다.

〈희망의 나날〉의 1부는 군부에 대한 비판적인 묘사를 서슴지 않았다고 하여 논란을 일으켰어요. 특히 명령에 복종하지 않은 양심적 병역거부자들을 참호 밖에 묶어놓고 적의 포화를 보게 하는 장면은 커다란 이슈가 되었습니다. 주류가 아닌 소수자에 대한 핍박과 최소한의 인격마저 유린한 묘사에 사람들은 불편함을 넘어 분노했지요. 그뿐만이 아닙니다. 윈스턴 처칠이 1921년과 1926년의 파업 시 광부들을 억압했다고 하는 묘사 역시 문제를 야기했어요. 게다가 처칠과 레닌을 독수리에 비유한 대사가 나오자 영국 언론은 몹시 불쾌해했습니다.

〈석탄의 값〉(The Price of Coal, 1977)은 배리 하인즈가 집필하고 켄이 연출한 2부작 텔레비전 드라마로 1960년대 요크셔 탄광을 배경으로 한 것입니다. 첫 번째 에피소드는 찰스 왕세자가 꽃집을 방문할 예정이라는 소식이 알려지자 이를 준비하기 위해 우왕좌왕하는 상황을 다룬 코미디극인데요. 영국에서 가장 높은 왕실 가족의 공식적인 방문 때문에 터무니없는 일들이 벌어지는 상황을 다루었습니다. 가령 특별한 화장실을 만들었다가 왕세자가 떠나면 즉각

파괴하는 식인데, 이런 그림은 대한민국에서도 흔히 볼 수 있습니다. 고위직 인사가 온다고 하면 그곳이 어디든, 기차역이든 시장이든 학교든, 며칠 전부터 일대를 쓸고 닦는 것도 모자라 행사 당일 사람까지 동원하여 쇼를 일삼는 풍경은 우리에게도 매우 익숙하지요?

이에 비해 두 번째 에피소드는 비극적입니다. 광산 지하에서 폭발이 일어나면서 인명 사고가 발생합니다. 살아남은 사람들은 탄광에 갇힌 동료들을 구조하기 위해 애쓰지만, 상황은 어찌 할 도리가 없는 아비규환 그 자체입니다. 이 에피소드의 제목은 '다시 현실로(Back to Reality)'인데, 첫 번째 에피소드인 '대중과 만나기(Meet the People)'와는 매우 대조적인 모습을 담아냈습니다.

정신병원은 권력의 실험실일까?

프랑스의 철학자 미셸 푸코(1926~1984)는 그의 책 『광기의 역사 *Histoire de la folie à l'âge classique*』에서 "광인은 생겨나는 것이 아니라 만들어지는 것이다."라고 말했습니다. 시몬드 보부아르(1908~1986)가 『제2의 성 Le Deuxième Sexe』에서 "여성은 태어나는 것이 아니라 만들어지는 것이다."라고 말한 것과 비슷하죠? 책에 의하면 광기가 질병으로 받아들여진 것은 서양에서는 17세기 이후라고 합니다. 그전에는 아무도 광기를 질병이라고 생각하지 않았다고 해요. 아무렇지 않게 "저 사람 미쳤나 봐."라고 말하듯 광기란 그저 누구든—그 깊이의 고저를 막론하고— 경험 가능한 일종의 자연스러운 어떤 상태로 받아들였습니다. 덕분에 '미친 사람'들은 종종 남들에게 구경거리가 되곤 했지만 별다른 제약을 받지 않은 채 일반인과 어울려 살았습니다. 제가 어린 시절에 목격했던 광인들의 모습도 그렇습니다. 그들의 겉모습은 지저분하고 누추했지만, 결코 위협적이거나 폭력적으로 보이지는 않았습니다.

푸코는 17세기에 "나는 생각한다, 고로 존재한다."라는 데카르트의 명제가 보여주듯 '이성의 힘'이 과도하게 강조되면서 비이성적인 것 혹은 광기라고 보이는 것에 대한 구분이 이루어지기 시작했다고 말합니다. 그때부터 광기를 이성으로부터 완전히 분리하여 부정적인 낙인을 찍었다는 주장이죠. 당시 사람들은 인간의 노동을 매우 고귀한 것으로 여겼습니다. 그래서 노동하지 않는 사람들에게는 부도덕하다는 낙인을 찍었지요. 이런 식으로 광인뿐만 아니라 극빈자, 거지, 부랑자, 방탕한 사람, 매독 환자, 신앙이 없는 사람, 동성애자, 장애인 같은 사람들까지 '비사회적인 자' '부도덕한 자'로 분류한 것입니다. 요즘 언어로 표현하자면 약자, 소외자, 소수자 들에 대한 혐오가 난무했지요.

    17세기 중반 유럽의 풍경을 한번 둘러볼까요? 각국은 대대적으로 구빈원(救貧院)을 설치하여 소위 사회 '부적응자' '부적격자' 들을 마구잡이로 잡아 시설에 가두었습니다. 한때 파리 시민의 1퍼센트 이상이 감금되었을 정도라고 하지요. 이런 일을 수행한 층은 물론 권력을 소유한 상류층이었습니다. 그들의 눈에 '낯설게 보이는' 사람들은 모두 기피 대상으로 여겨져 다양한 이름표를 가슴에 단 채 격리되었습니다. 그러나 18세기에 이르러 그런 식으로 사람들을 무분별하게 감금하는 것이 매우 비인간적이라는 비판이 제기되면서 시설에 수용되었던 대다수 사람은 산업현장의 최하층 노동자로 편입됩니다. 그중 병세가 심한 일부 환자는 의료시설로 옮겨졌고, 광인으로 분류된 사람들은 정신병원에 감금되었습니다. 이처럼 권력에 의해

'비정상'으로 낙인찍힌 수많은 이름 중에서 특히 '광기'는 19세기 정신의학에 의해 질병으로 확정됩니다.

법률은 '정신의료기관'이라고 부르는 속칭 정신병원을 "정신적 고통을 호소하는 사람과 정신질환자를 치료하거나 정신과적 평가 및 감정을 하는 병원이다."라고 정의하고 있습니다. 사실 정신병원에서 벌어지는 인권 침해의 예는 종류가 다양할뿐더러 한두 군데 특정되어 발생하는 문제도 아닙니다. 그 불행의 역사는 깊고도 험한데, 한국의 경우엔 매우 심각한 수준입니다. 특히 강제입원은 엄격한 절차에 의해 제한적으로 허용되어야 하는 것이 원칙이어서 인권이 발달한 나라에서는 평균 20퍼센트 수준을 밑돕니다. 그러나 한국에서는 강제입원 사례가 70퍼센트에 육박해요. 평균 재원 기간 역시 이백사십칠 일로 세계에서 가장 깁니다.* 입원 기간 외에도 격리, 결박, 구타, 모욕, 통신 제한, 정보 제한, 사생활 침해 등등 인권 침해의 사례는 이루 말할 수 없을 정도지요.

강제입원이나 시설을 둘러싼 상황이 이처럼 후진적인

---

* 스페인 18일, 독일 24.2일, 이탈리아 13.4일, 프랑스 35.7일, 영국 52일.

데도 한국의 정신과 의사들은 강제입원을 제한하자는 입법에 대해 그야말로 '미친 듯이' 반대합니다. 의사들은 그러한 법적 제한 조치가 환자들에 의해 발생 가능한 사회적 위험을 강화한다고 주장합니다. 정신질환자들의 범죄율이 일반인의 경우보다 훨씬 낮은데도 의사들이 입법을 반대하는 이유는 무엇일까요? 믿기지 않겠지만, 본인들의 절대 권력이 제한되는 것을 두려워하는 탓입니다. 물론 이런 현상이 정신과 의사들만의 특수성은 아닐 것입니다. 대한민국에서는 정치인이든 교수든 경찰이든 검찰이든 자신들의 권력 제한을 절대 용납하지 않거든요.

정신질환자들을 수용하여 돌보는 병원에서 사실상 의사가 할 수 있는 일은 약물치료밖에 없습니다. 개인 맞춤형 상담은 언감생심, 그나마 이런 곳이 남아 있다면 환자의 안부 정도를 묻는 게 전부라 해도 과언이 아닙니다. 그러니 거의 모든 증상에 대해 약물치료에 의존하는 상황인데, 이때 부작용이 만만치 않습니다. 환자들이 매일같이 복용하는 모든 약물이 부작용을 일으킨다는 것, 중증 정신질환자의 수명이 비정신장애인 대비 십오 년 이상 짧다는 결과도 이미 보고된 바 있습니다.

가장 심각한 문제는 복약 강요가 정신병원 내에 폭력적 치료 시스템을 낳고, 환자 당사자에게는 치유 불가능한 깊은 트라우마를 남긴다는 점입니다. 그러므로 켄의 영화에 나오는 것처럼 랭이 시도한 수평적 대화에 의한 치료와 함께 정신병원 입원을 최소화하고, 다방면으로 환자들의 자립을 돕는 것이 최선이라고 할 수밖에 없을 것입니다. 실제로 랭의 치료법은 최근 북유럽 등에서 가장 성공적인 치료 사례로 보고되었습니다. 환자의 자율성을 존중하고 경청하는 회복 지향적 치료 철학을 구현한 끝에 노르웨이에는 강제입원 환자 수가 팔천여 명으로 줄었다고 합니다. 그러나 한국은 여전히 이십만 명이 넘습니다.

막장의 끝

제가 좋아한 고 임길택 시인은 목포에서 태어났으나 일부러 강원도 산마을과 탄광 마을에서 약 십오 년 동안 교사생활을 하면서 광부 아버지를 둔 아이의 마음을 노래한 「거울 앞에 서서」를 포함해 『탄광마을 아이들』을 비롯한 책을 여러 권 펴냈습니다. 「거울 앞에 서서」는 "아버지 하시는 일을 외가 마을 아저씨가 물었을 때 나는 모른다고 했습니다."라는 구절로 시작됩니다. 화자인 아이는 외가에서 만난 마을 어른이나 기차에서 옆자리에 앉은 아저씨가 "너희 아버지는 뭐 하시니?"라고 물었을 때 '낯만 붉혔'을 뿐 아무 대답을 하지 못합니다. 아이는 그 일로 마음이 무거워요. 사랑하고 존경하는 아버지를 어쩌면 저 깊은 마음 한구석에서는 부끄럽게 여기고 있었던 걸까요? 화자는 집에 돌아와 거울 앞에 서서 비로소 외칩니다. "우리 아버지는 탄을 캐십니다. 일한 만큼 돈을 타고, 남 속이지 못하는, 우리 아버지 광부이십니다."

한때 탄광의 막장은 인생의 가장 밑바닥에서 만나는 장소로 여겨졌습니다. 갱도의 막다른 곳을 '막장'이라고 한다는 점에서 어쩌면 적합한 비유일 수도 있겠지만, 과연 어느 누가 그곳을 스스로 선택했을까요? 그것은 가난이 강요한 막장이자 사회가 강요한 막장이었습니다. 광부들은 자신의 삶을 '따라지 인생' '지옥 1번지'라 불렀어요. 1929년 7월 19일자 〈동아일보〉는 갱내의 노동 실상을 두고 "광부들은 새까만 지옥 같은 땅속에서 등불 하나에 목숨을 매달고 그 목숨을 이을 식량을 벌고 있습니다."라고 평했습니다.

그 뒤로 구십여 년이 지났지만 달라진 것은 별로 없어 보입니다. 막장이 폐광되었다는 사실만 다를 뿐 노동의 여파는 여전합니다. 진폐증에 시달리는 늙고 병든 광부들은 폐기처분을 기다리는 산업시대의 폐기물처럼 취급되고, 한때 많은 이의 성스러운 밥을 책임져주었던 그곳은 이제 최첨단 자본의 놀이터이자 잉여 자본의 배수구가 되었습니다. 카지노와 리조트가 들어서서 '인생 반전'이라는 헛된 희망을 품고 몰려드는 빚쟁이만 양산하고 있지요. '탄광촌 재생'을 요구하는 목소리도 간혹 들려오지만, 켄의 영화에 나오는 탄광촌 사람들과 파업노동자들의 그늘진 얼굴이 말해주듯 대한민국의 노동 현실에서도 희망은 보이지 않습니다.

3장

최악의 검열에도 항상 찍는다

1980년대는 켄에게 암흑기였습니다. 그는 이 시기 〈외모와 미소〉를 비롯한 두 편의 극영화와 아홉 편의 텔레비전 드라마, 한 편의 다큐멘터리를 만들었습니다. 이 시기 영국은 대처 정권에 의해 정치·사회적 격변기를 맞는데요. 정부는 영국 산업의 근간이었던 제조업을 무너뜨리고 금융서비스업 중심으로 경제구조를 개편했습니다. 그러나 이 과정에서 노조에 암흑기가 닥칩니다. 노동자의 삶을 그리는 데 천착했던 켄도 1970년대 중반부터 1980년대 후반까지 힘든 생활을 하게 됩니다. 더구나 1980년 무렵까지 같이 일했던 프로듀서 토니 가렛과 결별하는 등 슬럼프도 찾아오죠. 한편 구원의 손길도 있었습니다. 켄의 영화는 국제영화제 수상을 계기로 전 세계 아트하우스 시장에서 주목을 받게 되고, 이때부터 그는 다국적 자본의 영화를 찍기 시작합니다.

길을 잃은 영국 노동당

1979년 5월의 총선에서는 노동당이 패배했습니다. 영국 노동당은 왜 패배했을까요? 한마디로 노동당을 지지했던 사람들이 등을 돌린 탓입니다. 한때 노동당의 지지자였던 대다수가 당을 버렸어요. 김현수가 쓴 『영국사』에는 아이브 크루가 『노동당의 정책』에서 말한 다음 구절이 나옵니다. 현재 대한민국의 상황과 조금도 다를 바 없어요.

숙련공 중에서 동요했던 사람들의 비율은 10~11퍼센트였고, 젊은 노동자 중에서는 16퍼센트가 동요했다. 특히 이들은 더 나은 교육과 매스컴, 흥미 있는 광고 등에 자극을 받았고, 미국의 연속극들이 이들의 낡은 가치관을 바꾸어 놓았다. 이들은 노동당보다는 보수당이 자신들의 생활을 더욱더 개선해줄 것 같다고 느꼈다.*

미국의 연속극과는 전혀 다른 차원에서 노동조합 지도부를 비판한 켄의 드라마도 노동자들에게 노동당에 대한 지지를 버려야겠다고 마음먹는 데 이바지했습니다. 노동당을 비판하면 그 반대급부로 보수당에게 유리한 결과를 초래할 수 있다는 생각, 그러니 웬만하면 노동당 비판을 자제하자는 생각이 당시 관계자들의 본심이었지만 켄은 결과에 아랑곳없이 줄기차게 노동당을 비판했습니다. 노동당을 진심으로 사랑했기 때문입니다. 그는 분명 노동당이 '가야 할 길을 제대로 가기'를 너무도 염원했기에, 노동당이 초심을 버리지 않고 노동자들을 품고 가길 바랐기에, 비판을 멈추지 않았습니다. 이쪽을 비판하면 저쪽이 유리해지지 않을까, 하는 근거 없는 의리와 불안감에 비판의 날을 감추는 것, 우리 역시 그동안 비슷한 문제로 고민했습니다. 한국의 진보 세력도 같은 모습을 보여주지 않았던가요? 그런데 이러한 이분법적 시각의 원조는 트로츠키입니

---

* 『영국사』, 김현수 지음, 미래엔, 1997, 316쪽.

다. 그는 공산당 내부의 문제점을 이미 알고 있었음에도 공개적으로 이를 비판할 경우 그것이 부메랑이 되어 돌아올 것이라고 확신했고, 따라서 비판을 경계했습니다.

누구에게나 일자리가 필요하다

대처의 집권은 켄을 비롯한 진보적 지식인들에게 큰 충격이었습니다. 총리직을 세 차례 역임(1979.5.4.~1990.11.22.)하는 동안 대처는 영국을 자타공인 시장경제 국가로 만들어버렸어요. 그 과정에서 교육과 의료 부문의 복지 혜택을 감축하고, 여러 국영기업을 민영화했으며, 노동자들의 파업을 단호하게 진압했습니다. 그 덕분일까요? 대처는 영국에서 이백팔십여 년 동안 배출된 쉰여섯 명의 총리 가운데 유일하게 이름 뒤에 '주의(ism)'가 붙은 인물로 남았습니다. 이런 상황에서 켄은 대처리즘에 '대처하는' 작품을 하루라도 빨리 만들고 싶다는 충동에 휩싸입니다. 그 최초의 시도가 베리 하인즈가 각본을 쓰고 켄이 1981년에 만든 영화 〈외모와 미소〉(Looks and Smiles)예요. 이 영화는 부분적으로 〈케스〉의 속편으로 볼 수 있습니다. 〈케스〉가 노동계급 아동이 육체노동으로 살아가도록 길이 드는 삶을 보여주었다면, 〈외모와 미소〉는 일자리를 찾는 사춘기 소년의 절망과 좌절을 그린 영화입니다.

    1980년대 영국 북부 셰필드에 사는 두 명의 고등학교 퇴학생들이 군대에 입대할 것인가 실업자로 남을 것인가를 두고 고민에 빠집니다. 그중 앨런은 군에 입대해 북아일랜드 벨파스트에서 가톨릭을 테러하는 데 가담하고, 믹은 고향에 남아 직장을 구하려고 노력하다가 좌절한 후 술과 싸움으로 소일합니다. 냉소적이고 멜로적인 요소를 모두 배제하고 당대의 현실을 가장 사실적으로 그려낸 이 영화는 영국과 아일랜드 간의 정치적 문제, 노동계급의 문제 속에서 방황하는 청춘의 초상을 우울하게 길어낸 작품입니다. 한편으로는 켄이 대처의 정책을 정면으로 비판하기 위해 만든 영화이고요. 그러나 켄은 이 작품이 관객들의 분노를 자아내지 못한 실패작[*]이었다고 고백했습니다.

---

[*] 이 영화는 제34회 칸 영화제 경쟁부문에 올랐다. 제34회 칸 영화제의 황금종려상은 폴란드의 영화감독 안제이 바이다가 만든 〈철의 인간〉이 수상했다.

조국을 찾아서, 아버지를 찾아서

1986년에 만든 〈조국〉(Fatherland)은 다큐멘터리 제작에 몰두했던 오 년 뒤에 만든 영화로 성공을 거두지는 못했습니다. 배경은 1985년의 동독. 사회주의 체제에 저항하는 가수 클라우스 드리트만이 주인공이에요. 드리트만은 더는 자신의 노래를 부를 수 없게 된 현실에 환멸을 느껴 서독으로 망명합니다. 그러고는 나치 시대에 자신처럼 서방으로 탈출했다고 하는 아버지를 찾아가요.

〈조국〉은 아들이 아버지를 찾아가는 여정이자 두 세대에 걸쳐 본인이 속한 체제를 떠나 '다른 선택'을 감행하는 모습을 담은 영화인데, 아들과 아버지의 이야기를 각기 좇았다는 점에서 마치 두 편의 영화를 보는 듯한 인상마저 줍니다. 전반부가 새로운 환경에 정착하여 자신의 정체성과 목적을 추구하는 아들 드리트만을 묘사했다면, 후반부는 아버지의 행적을 일종의 스릴러물처럼 따라갑니다.

전반부에서 주인공은 자유가 보장되리라고 믿었던 자본주의 서독에서도 자신에 대한 감시와 보고가 자행되는 현실, 그리고 자신의 노래를 오로지 이윤을 얻기 위한 수단으로 이용하려는 미국의 레코드 제작사에 회의를 느낍니다. 게다가 일신의 안위를 우선으로 두어 적당히 탈정치화한 동료 망명자들 역시 그에게 위화감을 안겨주지요. 결국 그는 기자회견장에서 "서독 당국도 파시즘의 후예이긴 마찬가지다."라고 선언합니다. 그러고는 "CIA와 스타시가 뭐가 다른가?"라고 되묻지요.

후반부에서 드리트만은 언론인 엠마와 함께 아버지를 찾아 나섭니다. 그는 자신의 아버지가 공산주의자로서 스페인혁명에 참전했지만 이후 자신의 신념을 접고 나치에 가담했을 뿐만 아니라 네덜란드에서는 레지스탕스 학살에 관여하는 한편 CIA 요원으로 활동했다는 놀라운 비밀을 알게 됩니다. 모든 사실을 알게 된 드리트만은 이제 아버지를 지웁니다.

켄은 영화 〈조국〉에서 스탈린주의와 자본주의를 비판하는 구호를 자막으로 내보내는 등 다양한 프로파간다를 구사했습니다. 뒷날 그는 〈조국〉이 별로 좋은 영화가 아니었다고 고백하는데요. "시나리오는 매우 재미있지만 내가 연출을 잘 해내지 못했다."라고 속마음을 털어놓았습니다.

1980년대 다큐멘터리

〈외모와 미소〉가 실패한 뒤 켄은 주로 텔레비전용 영상물을 만들었습니다. 하지만 대처 정권하에서는 이 역시 성공적이지 못했어요. 최초의 작품인 〈사냥터지기〉는 가진 자와 못 가진 자 사이에 벌어진 1년 동안의 갈등이 주된 내용입니다. 이후 그는 본격적으로 다큐멘터리를 제작합니다. 〈지도력에 관한 질문〉(A Question of Leadership, 1981)이 첫 번째 다큐멘터리인데, 이것은 1980년 영국 철강산업의 파업사건을 분석한 것입니다. 정치인에 대한 직접적인 문제 제기 등 민감한 내용 때문에 '기록영화 감독으로서의 균형감각'에 관한 이슈까지 제기되는 등 한동안 방영되지 못하다가 1년 뒤에야 겨우 심야시간대에 소개되지요.

켄은 정부나 기업의 문제뿐 아니라 노조 내부의 문제까지 있는 그대로 보여줍니다. 노동당이나 노동조합의 문제라고 해서 절대 미화하지 않아요. 이 다큐멘터리 역시 대처 정부와 함께 노동조합 지도부의 실패에 대해서 비판적인 태도를 보였기 때문에 그는 노사 양측으로부터 비난을 받았습니다. 그렇지만 켄은 좌절하지 않았어요.

1983년 작품인 〈적과 청: 두 가지 국정회의의 인상-1982년 가을〉(The Red and the Blue: Impressions of Two Political Conferences-Autumn 1982)은 보수당과 노동당의 연례회의를 다룬 것으로 양당의 차이점을 명확하게 부각한 것이 특징입니다. 이어 그는 〈지도력에 관한 질문〉의 속편인 〈리더십 문제들〉(Questions of Leadership)을 만들어 보수당과 노동조합 지도부를 다시 한번 비판했지만, 정치적 압력 때문에 제작상의 어려움이 증폭되었고 결국 이 작품 역시 방영되지 못했습니다.

탄광 노동자들의 파업을 다룬 〈당신은 어느 편인가〉(Which Side Are You On?, 1985)도 방영에 어려움을 겪었습니다. 이 다큐멘터리는 이탈리아 영화제에서 상을 받은 후에야 비로소 상영되었지요. 그 밖에 켄은 보수당이 1970년대 후반부터 전국 광산노동조합의 정치력 파괴를 계획했다고 주장한 다큐멘터리 〈전투는 끝났지만 우리의 전쟁은 끝나지 않았다〉(The End of the Battle but Not of the War, 1985), 북아일랜드에서 영국군의 철수를 요구하는 단편 다큐멘터리 〈나아가야 할 때〉(Time to Go, 1989)와 같은 작품을 꾸준히 제작했습니다.

4장

언제나 최하층 사람들을 찍는다

영국의 상황은 1990년대 전반까지 여전했습니다. 대처 이후로 보수화하기 시작한 사회 분위기는 더욱더 보수적으로 변했고, 켄 역시 검열에 시달리는 동시에 심각한 자금 조달 문제로 영화 인생 중 내로라할 만큼 심각한 위기 상황에 놓입니다. 비단 경제적인 문제뿐만이 아니었어요. 영상 미학 차원에서도 공격을 받아야 했습니다. 하지만 모든 난관을 이겨내고 그는 1990년대 전반에, 작품성이 뛰어난 감동적인 영화, 영화사에 길이 남을 주옥같은 영화들을 만들게 됩니다.

1990년대 영국 노동계급의 인식

대처는 1990년 말, 정계를 은퇴했습니다. 물론 보수당은 이와 상관없이 1997년까지 집권하지요. 그 뒤를 이어 노동당이 2010년까지 십삼 년간 정권을 잡았지만, 정책 면에서는 보수당과 크게 다르지 않았습니다. 켄은 영국의 노동당이 1960년대에 이미 사회주의를 포기했다고 생각했는데, 1997년 이후에는 그런 경향이 한층 더 노골적으로 드러났습니다. 1995년, 켄은 단편영화 〈공유권의 현대적 주장〉을 통해 노동당이 사회주의를 회복해야 한다고 주장합니다.

켄은 표현이나 묘사가 직접적이고 단순하며 만드는 사람이 지적인 무게를 과시하지 않는 영화가 좋은 것이라고 평가했습니다. 정치가 실제 인물들의 삶 속에 간접적으로 녹아들어야 한다고도 강조했고요. 즉, 관객들이 영화를 보며 따라가는 인물들의 인생 속에 정치가 스며들어 있을 때, 메시지가 전면에 나서는 게 아니라 실제 인물의 한 부분이 될 때, 관객은 비로소 감동하고 그 문제를 정치적으로 느끼게 된다고 생각했습니다.

앞에서 본 1960~1970년대 영화에서 켄은 임금인상과 노동환경의 개선을 요구하며 투쟁하는 영웅적 노동자상을 그렸습니다. 하지만 그때도 켄은 노동 자체를 찬양하지는 않았어요. 이후 이십여 년의 시간이 흐른 1990년대에 와서 영국은 탈산업화를 맞이합니다. 대규모 실업 사태, 반노동법, 노동조건의 변화 등으로 투쟁의 불길은 사그라들었지요. 켄은 이 모든 상황을 영화에 담았습니다. 예를 들어 〈외모와 미소〉는 1980년대부터 심화한 실업 상황을 묘사했고, 〈하층민들〉은 실업 문제와 더불어 규제 완화로 인해 노동자들에게 억압이 가중되는 현실을 묘사했습니다. 이제 노동자들은 더는 1960~1970년대의 영웅이 아니었어요. 영웅은커녕 모두가 의기소침할 뿐입니다. 노동조건의 개선을 요구하던 동료가 해고되어도 나머지 노동자들은 침묵해야 했습니다. 켄은 이 상황을 누구보다 정확하게 파악했습니다.

1990년대 이후 켄의 영화는 앞의 영화들이 런던 빈민가인 이스트엔드와 잉글랜드 북부 도시들을 배경으로 한 것과 달리 스코틀랜드와 북아일랜드를 배경으로 삼았습니다. 〈숨겨진 계략〉의 배경은 북아일랜드, 〈하층민들〉의 주인공은 스코틀랜드인, 〈칼라송〉의 도입부도 스코틀랜드입니다. 이는 켄이 스코틀랜드 출신 작가이자 인권변호사인 폴 래버티와 함께 작업한 탓이기도 하고, 스코틀랜드에서 제작비를 지원받을 수 있다는 가능성을 고려한 탓이기도 합니다. 그러나 가장 중요한 요인은 스코틀랜드 사람들이 1990년대에도 여전히 자신들을 노동계급으로 여겼다는 바로 그 점이었습니다. 스코틀랜드 민중에게서 꺼지지 않는 노동의 열정을 보았기 때문이지요.

법은 누구의 편인가

대처가 총리직에서 물러난 해인 1990년에 만든 〈숨겨진 계략〉(Hidden Agenda)은 '법과 권력'의 문제를 다룬 것입니다. 대처는 재임 시절에 두 가지 법을 만들었습니다. 이른바 '표면적인 법'과 '암묵적인 법'입니다. 전자에는 대처 정책의 핵심인 재정지출 삭감, 공기업 민영화, 규제 완화, 경쟁 촉진 등에 관한 입법이 포함되었습니다. 반면, 가시적인 입법 형태를 취하지 않았던 후자는 권력에 저항하는 세력을 제압하기 위한 것이었습니다. 따라서 확실하게 눈에 보이지는 않지만 막강한 권력이 이 법을 휘두르면 어떤 사람도 피해 갈 수 없었습니다. 이런 현상은 법치주의의 역사가 짧고 그 층이 두텁지 않은 한국의 경우에 더욱 심각하게 나타납니다. 입법에 따르지 않는 통치행위를 비롯하여 국가정보원이나 검찰, 경찰과 같은 권력 기구는 물론이고 군대나 학교와 같은 조직사회에서도 암묵적인 권력 행사는 얼마든지 가능했는데, 켄은 이 암묵적인 법이 시민의 삶을 쥐락펴락하는 현실을 고발했습니다.

1982년의 북부 아일랜드. 영국의 어느 고위 조사관이 IRA 동조자와 미국인 인권변호사가 당한 의문의 죽음을 수사합니다. 그러던 중 IRA의 짓이라고 공식 발표한 배후에 RUC(Royal Ulster Constabulary, 왕립 얼스터 경찰조직)가 개입되어 있음을 발견해요. 마침내 그는 은폐된 사건의 전모를 밝혀내지만 RUC의 조직적인 협박 앞에 한계를 느끼고 사건 피해자들을 뒤로한 채 떠납니다.

〈숨겨진 계략〉은 켄의 작품 중 유일한 정치 스릴러로서 장르 영화의 구조를 따릅니다. 이 영화가 극장에서 상영된 후 보수계의 신문인 《타임스 *The Times*》는 "영화가 사실과 허구를 구별하지 못하며 IRA를 옹호하고 있다."라고 비난했는데, 이로 인해 사실과 허구에 대한 논쟁이 벌어지기도 했습니다. 이후 한동안 영국에서 제작비를 구할 수 없었던 켄은 미국에서 자본을 끌어왔는데요. 마침 걸프 전쟁(1990~1991)이 진행되던 시기로 영국도 참전 중이었습니다. 자연스레 사회 전반에 애국주의가 팽배했지요. 그러나 켄의 영화는 영국에 비판적이었기에 많은 극장에서 상영을 거부당합니다.

〈숨겨진 계략〉의 배경은 물론 실제 상황이지만, 등장인물은 모두 상상의 산물이에요. 다른 전쟁영화와 다를 바 없습니다. 켄은 이에 대해 "전투는 사실이지만 인물들은 허구다. 물론 실제 이름을 사용할 수도 없었다. 그렇게 할 경우, 법정에 서게 되고 얼스터 경찰들이 우리를 공격할 테니까. 그래서 나는 이 영화를 픽션으로 만들 수밖에 없었다."라고 말했습니다.

RUC에 대한 묘사가 편견에 치우친 것 아니냐는 질문에 대해서는 "그것이 진짜 모습이다."라고 대답했습니다. RUC는 사실 전적으로 한쪽 편에서(프로테스탄트 쪽) 나온 조직이었습니다. 따라서 한쪽 논리만을 대변할 수밖에 없었지요. 그들은 실제로 영국 안보 경찰과 함께 진상이 은폐된 살해 사건들에 가담했고, 이것은 누구도 부인하지 못할 팩트였습니다. 이 영화는 1990년 칸 영화제에 출품되어 황금종려상 경쟁부문에 올라갔으며, 심사위원 특별상을 받았습니다.

짐 알렌은 〈숨겨진 계략〉 외에 두 편의 장편 영화 각본을 써서 켄과 함께 영화를 만들었습니다. 맨체스터 인근 미들턴을 배경으로 한 〈레이닝 스톤즈〉(1993)와 알렌의 마지막 극작인 〈토지와 자유〉(1995)입니다. 〈레이닝 스톤즈〉는 딸의 세례식에 입힐 드레스 비용을 구하기 위해 실직한 아빠 밥이 고군분투하는 내용을 담은 영화고, 〈토지와 자유〉는 스페인혁명에서 정부군에 합류한 리버풀 출신의 이상주의자이자 공산주의자인 한 청년의 이야기입니다. 그러니 알렌과 켄 로치이 작품 중 가장 큰 논란을 빚은 프로젝트는 알렌의 무대극인 〈퍼디션〉이었습니다. 법정 드라마로 상영된 이 연극은 헝가리 시온주의자들과 유대인 대학살 당시 나치의 협력 의혹을 다룬 것으로, 1987년 1월 영국 왕실극장에서 개봉될 예정이었으나 개막 서른여섯 시간 전에 취소되고 말아요. 대신 그해 에든버러 축제에서 대중 앞에서 낭독되었다가 십이 년 후인 1999년에 연극으로 제작됩니다.

노동과 노동자를 바라보는 따뜻한 시선

켄의 최고 걸작 중 하나로 꼽히는 〈하층민들〉(Riff-raf, 1991)은 각지에서 런던의 공사판으로 모여든 노동자들의 모습을 통해 대처리즘하의 비전 없는 삶을 다룹니다. 이 작품은 희곡작가 빌 재스(1942~1990)와 함께한 것인데, 그는 생활을 위해 공사판 노동자로 일한 경험이 있는 사람이었습니다. 켄은 노동의 경험을 내면화한 작가, 전문배우, 아마추어 배우를 함께 기용하여 즉흥적인 연기에 힘을 실어주었는데요. 이때 다큐멘터리 촬영기법의 장점을 최대한 살렸습니다. 그 결과 1990년대 초반을 살아가는 노동자들의 현실과 절망, 연대를 가감없이 이야기할 수 있었습니다.

일용직 건설노동자들의 이야기를 다룬 이 작품에서 켄은 수백만 실업자 시대를 성토하는 대사에 마거릿 대처의 이름을 정확히 언급합니다. 주지하다시피 대처는 1979년 집권 이후 신자유주의를 전 지구적으로 확산시킨 인물이에요. 그로 인한 사회 양극화의 심화, 무한경쟁과 인간성 상실 등의 이슈는 현재 국경을 초월해 범 세계적인 문제로 자리잡았지요. 대처리즘을 한결같이 비판해온 켄으로서는 이 풍경을 결코 무시할 수 없었겠지요?

절도 혐의로 복역을 마치고 출소한 스티비는 고향 글래스고를 떠나 런던으로 향합니다. 일자리를 찾으러 간 거예요. 그는 안전조건이 나쁜 대신 고용인들의 과거를 묻지 않는 공사장에 취직합니다. 그곳에서 스티비는 자신과 비슷한 배경을 가지고 각처에서 몰려든 노동자들과 함께 복지국가의 종말을 상징하는 '폐업 병원'을 허물어 부자들을 위한 콘도미니엄을 짓습니다. 공사장의 안전기준이 시원치 않아 여러 의혹이 제기되지만, 회사에서는 모르쇠로 일관할 뿐 누구 하나 나서서 대책을 세우지 않습니다. 설상가상으로 감독관은 노동자들을 통제한답시고 몇 가지 악랄한 방법을 고안해내요. 이에 조합활동 경험이 전무한 노동자들이지만, 초보적으로나마 연대하기 시작합니다. 오직 자신들만의 방법에 의존해서요.

스티비의 동료인 래리, 모, 샘은 스티비가 노숙자라는 것을 알고 그에게 빈 아파트를 소개합니다. 스티비는 북아일랜드 벨파스트 출신의 삼류 가수인 수잔을 알게 되어 그녀가 노래하는 술집에 찾아갑니다. 관객들은 처음엔 수잔에게 야유를 퍼붓지만 그녀가 비틀즈의 〈With A Little Help

From My Friends〉를 노래하자 감동하지요. 비틀즈의 이 노래는 영화의 주제가와 같기에 함께 음미해볼 만합니다.

　(……)
　오, 나는 내 친구들의 작은 도움으로 살아가.
　음, 난 내 친구들의 도움으로 기분이 좋아졌어.
　음, 내 친구들의 도움을 받아 해볼게.
　내 사랑이 떠나 있을 때 나는 어떻게 할까?
　혼자 있는 게 걱정되니?
　하루가 끝날 때쯤 내 기분은 어때?
　혼자라서 슬픈가?
　아니, 나는 내 친구들의 도움으로 살아가.
　음, 내 친구들의 도움에 취해봐.
　음, 내 친구들의 도움을 받아 해볼게.
　필요한 사람 있어?
　나는 사랑할 누군가가 필요해.
　누구라도 될 수 있을까?
　나는 누군가가 사랑하기를 원해.
　첫눈에 반하는 사랑을 믿어?

그래, 난 항상 그런 일이 일어날 거라고 확신해.

불을 끄면 무엇이 보이나?

말할 수는 없지만, 내 것인 건 알아.

(……)

수잔은 스티비의 아파트로 이사하고 그곳에서 두 사람은 잠시나마 행복한 시간을 보냅니다. 건축 현장에서는 여전히 크고 작은 사건이 벌어지지만 그럼에도 삶은 꾸준히 이어져요. 스티비와 함께 일하는 노동자 중에는 리버풀 출신의 노동운동가 래리가 있습니다. 그는 마거릿 대처와 집권 보수당을 강력히 비판하며 동료들을 자극하지만, 사람들은 그 역시 이기적이고 꼰대 같은 정치가들과 다르지 않다고 생각합니다. 정치는 정치가들이 할 일이지 우리와는 상관없어, 라고 생각하면서 더욱더 래리를 무시해요. 건설 현장에서 그의 견해를 공유하는 사람은 아무도 없습니다. 한편 경영진은 사소한 비행을 저지른 노동자들을 가차 없이 해고하고, 수박 겉핥기식의 안전장치만 마련합니다.

스티비와 수잔의 관계도 시간이 지나면서 차츰 허물어집니다. 감정적이며 자존감이 낮은 수잔은 동정심이 없고 냉담한 스티비에게 지쳐가지요. 어느 날 스티비는 어머니의 부고를 듣고 장례식에 참석하러 스코틀랜드로 떠나고, 그가 없는 사이 수잔은 헤로인을 사용하기 시작합니다. 이 일로 결국 두 사람은 결별하지요.

한편 노동운동가 래리는 현장에서 더 안전한 근무 조건을 요청했다가 해고됩니다. 동료 샘은 장난삼아 상사의 휴대전화로 장거리 통화를 한 데다가 폭행 사고에 얽혀 해고되고, 젊은 건설노동자 데스몬드는 자신들이 개조한 건물 옥상에서 떨어져 중상을 입습니다. 사고 원인은 노동자들이 이미 몇 차례 경고했던 불안한 비계에 있었습니다. 이 모든 상황에 좌절하고 환멸을 느낀 스티비와 모가 한밤중에 현장으로 돌아가 건물에 큰불을 내면서 영화는 막을 내립니다.

〈조국〉〈숨겨진 계략〉에 드러난 정치성이 켄의 영화를 노동자 관객과 갈라놓았다면, 〈하층민들〉은 노동자에 대한 따뜻한 시선, 그들의 언어로 묘사한 현장감 넘치는 생활, 뛰어난 유머 감각 등으로 노동계급이 인정한 '우리의 영화'가 되었습니다. 작품성에서도 높은 점수를 받았는데, 특히 충격과 감동을 함께 불러일으킨 마지막 장면—자신들이 애써 재건축한 건물에 불을 지르는—은 이 영화의 백미로 꼽힙니다.

하늘에서 돌이 비처럼 쏟아진다면

짐 알렌이 각본을 맡은 〈레이닝 스톤즈〉(Raining Stones, 1993)는 "영국 노동자에게는 돌로 된 비가 내린다."는 슬픈 유머를 따뜻하게 풀어낸 영화입니다. 이 말의 뜻은 "사는 게 너무 힘들 때면 하늘에서 돌이 비처럼 쏟아지는 것 같다. 오직 나에게만."이라는 자조 섞인 한탄인데, 우리의 삶도 비슷하지요? 덕분에 영국에서나 한국에서나 관객들은 절박한 상황에서 고군분투하는 가난한 아버지의 모습을 따라가면서 마음 깊은 곳에 숨어 있는 인간에 대한 애정을 발견하게 됩니다. 켄의 영화 저변에 깔린 독특한 유머 덕분이죠.

맨체스터의 허름한 미들턴 지구에 사는 실직한 가장 밥은 어린 딸 콜린이 세례를 받게 되자 그날 입을 새 드레스를 사주려고 합니다. 그는 돈을 구하려고 양 훔치기, 하수구 청소, 보수당 당사의 잔디 파오기 등 갖은 일을 시도해요. 친구와 함께 훔친 양을 동네 정육점에 가져가 팔려고 했던 밥은 흥정에 실패하고 실의에 빠져 동네 술집을 기웃거리던 중에 설상가상으로 타고 온 낡은 밴을 도둑맞습니다.

이 영화의 또 다른 키맨인 성당 사제는 "세례받는 날 반드시 새 드레스를 입어야 한다는 법은 없습니다."라고 가난한 아빠 밥을 다독입니다. "중고 드레스도 좋은 거 많아요." 하면서요. 하지만 아빠의 마음이 어디 그런가요? 밥은 '기필코 가장 좋은 새 드레스를 사서 딸에게 입히고야 말리라.'고 결심합니다. 그러고는 고리대금업자에게 돈을 빌려요. 모두의 예측대로 밥에겐 그 빚을 갚을 길이 없습니다. 어느 날 고리대금업자가 찾아와 아내와 어린 딸에게 행패를 부리자 격분한 밥은 격투를 벌이고 싸움에 진 고리대금업자는 차를 타고 달아나다가 사고로 죽게 됩니다. 밥은 신부를 찾아가 자신의 죄를 고백하며 오열하는데요, 이때 신부가 엄청 놀라운 충고를 합니다. "아무 말도 하지 말라."고 당부하면서 사건을 무마해주지요. 덕분에 밥은 가정의 평화와 행복을 지키게 됩니다.

이 영화는 켄의 정치적 견해를 비교적 소박하게 표현했습니다. 작품에 나오는 가장 노골적인 인물은 밥의 장인(丈人) 지미입니다. 그는 사위에게 "노동을 할 때는 일주일 내내 비가 온다."고 말한 장본인이기도 해요. 켄은 극 중 이 대사를 영화 제목으로 택하여 에둘러 자기 의견을 피력합니다. 이어 지미는 "동네의 불량배들이 가진 것이라고는 술과 마약, 범죄행위뿐이다. 우리는 그나마 함께 모여 변화를 만들려고 노력이라도 하지만 종교가 하는 일은 뭔가? 기껏해야 우리의 주의를 산만하게 만들 뿐이다."고 꼬집습니다. 이 대사야말로 자본주의와 종교에 대한 켄의 불신을 표현한 것입니다.

〈레이닝 스톤즈〉는 켄의 종교관을 이해하게 해주는 작품이기도 해요. 종교에 대한 양면적인 시각을 드러내주니까요. 이 영화에서는 연민이 넘치는 엉뚱한 배리 신부에게 스크린 시간이 많이 주어졌는데요. 신부는 위기에 처해 찾아온 밥에게 모종의 제안을 함으로써 관객의 조마조마한 짐작을 클라이맥스로 이끌어주는 역할을 해냅니다. 그는 밥과 같이 힘없고 취약한 실업자 가족에게 고난을 주는 것도 모자라 기어이 빚을 지게 만드는 사회구조를 비난하면서 고리대금업자의 채무 장부를 불태우고, 밥이 경찰에 자수하러 가지 않도록 종용합니다. 물론 영화에서나 가능한 비현실적인 설정이지만 배리 신부의 결단력 있는 행동은 관객에게 따스한 미소를 선물해줍니다. 신부는 켄의 견해를 대신 말해주는 지미와 균형을 이루면서 한편으로는 종교도 공동체의 삶을 향상하는 데 '선한' 도움을 줄 수 있다는 것을 보여주지요. 어쩌면 종교의 진짜 책무를 향한 켄의 소망이 피력된 장면이겠지요?

켄은 〈레이닝 스톤즈〉에서 대다수 후기 영화들과 마찬가지로 영화 촬영에 즉흥연기를 애용했습니다. 배우들에게 이야기의 개요와 하루 몇 페이지 분량의 대본만 주고는 즉흥 촬영을 거듭한 다음 애초 대본으로 만들었던 것과 비슷한 대사와 장면이 나올 때까지 편집하는 방식으로 영화를 만들었습니다. 〈레이닝 스톤즈〉는 영화 전편을 관통하는 유머, 스테레오 타입을 배제한 캐릭터, 즉흥연기의 힘을 빌린 생생하고 깊이 있는 묘사 등에서 성공한 작품입니다. 하층민에 대한 정부의 무관심이 그들의 삶을 어떻게 파멸로 몰아가는지, '단지 먹고살기 위해' 서로를 등치는 존재로 전락시키는지 잔잔하게 묘사했다고 극찬을 받았죠.

특히 주인공의 선함을 믿고 증거를 없애줌으로써 자신의 어린 양에게 진정한 평화를 안겨주는 반전 캐릭터 신부를 통해 우리는 '종교란 과연 무엇인가?'를 다시 생각하게 됩니다.

누구를 위한 장미인가

〈레이디버드 레이디버드〉(Ladybird Ladybird, 1994)는 네 명의 자녀를 가진 엄마가 양육과 양육권 문제로 사회복지부와 분쟁을 벌이는 내용입니다. 영화의 제목은 영국의 전래동요 〈레이디버드 레이디버드〉에서 따왔습니다.

레이디버드, 레이디버드,
집으로 날아가거라,
너의 집에 불이 났다.
그리고 네 아이들은 하나를 제외하고
모두 떠났고
저건 어린 앤

따뜻해지는 팬

밑으로 슬금슬금 들어가네.

〈레이디버드 레이디버드〉는 위 동요에서처럼 어른이 없는 집에서 화재가 발생하여 아이들을 사회복지국에 빼앗긴 어느 어머니의 이야기를 다룹니다. 2020년 한국에서도 비슷한 일이 있었습니다. 이른바 '인천 초등생 형제 화재사고'인데요. 엄마가 없는 사이 집에 불이 나서 형은 중상을 입고 동생은 사망했던 가슴 아픈 사건이었습니다. 그 후 인천에서는 취약계층 아동에 대한 전수조사가 이루어졌지만, 돌봄이 필요한 아이들에게 어떤 구체적이고 현실적이며 따뜻한 지원이 실천될지는 아무도 모릅니다.

영화는 1987년경 런던의 한 노래방에서 곤혹스러운 과거를 가진 리버풀 출신의 매기 콘란이 베트 미들러(1945~)의 〈로즈〉(The Rose)를 열창하는 장면으로 시작합니다. 이 노래는 우리의 귀에도 매우 친숙합니다.

누구는 사랑이 강물이라고 하죠

연약한 갈대를 삼켜버리는

누구는 사랑이 면도날이라고 하죠

당신 영혼에 상처를 내는

누구는 사랑이 굶주림이라고 하죠

끊임없이 고통스럽게 갈구하는

난 사랑을 꽃이라고 해요

그리고 당신이 사랑의 유일한 씨앗이라고

사랑은 상처받을까 두려워하는 마음이죠

절대 춤추는 법을 배우지 못하는

사랑은 깨어날까 봐 두려워하는 꿈이죠

절대 모험을 하지 않는

사랑은 차지할 수 없는 거죠

주려고 하지 않는

그리고 죽을까 봐 두려워하는 영혼이죠

절대 사는 법을 배우지 못하는

밤이 너무 외롭게 느껴질 때

가는 길이 너무 길게 느껴질 때

그리고 사랑이란 단지

운 좋고 강한 자들의 것이란 생각이 들 때

기억하세요, 한겨울

저 시린 눈 속 깊이

씨가 묻혀 있어, 태양의 사랑으로

봄이 되면 장미로 피어날 테니.

매기는 파라과이 이민자 조지를 알게 됩니다. 두 사람의 대화를 통해 관객은 그녀가 리버풀에서 태어났고, 어려서 아버지가 어머니를 때리는 장면을 목격하면서 자랐으며, 그녀도 아버지로부터 학대당했음을 이해하게 됩니다. 성인이 된 뒤에는 이전의 남자친구 사이먼에게 여러 차례 구타를 당했고, 아빠가 각기 다른 네 명의 아이를 낳았다는 것도요. 한편 파라과이 사람 조지는 박해 받을 일이 두려워서 본국으로 돌아가기를 회피하고 있습니다.

매기는 조지에게 감명을 받지만, 과거 남자친구들로부터 받은 상처 때문에 마음을 온전히 열지 못합니다. 영화는 계속해서 그녀가 여성보호소에서 보낸 시간을 보여주는데요. 어느 날 밤, 클럽에서 노래를 부르고 있는 매기에게 거처에서 불이 나 아이들이 다쳤다는 소식이 전해집니다. 아이들을 빼앗긴 매기는 이 일로 사이먼과 멀어져요.

한편 매기와 조지는 차츰 가까워지고 마침내 함께 가

정을 꾸려 딸을 낳습니다. 그러나 매기는 사회복지사로부터 '지성이 거의 없는, 믿을 수 없는 어머니'라는 평가를 받고 아이들을 다시 빼앗겨요. 하필 매기의 동생과 조카들이 놀러 온 시끌벅적하고 어수선한 상황에서 사회복지사들이 들이닥친 탓입니다. 설상가상으로 조지는 영국 정부로부터 파라과이로 추방될 거라고 위협을 받습니다. 불법 체류자 신분으로 노동을 했기 때문이에요. 그러나 다행스럽게도 조지는 법원에 낸 간청이 받아들여져 영국에 체류하게 됩니다. 매기와 조지는 이제 두 번째 아기를 갖게 되는데, 역시 사회복지사에 의해 태어난 지 겨우 하루 만에 아기를 빼앗깁니다. 이후 매기는 어린 두 자녀에 대한 양육권을 되찾으려고 갖은 애를 쓰지만 성공하지 못합니다. 영화는 다음과 같은 자막으로 막을 내리지요.

> 매기와 조지는 세 명의 아이를 낳아 길렀다. 그러나 당국은 그들의 첫 두 딸에게는 접근권을 주지 않았다. 매기는 자신이 잃어버린 모든 아이를 매일 생각한다고 말한다.

이 영화는 사회복지 당국을 고발한 작품입니다. 좀 더

정확히 말하자면, 사회복지 당국의 무관심과 무심함을 고발한 것입니다. 즉 매기가 어린 시절 학대를 받았고, 남편에게 구타를 당했으며, 아이들과 안전하게 거주할 곳이 없고, 경제적으로 어려우며, 현재 신분이 불안한 이민자와 함께 살고 있다는 점을 인지하지 않았다는 바로 그 점을 말이에요. 복지국가의 권위주의를 비판했다는 점에서 이 영화는 〈캐시 컴 홈〉을 잇는 영화이고, 가정 내에 존재하는 제도적이고 심리적인 억압을 폭로했다는 점에서는 〈가족생활〉과 유사한 작품이라고 평가됩니다. 사족을 붙이자면, 매기를 연기한 배우 크리씨 록은 연기 경험이 전혀 없었는데도 켄의 연출력에 힘입어 강렬하고 감동적인 연기를 펼쳤고, 그해 베를린 영화제에서 여우주연상을 받았습니다.

일상화된 죽음을 그린 1990년대 다큐멘터리

탄광 노동자들의 리더인 아서 스카길을 변호하는 〈아서 전설〉(The Arthur Legend, 1991)은 노동자 계층의 목소리를 담은 것입니다. 언론의 파업 보도에 대한 의문 제기, 노동자의 이해관계를 둘러싼 노조와 노동당의 입장 비판 등이 주요 소재지요. 1998년에 만든 〈또 다른 도시: 바스 축구클럽 생활의 일주일〉(Another City: A Week in the Life of Bath's Football Club)은 축구팬인 켄이 1970년대에 바스로 이사한 뒤부터 응원해온 바스시 FC에 관한 텔레비전용 단편 다큐멘터리고요.

이 시기 켄은 인간의 가치보다 이윤의 극대화를 우선하는 시대의 비극을 영화와 다큐멘터리를 통해 극적으로 표현하는 데 열중했습니다. 안전조치 요구를 무시한 회사 때문에 추락사한 건설노동자(〈하층민들〉), 일터에서 작업하다가 장애를 입지만 보상 하나 못 받고 고생하는 노동자(〈레이닝 스토즈〉), 최소한의 안전조치도 없이 밤늦게까지 작업을 하다 열차에 치인 철도노동자(〈네비게이터〉) 등에서 볼 수 있듯이 그가 그린 영국 노동자의 삶은 일상화된 사고와 죽음 바로 곁에 놓여 있습니다. 그런데 이 비참한 현실이 비단 1990년대 영국만의 문제일까요?

놀랍게도 이 상황은 21세기 대한민국의 노동 현실과도 밀접하게 연결됩니다. 한국은 현재 OECD 가입국 중 산업

재해 사망률* 1위를 기록한 나라지요(2018년 한 해 사망자는 무려 2142명이었음). 사고의 희생자들은 대부분 다단계 하청 노동자나 비정규직 노동자였습니다. 고용주는 위험한 일일수록 비용 절감과 책임 회피를 위해 해고가 용이한 비정규직 노동자들을 채용하는데, 불안정한 고용 상태에 놓인 노동자들은 생계를 위해 어쩔 수 없이 그 모든 위험을 감수합니다. 이른바 '위험의 하청' '죽음의 하청' 현상이에요. 예컨대 켄의 작품 〈네비게이터〉에서 회사 측에 안전조치를 요구하다 해고당한 노동자가 새 일마저 구하기 어려워지자 열악한 조건을 그대로 수용하는 것처럼 말입니다. 삶뿐만이 아니라 죽음마저 계급화되는 사회. 켄이 1990년대에 보여준 과거가 21세기 현재 한국에서는 현실이 되었습니다.

한국의 산재사고 발생률은 OECD 평균의 25퍼센트 정도로 비교적 낮은 편에 속합니다. 그런데 산재 사망률은 최고 수준이에요. 어떻게 된 일일까요? 사고가 잦아야 사망

---

* 2006년 한국의 '노동자 10만 명당 산재 사망자 수'는 20.99명으로 가장 적은 영국(0.7명)과 약 30배 차이가 나고, 두 번째로 많은 멕시코(10명)와 비교해도 두 배가 넘는다. 2014년 우리나라의 '노동자 10만 명당 산재 사망자 수'는 10.8명으로 OECD 회원국 가운데 1위로 당시 유럽연합(EU) 평균의 5배에 달한다. 한국은 1994년 이후 통계가 제공되는 2016년까지 23년간 두 차례(2011·2016년)만 터키에 1위를 내줬을 뿐 'OECD 산재 사망률 1위국'의 불명예를 벗은 적이 없다.

률도 높은 것 아닐까요? 아이러니한 일이지만 한국은 산재 사고는 잦지 않은데 산재 사망률은 높습니다. 이유를 파고들어 보면 처참하기 그지없는 답이 나옵니다. 사망에 이를 만큼 큰 사고가 아니면, 즉 누군가 죽지 않으면 신고조차 되지 않기 때문입니다. 지금 우리가 더욱더 적극적으로 켄을 만나야 하고, 켄의 목소리를 들어야 하는 이유지요.

한국과 영국의 노동법

노동법은 '노동자의 고용과 인간다운 근로조건을 보장하고, 노동조합을 만들어 사용자와 단체교섭하는 권리를 부여하는 법규'를 통틀어 이르는 말입니다. 한국에는 고용안정과 실업급여 등을 내용으로 하는 '고용보험법', 임금·근로시간·해고제한 등 근로조건의 최저기준을 정한 '근로기준법', 최저임금의 기준과 결정을 정의한 '최저임금법', 근로자의 업무상 재해에 대한 보상기준을 적시한 '산업재해보상보험법', 근로자파견사업의 적정한 운영을 기하고 파견근로자의 근로조건 등에 관한 기준을 정해놓은 '파견근로자보호 등에 관한 법률', 노동조합과 노동쟁의조정에 관한 '노동조합 및 노동관계 조정법' '노동위원회법' 등이 있습니다.

영국은 전통적으로 노사관계에서 자율성을 중시합니다. 따라서 법의 개입을 최소화하는 시스템인데요. 1970년대 이후 제정법의 역할이 증대되었습니다. 현재는 개별적 근로관계와 집단적 노사관계를 규율하는 여러 가지 법령이 있으며 이를 반드시 준수해야 합니다. 특히 1980년부터 대처 정부는 일련의 고용법과 노동조합법 개정을 통해 불법 파업을 감행한 노조에는 벌금을 부과하고, 불법 파업으로 발생한 비용을 면제해주던 관행을 삭제했으며, 노동조합원만을 고용하는 '클로즈드 숍(closed shop)'* 제도의 지나친 보호 조항을 바꿨습니다. 나아가 1980년대 후반에는 파업 전 조합원의 비밀투표를 의무화했고, 분규 작업장이 아닌 곳의 동조파업을 불법으로 간주했습니다. 노조원의 불법행위에 따른 민사상의 책임을 노조에 부과했는가 하면, 클로즈드 숍을 점진적으로 철폐하고, 노조 가입이 의무가

---

* 이해를 공통으로 하는 모든 노동자를 조합에 가입시키고 조합원임을 고용의 조건으로 삼는 노사 간의 협정을 말한다.

아닌 선택이 되도록 내용을 변경했습니다.

이처럼 1980년대의 입법은 노조의 권한 및 면책특권을 약화하기 위한 것들이 많았는데요. 최근 개별적 근로권의 종류 및 범위의 전례 없는 성장과 함께 이러한 경향은 더욱 심화했습니다. 그러나 1997년 노동당 집권 이후 노동조합의 법적 권리가 향상되고 이에 따라 노동조합의 영향력이 증대되었는데도 영국의 노동조합 조직률은 유럽의 다른 나라에 비해 여전히 낮은 편입니다. 사기업부문의 1/5, 공공부문의 3/5 정도만이 노조에 가입되어 있어요. 한편 영국의 고용법 및 근로기준법은 유럽의 일반적인 수준에 이릅니다. 근로계약, 최저임금, 근로시간, 퇴직금 등은 당연히 보장되고요.

영국의 노동법을 한국의 노동법과 비교해볼까요? 한국 노동법은 2021년 현재 수준에서도 한참 후진적이라고 할 수 있습니다. 특히 한국에서는 노동자의 노동조합 조직에 관한 권리가 제약되어 오랫동안 국제노동기구(ILO:International Labour Organization) 등의 비판을 받아왔는데요. 2020년 12월 9일에 근로기준법과 함께 개정된 '노동조합 및 노동관계조정법'은 그러한 비판을 의식해 ILO 협약에 맞게 우리의 노동법을 개정한 것입니다. 노동법이 개정되었다는 점에서는 역사적 의미를 부여할 수 있지만 실제로 그 내용은 여전히 부실합니다.

가령 해고자나 실업자 등 재직근로자가 아니라고 해서 노동자의 노조 가입을 금지해왔던 것을 없애고, 한국 노동법 역사상 최초로 노조 가입이 허용되었습니다만, 해고자 등의 경우 임원·대의원으로 노조 활동하는 것을 금지하는 것으로 개정하여(17조3항 신설 및 23조1항) 역시 문제시됩니다. 또한, 근로시간 면제 한도를 초과하는 내용의 단체협약 또는 사용자의 동의는 그 부분을 무효로 규정하고(24조4항), 단체협약 유효기간 상한을 현행 이 년에서 삼 년으로 연장해 규정하며(32조1항 및 2항), 사용자의 점유를 배제해 조업을 방해하는 노조의 쟁의행위 금지를 규정하여(37조3항), 노동자가 노동조합을 통해서 사용자를 상대로 한 협약 체결과 쟁의 활동을 하는 것을 제한하고 있습니다.

이처럼 한국의 노동법은 여전히 후진적이고 노동조건도 낮으며 노동조합 조직률도 10퍼센트 전후로 OECD 최하위를 기록하고 있습니다. 2017년 기준의 조직률은 10.7퍼센트로 영국의 24퍼센트의 반에도 미치지 못하고, 스웨덴

66퍼센트 등의 북유럽과는 비교조차 불가능한 수준입니다. 단체협약 적용률도 마찬가지입니다. 영국은 26퍼센트, 스웨덴은 90퍼센트에 이르지만 한국은 12퍼센트에 불과합니다. OECD 평균인 32퍼센트에 미치지 못하지요. 이처럼 노조 조직률이 낮다는 것은 중소·영세사업장 노동자들의 의사가 무시된다는 뜻인데요. 상황이 이럴지라도 만일 단체협약의 적용률이 높다면 사업장에 단체협약이 적용되어 낮은 조직률을 극복할 수 있을 겁니다. 하지만 한국에서는 그마저도 불가능해요(단체협약의 적용률이 낮을수록 임금 불평등 문제가 커진다).

한국에서 노동법이 여전히 후진적인 이유로는 정권을 담당하는 보수적인 정치인은 물론 공무원, 그리고 노동자 보호에 소극적인 기업을 우선 거론할 수 있습니다. 여전히 보수적인 시민사회의 책임도 피할 수 없어요. 그러나 자신의 노동자성을 부정하고 노동자로서의 연대에 소극적인 대다수 노동자에게도 책임을 묻지 않을 수 없습니다. 주변을 한번 둘러보세요. 사장이 되는 사람보다 노동자가 훨씬 많잖아요? 이것이 진짜 현실이라는 점을 우리 개개인이 각성한다면, 열악한 환경에서 일하는 사람들에게 더 강한 연대감을 느낄 수 있을 텐데 참으로 아쉽습니다.

    이러한 각성에 노동문제를 다룬 영화가 도움이 될 수도 있겠지만 한국에는 여전히 노동영화가 많지 않고 누구보다도 노동자들이 그런 영화를 즐기지 않는 것 같아요. 그럼에도 기념비적인 몇몇 작품이 있어 이를 소개합니다. 1989년 박종원 감독이 만든 〈구로아리랑〉은 구로공단의 참혹한 노동 현실과 함께 노조활동을 보여주었고, 1990년 장산곶매가 감독한 〈파업전야〉는 노동자들이 노동환경 개선을 목표로 노조를 결성하고 투쟁에 나서는 과정을 보여주었습니다. 이 영화의 주제곡인 〈철의 노동자〉는 지금도 집회 현장에서 자주 불립니다.

> 민주노조 깃발 아래 와서 모여 뭉치세
> 빼앗긴 우리 피땀을 투쟁으로 되찾으세
> 강철 같은 해방의지 와서 모여 지키세
> 투쟁 속에 살아 있음을 온몸으로 느껴보세
> 단결만이 살길이요 노동자가 살길이요
> 내 하루를 살아도 인간답게 살고 싶다
> 아~ 민주노조 우리의 사랑.

〈구로아리랑〉은 스물한 개의 장면이 검열을 통해 잘려나가고, 〈파업전야〉는 상영 자체가 금지되었던 반면 전태일 열사의 이야기를 다룬 1995년 작 〈아름다운 청년 전태일〉은 일반극장에서 개봉되었습니다. 1970년 11월 13일, 서울 청계 피복공장의 평범한 재단사였던 전태일은 스물두 살에 "근로기준법을 준수하라. 우리는 기계가 아니다."라고 외치며 분신자살했습니다. 영화는 전태일의 죽음 이후 25년이 지났어도 현실은 달라지지 않았다는 메시지를 전하는데, 그 영화가 만들어진 뒤 또다시 26년이 지난 2021년, 지금도 여전히 현실은 달라지지 않고 있음을 2014년의 영화 〈카트〉에서 볼 수 있습니다. 〈카트〉에서 다루어진 비정규직 노동자들의 삶은 전태일 시절의 피복공장 노동자들과 크게 달라지지 않았으니 말입니다.

5장

목숨을 건
진실투쟁을 찍는다

1990년대 후반, 마침내 켄의 최고 걸작인 〈토지와 자유〉가 탄생합니다. 보는 사람에 따라 평가가 다를 수 있지만, 저는 〈토지와 자유〉를 최고로 칩니다. 그다음으로 〈보리밭을 흔드는 바람〉, 세 번째로 〈케스〉를 꼽습니다. 아나키즘의 성전(聖戰)이라고도 하는 스페인혁명을 다룬 〈토지와 자유〉는 아나키즘 영화의 대표작이라고 볼 수 있습니다. '국가란 무엇인가' '혁명이란 무엇인가'에 대한 켄의 고민은 이 작품들 속에 어떻게 표현되었을까요?

스페인혁명

스페인은 유럽 여러 나라 중 '시민'의 등장이 가장 늦었던 나라입니다. 권력자들의 탄압이 워낙 거셌던 탓이지요. 1873년 최초로 공화정이 시행되었지만 아주 짧은 시간 안에 막을 내렸고, 이후 1930년대까지 군주제가 유지됩니다. 그러나 무능한 국왕 알폰소 13세(1886~1941)가 망명하면서 1931년 스페인에는 제2공화국 체제가 수립되지요. 하지만 혼란은 계속되었고 1935년까지 행정부가 무려 스물여덟 번이나 바뀝니다. 1936년 2월에 치러진 선거로 진보적 자유주의자들과 사회주의자, 그리고 아나키스트를 중심으로 한 좌파 세력의 인민전선이 정권을 잡지만, 파시스트 정당이 급속히 세력을 불렸고 이를 배경으로 프랑코가 지휘하는 군부가 쿠데타를 일으킵니다. 그러고는 마침내 스페인혁명이 시작되지요. 군주주의자들, 부유한 상류층, 파시스트 정당원, 가톨릭교회가 그들 편에 섰습니다.

 이를 보통은 스페인내란 또는 내전이라고 부르지만 스페인에서는 '스페인 시민전쟁(Guerra Civil Española)'이라 하고, 켄은 '스페인혁명'이라고 부릅니다(이 책에서도 '스페인혁명'이라고 부른다). 스페인혁명은 1936년 2월 총선에 의해 새로 수립한 좌파 민주공화국 체제와 그것에 반발한 왕당파와 군부, 우익보수 등 파시스트 세력 사이에 벌어진 시민전쟁이었습니다. 스페인 사회주의 노동자당, 좌파 공화파, 스페인 공산당 등으로 구성된 인민전선이 토지개혁을 포함한 개혁정책들을 시행하자 지주와 자본가와 가톨릭교회의 불만이 고조되어 내전이 터진 것입니다.

1936년 7월 17일 프랑코 장군이 모로코에서 쿠데타를 일으키면서 시작된 스페인혁명은 1939년 4월 1일에 공화파 정부가 마드리드에서 항복함으로써 프랑코 측의 승리로 끝났습니다. 전쟁의 결과는 너무도 비참했습니다. 약 십일만 명이 전투와 공습으로 죽었고, 약 이십이만 명이 살해되거나 처형당했습니다. 전쟁이 끝난 뒤 약 이십만 명의 공화파 포로들이 교도소에서 총살당하거나 가혹행위로 사망했고, 약 삼십만 명 이상이 해외로 망명했습니다.

스페인혁명은 2차 대전의 전초전으로 전개되었습니다. 유럽 전역을 포함한 세계 각국에서 스페인의 '민주공화국'을 지원하기 위해 의용병이 모여들었는데, 이들은 아나키즘, 사회민주주의, 공산주의, 극좌파, 자유주의를 아우르는 다양한 이념을 가진 사람들로서 스페인혁명이야말로 파시즘을 저지할 수 있는 최전방이라고 여겼습니다. 이렇게 모인 의용군을 '국제여단(Brigadas Internacionales)'이라 불렀는데 당시 자원병으로 참여한 사람 중에는 헤밍웨이와 조지 오웰 같은 지식인도 상당수 있었지요. 이들은 집권 공화국의 인민전선을 지원했습니다(약 사만 명). 반란을 일으킨 프랑코 측은 파시스트 진영인 나치 독일(약 만 명), 이탈리아의 무솔리니 정권(약 오만 명), 그리고 살라자르가 집권하고 있던 포르투갈(약 이만 명)이 지원했습니다. 그러나 무기와 장비 면에서 두 세력 간의 차이는 엄청났어요. 당시 군사기술에서 최고였던 독일의 지원을 받은 반란군이 훨씬 우수한 무기와 장비를 가졌기에 전세는 곧 판가름이 났습니다.

피카소와 헤밍웨이의 스페인

〈토지와 자유〉의 배경은 스페인혁명 초반인 1936년에서 이듬해까지, 몇 달 동안의 아라곤 전선입니다. 피레네산맥 중부 내륙 지역인 스페인의 자치 구역 아라곤은 사라고사, 우에스카, 테루엘 세 개의 주로 이루어졌지만, 인구 대부분은 사라고사주에 거주했습니다. 이곳은 스페인 본토에서 인구 밀도가 가장 낮은 데다가 지세가 험해서 대부분

지역이 피레네산맥에서 내려오는 산지로 이루어져 있었습니다. 혁명에서 격전지로 삼기엔 안성맞춤인 지형이었어요.

스페인혁명 가운데 우리에게 가장 유명한 사건은 독일 공군의 '게르니카 공습'입니다. 스페인혁명이 발발한 이듬해인 1937년 4월 26일 오후 네 시 삼십 분경, 히틀러는 스페인 북부 바스크 지방의 작은 마을인 게르니카에 엄청난 양의 폭탄을 퍼부었습니다. 이틀에 걸친 폭탄 투하로 게르니카는 마을 전체가 잿더미가 되었고, 천오백 명 이상이 사망했습니다. 히틀러가 게르니카를 무차별 폭격했던 것은 군사적 전투 목적이 아니라 신형 비행기의 성능을 시험해보기 위해서였다고 하니, 너무나 끔찍한 일입니다. 파블로 피카소(1881~1973)는 이 소식을 듣고 같은 해 열린 파리만국박람회 스페인관을 위해 약 두 달에 걸쳐 〈게르니카〉*를 완성했습니다.

스페인혁명을 다룬 문학작품으로 가장 유명한 것은 어니스트 헤밍웨이의 『누구를 위하여 종은 울리나 *For Whom the Bell Tolls*』입니다. 이 제목은 영국의 17세기 형이상학파 시

---

* 이 그림은 오랫동안 뉴욕의 현대미술관에 보관되어 있었으나 피카소의 유지에 따라 1981년 스페인으로 반환되었다.

인이자 성공회 사제였던 존 던(1572~1631)이 쓴 기도문에서 따왔는데요, 헤밍웨이는 소설 앞에 기도문 일부를 다음과 같이 인용했습니다.

> 누구도 그 혼자로 온전한 섬이 아니다.
> 모든 사람은 대륙의 한 조각, 본토의 일부다.
> 흙 한 덩이가 바닷물에 씻겨가면,
> 유럽은 그만큼 줄어든다.
> 곶이 씻겨나가도 마찬가지고,
> 그대의 친구나 그대의 영토가 씻겨나가도 마찬가지다.
> 누구의 죽음이든 그만큼 나를 줄어들게 한다.
> 내가 인류에 속해 있기 때문이다.
> 그러니 저 종소리가 누구의 죽음을 알리는 종소리인가 알아보려고 사람을 보내지 마라.
> 그것은 그대를 위한 종소리이니.

이는 소설의 주제인 연대(連帶)를 노래한 것입니다. 『누구를 위하여 종은 울리나』는 스페인의 마드리드와 세고비아 지방을 가르는 시에라 데 과다르라마산맥에서 사흘 동안 벌어졌던 전투를 다룬 소설이에요. 하지만 이 소설이 다룬 내용은 조지 오웰의 『카탈루냐 찬가Homage to Catalonia』(1938)와는 매우 다릅니다. 실제로 켄은 〈토지와 자유〉를 만들기 전에 오웰의 『카탈루냐 찬가』를 영화화할 생각도 있었으나 지식인 주인공이 아닌 노동자 주인공을 내세우고 싶었기에 포기했다고 합니다. 그러나 켄의 영화는 오웰의 소설과 대단히 유사해요. 따라서 오웰의 활동을 중심으로 스페인혁명을 살펴보려고 합니다.

스페인은 대의의 전장이었다

1936년 6월, 스페인에서는 총선거 결과 좌익과 공화파로 이루어진 인민전선 정부가 수립되었습니다. 이는 1930년대 대다수 지식인이 이견(異見) 없이 인정한 대의였어요. 그러나 영국과 미국, 프랑스를 포함한 소위 자유주의 정부는 흐름을 무시했고, 한 달 뒤인 7월 17~18일에 프랑코를 위시한 장군들은 쿠데타를 일으키지요. 당시까지 스페인이나 남미에서 일어나곤 했던 쿠데타처럼 그 역시 금방이라도 승리할 것처럼 보였습니다. 그러나 정부로부터 무기를 받은 노동자들이 쿠데타를 저지하기 위해 일어섭니다. 특히 카탈루냐에서 노동자들의 혁명이 터진 것은 괄목할 만한 대반전이었습니다. 당시까지 패배를 모르고 강화되었던 파시즘, 이를테면 일본의 만주 침략이라든지 무솔리니의 아비시니아 침략, 그리고 히틀러의 라인란트 침략에 이은 스페인에서의 파시즘 등장에 대한 최초의 저지였기 때문입니다.

　영국의 조지 오웰은 그것을 반파시즘의 희망이라고 보았습니다. 오웰만이 아니라 영국의 좌익들은 스페인 공화국을 구하여 세계적인 파시즘과 싸워 2차 대전 발발을 저지하자고 목청껏 소리쳤습니다. 그러나 독일과 이탈리아가 프랑코를 공공연히 원조했고, 영국과 프랑스 정부는 스페인 정부에 대한 무기 수출 금지를 결정하는 바람에 좌익은 분노에 휩싸입니다. 오직 소련만이 스페인 민중을 지지하는 상황이었어요. 당시 소련은 스페인 공화국 정부에 군사 물자*를 지원했고, 국제연맹의 불간섭 조약에도 불구하고

---

*　비행기 806기, 탱크 362대, 야포 1,555문 등이다.

소수의 군사를 파견했습니다. 그러나 스탈린이 비밀리에 히틀러와 불가침 조약을 준비하고 있었기에 소련은 제한적인 지원밖에 할 수 없었어요. 당시 소련에서 파견한 군인은 약 칠백 명으로 독일을 자극하지 않기 위해 '의용군'이란 표현으로 불렀습니다.

이렇게 하여 세력은 아주 확실하게 나뉘었습니다. 히틀러의 독일과 무솔리니의 이탈리아라는 추악한 파시즘과 불간섭이라는 미명하에 결탁한 자본주의 세력, 그리고 인민의 선거에 따라 정당하게 선출된 민주적이고 개명된 스페인 공화국 정부와 노동자의 조국인 소련이었습니다. 전 세계의 진보적인 민중과 지식인은 당연히 후자의 편을 들었습니다.

그 후 이 년 반, 스페인은 양심적인 지식인이라면 누구나 목숨을 걸고 참여해야 할 대의의 전장이자 정의 수호의 전장이 되었습니다. 그들에게 파시스트 프랑코가 승리한다는 것은 곧 전쟁과 야만과 억압이 지배하는 세계를 의미했습니다. 공화국 정부를 지지하고 옹호하는 것은 스페인 민중을 구제함과 동시에 어렵게 지켜가고 있는 평화와 자유의 사활이 걸린 문제이기도 했습니다. 당시 지식인들은 그 문제를 매우 정확하게 인식하고 있었는데, 유럽만이 아니라 자유주의의 대표라고 자처한 미국의 지식인들도 마찬가지였습니다.

공산당계 잡지인 미국의 《새로운 민중New Masses》이 1938년 사백십팔 명의 문인을 대상으로 설문조사한 결과에 따르면, 사백십 명이 공화국을 지지하고, 일곱 명이 중립, 그리고 단 한 명만이 프랑코를 지지한다고 답했습니다. 이 조사는 공산당이 1934년에 조직한 '미국작가연맹'이 주도한 것으로, 조사를 맡은 단체는 '존 리드 클럽(John Read Club)'*이 공산당 내부에서조차 분파적이고 편협하다는 비판을 받아 개편된 것입니다. 1934년은 소련에서 '작가동맹'이 결성된 해이자 영국에서 '국제혁명작가동맹'이 결성된 해입니다. 두 설문조사가 모든 문학인을 대상으로 이루어진 것인지, 처음부터 대상을 선별하여 진행한 것인지 정확하게 알 수 없지만, 영국에서는 중립을 표명한 사람이 열일곱 명이나 되었습니다.

---

* 존 리드 클럽은 1929년에 공산당이 프롤레타리아 문학을 추구한다는 목적으로 조직한 것이다.

그중 한 사람이 바로 우리나라에 일찍부터 소개된 영국의 소설가 에벌린 워(1903~1966)입니다. 옥스퍼드 출신으로 가톨릭교도인 그는 "내가 영국의 왕실과 귀족을 지지하듯이 스페인인이라면 당연히 프랑코를 지지할 테지만, 나는 영국인이므로 어느 쪽도 선택할 필요가 없어서 천만다행이다."라고 빈정거렸습니다. 비슷한 논리를 지녔지만 이와 반대로 답변한 사람은 처칠이에요. 그는 "프랑코를 지지한다. 그러나 국익을 지키려면 프랑코에 반대해야 하므로 프랑코에 반대한다."는 이상한 대답을 내놓았습니다. 아마도 워나 처칠에게 스페인의 대의란 어디까지나 스페인만의 문제였던 듯합니다.

한편 당연히 프랑코에게 반대할 줄 알았던 사람 가운데 중립을 취한 이들도 있었습니다. 바로 허버트 조지 웰스(1866~1946)와 올더스 헉슬리(1894~1963), 그리고 조지 버나드 쇼(1856~1950)였습니다. 반대로 당연히 프랑코를 지지할 것으로 보였으나 중립을 표방한 이가 토마스 엘리엇(1888~1965)이었습니다.

조지 오웰의 스페인

오웰은 〈토지와 자유〉의 주인공 카처럼 바르셀로나에 가서 '마르크스주의자 연합 노동자당(Partido Obrera de Unificacion Marxista, 이하 POUM으로 표기함)' 의용군에 입대합니다. 그로서는 '노동자의 나라' '노동자 계급이 권력을 장악한 도시'를 본 것이 처음이었습니다. 소수의 여성과 외국인을 제외하면 제대로 옷을 입은 사람이 없을 정도로 부유층이 존재하지 않는 나라였죠. 개인이 사용하는 자동차는 모두 징발되었고, 전차나 택시 같은 교통수단은 모두 검붉은 색을 띠고 있었습니다. 노동자들이 건물을 모두 점령했고, 건물마다 적과 흑의 깃발이 나부꼈습니다. 교회 대부분은 파괴되었고, 십자가도 불에 타버렸지요. 심지어 구두 닦는 일까지 공영화되었는데 구두통 역시 검붉은 색이었습니다. 서비스업에 종사하는 사람들 모두가 손님의 얼굴을 정면으로 쳐다보며 동등하게 대접했습니다.

그들에게는 무엇보다 혁명과 미래에 대한 믿음, 즉 자유와 평등의 시대로 들어섰다는 굳은 확신이 있었습니다. 그들은 자본주의라는 잔혹한 시스템의 톱니바퀴가 되기를 거부하고, 각기 다른 개별자로서 행동하고자 했습니다. 인민들이 찾는 이발소에는 "이발사는 이제 노예가 아니다."라는 아나키즘의 공고문이 당당하게 걸려 있었고, 모든 존칭어가 사라졌으며, 서로서로 '동지'라거나 '당신'이라고 불렀어요. 거리에는 온종일 혁명의 노래가 울려 퍼지고 있었습니다.

그러나 오웰이 스페인에서 처음 목격한 군대는 오합지졸이었습니다. 기초 훈련을 조금 받은 것 같았지만 그 수준이라는 건 오웰이 학교에서 배운 것보다 못했습니다. 오웰을 감동시킨 것은 전혀 다른 데 있었습니다. 바로 스페인 노동자 계급이 보여준 인간에 대한 예의와 솔직함과 관대함이었어요. 장교와 사병 사이에도 완전한 평등이 이루어져 급여, 식사, 군복 등 모든 것에 차별을 두지 않는 그 모습이었습니다. 거기엔 계급도 계급장도 없었고, 기합이나 욕설도 없었습니다.

그러던 중 아나키스트들과 공산주의자들이 대립*하면

---

*   스페인 제1공화국의 집권 여당이었던 사회당은 바쿠닌에서 비롯한 아나키즘에 경도되었고, 공화국이 해체된 이후에도 스페인의 주요 산업도시에 형성된 노동조합은 아나키즘의 영향 아래 있었다. 반면, 스페인에는 1897년 이미 마르크스주의를 강령으로 한 스페인 사회주의노동자당이 결성되었고, 이후 러시아 혁명과 함께 마르크스주의의 영향력도 증대했다.

서 좌익 내부는 반목을 거듭합니다. 이에 오웰은 코민테른의 지배를 받는 국제여단에 가는 것을 포기하고 POUM 의용군과 함께 전선에 복귀했는데요, 의용군을 통제하고자 했던 정부 방침에 따라 오웰이 속한 레닌 사단은 제29사단으로 바뀌었고, 계급제도 부활하여 오웰은 임시 소위가 됩니다. 그러나 복귀 열흘 만에 그는 적이 쏜 총알이 머리를 관통하는 바람에 후송되어 7월까지 병원에 있게 됩니다. 이후 정부는 POUM 기관지 발간을 금지하고, POUM 자체를 비합법화했으며, 소속 간부들을 모두 체포했습니다. 정치 상황은 더욱더 악화하였고, 오웰은 마침내 야간열차를 타고 스페인을 탈출합니다.

그녀의 무덤에서 가져온 흙 한 줌

영화 〈토지와 자유〉(Land and Freedom, 1995)는 〈바리케이드를 향해〉(A las Barricadas)라는 노래로 시작합니다. 스페인혁명 당시, 좌파 민병대원들이 즐겨 부르던 이 노래의 원곡은 〈바르샤바 혁명 행진곡〉(Varschavianka)인데요, 우리나라에서는 항일 무장투쟁 시기에 〈최후의 결전〉이라는 제목으로 독립군이 부르곤 했습니다.

    검은 폭풍이 비바람을 몰고 오네

    어두운 구름을 볼 수는 없으리

    하지만 우리는 고통과 죽음을 기다리고 있네

    적들에 맞서 우리는 나아가네

    가장 소중한 것은 자유

    용기와 믿음으로써

    자유를 지켜야 하네

    혁명의 깃발을 높이 들자

    민중은 해방을 요구하네

    전선으로 행진하는 노동자

    반동을 쳐부숴야 한다네

    바리케이드를 향해!

    바리케이드를 향해!

    CNT의 승리를 위해

켄의 영화에서는 이 노래가 〈인터내셔널 가(歌)〉로 나옵니다.

깨어나라, 노동자의 군대! 굴레를 벗어던져라!
정의는 분화구의 불길처럼 힘차게 타오른다!
대지의 저주받은 땅에 새 세계를 펼칠 때,
어떠한 낡은 쇠사슬도 우리를 막지 못해!
(후렴)
들어라, 최후 결전, 투쟁의 외침을!
민중이여, 해방의 깃발 아래 서자!
역사의 참 주인들, 승리를 위하여!
인터내셔널 깃발 아래 전진 또 전진!
어떠한 높으신 분도, 고귀한 이념도,
허공에 매인 십자가도 우릴 구원 못 하네!
우리 것을 되찾는 것은 강철 같은 우리 손,
노예의 쇠사슬을 끊어내고 해방으로 나가자!
(후렴 반복)
억세고 못 박혀 굳은 두 손 우리의 무기다!
나약한 노예의 근성 모두 쓸어버리자!
무너진 폐허의 땅에 평등의 꽃 피울 때,

우리의 붉은 새 태양은 지평선에 떠오른다!

(후렴 반복)[*]

1995년 칸 영화제에서 심사위원상과 국제영화비평가협회의 국제비평가상을 받은 〈토지와 자유〉를 감상해볼까요?

영국 리버풀. 사람이 두셋만 들어서도 답답해질 만큼 좁고 궁색한 아파트에서 쓰러진 데이비드 카를 손녀가 발견합니다. 하지만 카는 응급차에 실려 병원으로 가던 중 사망하지요. 할아버지의 유품을 정리하던 손녀는 거실 한쪽에 놓인 낡은 가방 안에서 오래된 신문기사와 편지 뭉치, 사진들과 함께 붉은색 헝겊에 쌓인 흙 한 줌을 발견합니다. 카메라는 시간을 거슬러 1936년 리버풀의 극장에서 스페인혁명이 발발했다는 뉴스를 듣고 있는 데이비드를 따라갑니다.

---

* 이 노래에서 '인터내셔널'이란 사회주의자들의 국제기구인 제1인터내셔널을 뜻하고, 프랑스어로 된 원래의 가사는 1871년 파리코뮌 때 철도노동자 외젠 포티에(1816~1887)가 쓰고 가구세공인 피에르 드제테(1848~1932)가 1888년에 곡을 붙인 것이다.

우리의 패배는 곧 여러분의 패배입니다. 스페인에서 프랑코가 권력에 다가갈수록 여기에서도 파시스트가 권력에 다가가는 것입니다. 프랑코가 싸움에서 이긴다면 모든 곳에 파시스트들이 들끓게 될 것입니다. 동지들이여, 머지않아 놈들은 자유를 사랑하는 모든 민중을 야만과 전쟁 속으로 내동댕이칠 것입니다. 스페인, 영국, 미국, 중국 할 것 없이 우리는 평등사회라는 같은 염원을 가진 같은 계급의 민중입니다. 우리와 함께하여 우리의 투쟁을 여러분의 투쟁으로 만드십시오. 함께 나아갑시다. 슬로건을 고수합시다! No Pasaran! 놈들은 통과할 수 없습니다. No Pasaran!

공산당원인 데이비드는 실업급여를 받는 생활에서 벗어나려고 스페인으로 가기로 마음먹습니다. 그러나 영국인이 스페인혁명에 참여하는 것은 불법이었습니다. 두 나라 사이에 불간섭 협정이 맺어졌기 때문이에요. 데이비드는 파리를 거쳐 스페인으로 넘어가기로 마음먹습니다.* 프

---

* 당시 몇 명의 영국인이 스페인에 갔는지 정확하게 알 수 없지만 대략 2,400명으로 추산된다. 그중 526명이 사망했다.

랑스를 경유하여 스페인으로 들어가는 기차 안에서 데이비드는 POUM 민병대에 합류하려는 시민군을 만나고 그들에게 가담합니다. 남녀노소를 불문하고 세계 각국에서 스페인으로 찾아온 아나키스트, 사회주의자, 공산주의자 등 다양한 인물들과 함께 데이비드도 훈련을 받아요.

"나는 독일에서 제빵사였어."
"십일 년 동안 바다에 있었어. 갑판장이었지."
"난 하인이었어, 청소부. 영국인 가정에서 일했는데, 모든 게 시작되던 날 바로 영국으로 도망가더군. 나만 바르셀로나에 남겨두고 말이야. 태어나서 처음 맞이하는 자유였지."
"오 년 동안 프랑스군에 있었어. 하사관이었다네."
"나는 이탈리아 밀라노 출신이야."

혁명에 참여한 이들은 모두 아마추어였습니다. 무기랍시고 지닌 것은 하나같이 구식이었고 식량도 턱없이 부족했습니다. 그러나 어렵사리 버티고 버티면서도 누구 한 사람 혁명의 정신을 포기하지 않습니다.

"파시스트 타도와 노동자·농민 혁명을 위해 우리는 어깨 걸고 함께 싸울 것이다……. 나의 영어교실에 온 걸 환영한다……. 제군들과 같은 편에서 싸우게 되어 자랑스럽다."
"민중의 군대야. 보통 군대와는 달리 대의를 위해 싸우는 평범한 남자, 여자들이야. 경례도 필요 없고, 장교를 투표로 뽑으며, 모든 일은 토론하고 표결에 부쳐. 사회주의가 생생히 살아 있어. 난 특별한 부대에 속해 있어. 그런데 정작 스페인인은 몇 명 안되고 대부분이 외국인이라 영어를 공용어로 쓰고 있어. 나는 그럭저럭 잘 지내……. 급료는 모두 똑같이 하루에 십 페세타인데, 떠날 때까지 보관해 줘. 하루에 한 갑씩 나오는 담배도 그럭저럭 괜찮아……. 이 전선에만 이만 명의 민병대가 투입된 대규모 작전이지. 공산당 여단에 속하지는 않았지만 상관없어. 공통의 적과 싸우고 있으니까……. 참호에서 남자들과 나란히 싸우는 여성들을 보면 신기해."

데이비드는 전선에서 여러 가지 일을 겪으면서 전우들과 교감합니다. 사람의 목숨이 왔다 갔다 하고 총알이 날아다니는 그곳에도 희로애락의 감정은 여전히 살아 있습니다. 물론 전선에서 이탈하려는 사람도 이따금 생겼는데요. 탈영은 전쟁 시엔 매우 중대한 범죄였지만, 민병대원 중에는 이를 심각하게 여기지 않는 사람도 있었습니다.

"집에 갈 거야. 자발적으로 왔으니, 떠나는 것도 내 맘이야."
"그렇게 간단하지 않아. 맘대로 떠날 수는 없어. 규율이란 것이 있다고."
"마누라가 다른 놈과 놀아나고 있어. 내가 아니면 누가 해결할 건데?"
"가서 어쩌려고?"
"요절을 내야지."
"그런다고 뭐가 달라져? 뭐가 나아지는데?"
"기분은 풀리겠지."
"동지들과 함께 여기 남아."
"아내와 딸을 위해서 여기 온 거야. 미래를 위해서……."
"딸이 있어?"
"지난달에 두 살 됐어."
"이름이 뭐야?"

"리디아."

"이 전쟁에서 승리하지 못하면, 누구에게도 미래는 없어. 리디아에게도, 네 아내에게도. 너, 나, 누구에게도⋯⋯."

영화가 삼 분의 일 지점을 지나는 순간, 세계 각지에서 몰려든 젊은이들은 타인의 땅과 자유를 지키기 위한 자신들의 희생이 결코 추상적이고 낭만적인 것이 아님을 깨닫습니다. 누가 적이고 동지인지 알 수 없는 지옥 같은 혼돈이 눈앞에 펼쳐지고, 조금 전까지 담배를 나눠 피던 친구는 예고 없는 죽음을 맞이합니다. 이제 그들의 첫 전투는 모두를 두려움과 혼란 속으로 몰아넣지요.

산도 물도 사람도 낯선 스페인의 어느 시골 마을을 파시스트의 손에서 해방하려 했던 젊은 혁명주의자들의 첫 승리는 마을 사람들의 서로 다른 입장 속에서 지루한 논쟁으로 격화되고, 땅 주인으로부터 토지를 부여받아 농사를 지어온 소작인들, 토지를 받지 못하고 부역만으로 살아가던 농부들, 주인집에서 평생을 봉사하던 하인 계급들은 제각각 마을 지주의 재산을 어떻게 분배할지를 놓고 격렬하게 토론합니다. 혁명군 내부에서도 이 문제를 보는 시각이 갈라져요. 모든 토지를 공유해야 한다는 제안과 땀 흘려 얻은 재산인 만큼 개인의 권리를 존중해야 한다는 주장이 팽팽히 맞선 겁니다. 마침내 모든 주민이 동참하여 다수결로 최종안을 확정하게 되는데, 이 모습은 자유로운 연대와 공동체 의식을 상징합니다.

민병대 내부의 상황도 크게 다를 바 없었습니다. 다양한 사상을 가진 사람들이 모인 만큼 의견이 충돌될 때도 있었지만, 아무리 시간이 걸리더라도 토론과 다수결의 원칙 하에 문제를 해결한다는 신념은 고수했습니다. 그러나 시간이 지나면서 무기와 보급품이 부족해지고 국제정세가 날로 급변하자 민병대는 분열합니다. 공산주의자와 사회주의자가 갈등하고, 여성은 더는 전투에 참여할 수 없게 됩니다.

빈약한 무기와 위계 없는 조직으로도 민중의 지지를 받아 상당한 전적을 올리던 POUM 민병대는 스탈린의 지원을 받는 국제여단으로 편입해야 한다는 발렌시아 정부의 명령을 거부하고 외로운 전투를 펼칩니다. 그러나 공산당원인 데이비드는 "스탈린은 혁명을 배신한 사회적 파시스트다."라고 비난하는 블랑카와 싸우며 국제여단으로 들어가지요.

하지만 이곳에도 갈등과 반목이 있습니다. 스탈린으로부터 무기와 병력을 지원받아 조직적으로 전쟁에 임해야 한다는 스탈린주의자들과 혁명은 조직화하고 권력화하는 순간 내부로부터 무너진다는 순수한 혁명주의자들은 끝내 서로 타협하지 못해요. 타인의 삶과 나의 삶이 유기적으로 연결되었다는 확신을 바탕으로 이뤄낸 주체적인 연대마저 전쟁에서의 승리라는 실질적인 욕망 앞에서 흔들리게 된 것입니다. 공산당원이자 혁명주의자였던 데이비드는 두 편을 모두 오가며 자신이 서야 할 곳이 어디인지 찾습니다. 그러면서 경제 논리보다는 사람의 노동과 애씀을, 정치 권력보다는 사람 사이의 연대를 중심에 둔 혁명가들이 모인 초라하지만 따뜻한 병영을 그리워합니다.

이후, 히틀러와 비밀리에 불가침 조약을 맺은 스탈린의 반혁명적인 작태, 독일의 잔인한 게르니카 폭격, 소비에트 지시를 받는 국제여단으로부터 동지들이 고문당하고 처형당하는 끔찍한 일련의 사태를 목격한 데이비드는 공산당원증을 갈기갈기 찢어버리고 다시 민병대로 복귀합니다. 하지만 POUM 민병대를 불법 단체로 지정하고 무장 해제하기 위해 온 국제여단에 저항하는 과정에서 블랑카가 총격으로 사망하자 데이비드는 민병대 활동을 접습니다.

> "우린 집단화를 이룬 땅에 블랑카를 묻었어. 그녀도 그걸 바랐을 거야. 비록 스탈린주의자들이 한 달 뒤에 쳐들어와 코뮌을 해체해버렸지만 말이야. 적어도 대지는 잠시나마 그녀의 것이었지."

비극적인 이 영화의 말미, 두 진영의 반목으로 내 몸처럼 애틋한 동지들이 죽어 나가고 사랑하는 여인을 잃은 데이비드에게 스페인은 남의 땅, 그리고 스페인의 자유는 남의 자유가 되어버린 것처럼 보여요. 하지만 켄은 쓸쓸히 영국으로 돌아왔을 데이비드의 모습과 죽음에 이르기까지 노동자로서 '번영과 발전'의 시대를 살아낸 데이비드의 삶을 과감히 생략합니다. 그러고는 데이비드가 대지로 돌아가는 장례식 장면을 보여줍니다. 긴 세월 동안 침묵했던 할아버지 삶의 구심점을 이해한 손녀는 젊은 날 데이비드가 연인 블랑카를 스페인 땅에 묻고 돌아서면서 그녀의 무덤에서 가져온 한 줌의 흙을 할아버지 데이비드의 관 위에 뿌립니다. 혁명사상의 갈등 및 분파, 즉 혁명을 권력화하여 완성하려는 이들과 순수한 혁명주의자들이 갈라지는 이 이야기는 후에 〈보리밭을 흔드는 바람〉으로 이어집니다.

    이 이야기를 우리나라 해방 이후 상황과 간략히 비교해보는 것도 흥미로울 것 같군요. 우리의 해방을 혁명이라고 볼 수는 없지만, 해방을 권력 확립의 기회로 이용한 자들이 해방의 참된 의미를 앞장서 훼손했다는 점에서는 비슷한 역사의 반복을 볼 수 있는데요. 우리의 경우, 해방 직후 좌우파 대립을 극단적으로 몰고 간 사건은 신탁통치였습니다. 모스크바삼상회의에서 신탁통치를 결정했다는 〈동아일보〉의 오보로 전국에서 반탁운동이 일어났으나, 얼마 뒤 좌파가 친탁으로 돌아서면서 서로 간에 반목이 격화됩니다. 이것은 일종의 가짜뉴스가 만들어낸 불필요한 갈등이었습니다.

    그 뒤 이승만은 남한 단독정부 수립을 주장하고, 미군정도 여기 동참할 것 같은 분위기가 강해지자 김구와 김규식은 단독정부 수립이 전쟁을 초래할 것으로 판단하여 1948년 4월 평양으로 가서 남북협상을 시도합니다. 하지만 성공하지 못합니다. 이어 5월, 남한에서 총선거가 실시되고, 8월 15일에는 정부가 수립됩니다. 한편 북한에서는 소련의 지원을 받은 같은 해 9월 9일에 김일성 정권이 수립됩니다. 이처럼 김구와 김규식은 여운형 등과 함께 좌우 연합에 의한 민족 통일 정부를 만들기 위해 노력했던 반면, 이승만과 김일성은 각각 미국과 소련의 도움을 받아 정권을 획득하고 민족의 분단을 초래했습니다. 이승만과 같은 노선을 걷던 송진우나 김일성과 같은 편인 박헌영도 민족 통일보다 권력 창출을 우선시했습니다. 그 비통한 결과가 2021년까지 칠십여 년 이어지는 중이지요. 어떤 나라에서는 박제된 과거로, 또 어떤 나라에서는 여전히 현재 진행형으로, 권력은 이렇게나 오랜 세월 그 모습을 바꾸고 숙주를 바꾸어가면서 점점 비대해지고 있습니다.

그런다고 세상이 바뀌나요?

켄이 1996년에 만든 〈칼라 송〉(Carla's Song)은 '칼라의 노래'라는 뜻으로 중미 니카라과의 산디니스타 해방운동을 다룬 영화입니다. 켄의 영화 중 제3세계를 다룬 유일한 작품이기도 해요.

산디니스타 민족해방전선(FSLN: Frente Sandinista de Liberación Nacional)은 니카라과의 사회주의 정당으로 보통 '산디니스타'라고 부릅니다. 이 말은 1930년대 미국이 니카라과를 침공할 때 여기 저항한 아우구스토 세사르 산디노의 이름에서 나온 것입니다. 산디니스타 민족해방전선은 1979년 아나스타시오 소모사 데바일레를 축출함으로써 오십 년 가까이 니카라과를 족벌 통치하며 독재정치를 펼쳤던 소모사정권을 무너뜨리고 혁명 정부를 세우는 데 성공합니다. 그러나 사회주의 정권 수립 후 토지 국유화 등 개혁을 시도하는 와중에 미국의 레이건 정권이 콘트라 반군을 지원하면서 내전이 터졌고, 1990년 선거에서 산디니스타는 정권을 잃고 야당으로 전락하지요.

〈칼라 송〉은 산디니스타가 정권을 잡고 있던 1987년의 글래스고와 니카라과를 배경으로 한 영화입니다. 스코틀랜드의 글래스고에서 버스 운전사로 일하는 조지는 어려운 생활 속에서도 나름대로 올바른 길을 걸으려고 애쓰는 청년이에요. 조지는 어느 날 무임승차한 칼라에게 돈을 내라고 닦달하는 운전사에게서 그녀를 구해줍니다. 고마움을 표하려 조지를 찾아온 칼라는 이름과 거짓 전화번호,

그리고 작은 선물만을 남기고 사라져요.

칼라를 잊지 못하던 조지는 어느 날 거리에서 춤추며 동전을 구걸하고 있는 칼라와 재회하고, 난민수용소에서 살고 있는 칼라에게 새로운 거처를 마련해줍니다. 칼라를 만나면서 그녀에 대한 조지의 감정은 안타까움에서 사랑으로 점점 깊어지는데요, 그녀와의 사이엔 여전히 알 수 없는 벽이 있습니다. 이 벽은 칼라의 고뇌였고, 그녀의 고뇌는 과거에서 비롯된 것이었습니다.

어느 날 칼라는 자살을 기도합니다. 조지는 주치의로부터 칼라의 과거사를 듣게 됩니다. 니카라과 무용수였던 그녀에겐 노래를 무척 잘 부르던 안토니오라는 남자친구가 있었다는 것, 둘은 내전 당시 혁명에 참여했었다는 것, 그리고 칼라가 엄청난 사건을 경험한 이후 니카라과를 떠났다는 것, 그 사건 때문에 칼라는 정신적인 쇼크를 입었고, 트라우마로 여전히 괴로워한다는 이야기였습니다. 심지어 예전에도 자살을 기도한 적이 있다고 했습니다.

조지는 칼라의 내면을 괴롭히는 깊은 상처를 치유하고자 그녀의 조국인 니카라과로 가겠다고 결심합니다. 그는 여행을 준비하는 동안 미국이 후원하는 콘트라 폭동에 대해 알게 됩니다. 니카라과에 온 두 사람은 콘트라가 행한 인권 유린 문제를 문서화하는 일을 돕고 있는 미국인 브래들리를 만나는데, 브래들리는 칼라와 안토니오의 일을 알고 있었습니다. 처음엔 안토니오의 행방을 모른다고 잡아떼던 브래들리도 결국 안토니오와 함께 지냈던 사실을 인정하고는 칼라의 치유를 돕게 됩니다.

칼라의 악몽은 혁명에 참여했다가 콘트라의 공격을 받았던 경험에서 비롯된 것이었습니다. 총에 맞고 쓰러진 안토니오를 버려둔 채 칼라는 가까스로 몸을 피했지만, 안토니오는 그대로 콘트라에게 붙잡혀 말로 담아내지 못할 고문을 당했습니다. 미국 CIA의 고문법을 그대로 전수한 콘트라는 안토니오의 혀를 잘라내고, 척추를 부러뜨리고, 얼굴에 산을 부었습니다. 칼라는 이 모든 광경을 덤불 속에서 목격했고, 바로 여기서 그녀의 트라우마가 시작된 것입니다.

조지는 과거와 직면하러 홀로 떠난 칼라를 찾아 나섰다가 가까스로 그녀의 가족을 만납니다. 그러고는 칼라가 남긴 편지에서 그녀가 안토니오를 만나러 가는 중이며, 어쩌면 다시 자살할 수도 있음을 눈치채는데요. 조지와 브래들리는 우여곡절 끝에 칼라를 찾아내지만 정작 그녀는 안토니오와 재회하는 것을 두려워하고 있었습니다. 이에 조지는 칼라에게 안토니오를 만나보라고, 이 일은 반드시 그녀 혼자 해내야 하는 일이라고, 그 누구도 대신하거나 함께해줄 수 없는 일이라고 용기를 줍니다. 칼라는 고민 끝에 안토니오를 만나러 가는데, 그는 기타를 손에 들고 브래들리의 집 걸상에 앉아 있다가 칼라를 보고 기타를 연주하기 시작합니다.

영국 민중의 신산한 삶을 배경으로 현대 자본주의 사회의 약점과 치부를 드러내는 데 집중했던 켄 로치 감독은 〈칼라송〉에서 제3세계 국가로 눈을 돌렸습니다. 당시 미국 레이건 정부는 대외 정책에서 레바논 파병과 리비아 폭격, 그레나다 침공 등으로 제3세계 국가들에 위협적인 존재가 되었는데 이 영화는 미국이 니카라과 반군을 지원하면서 '민중'의 지지를 받았던 혁명 정부를 무너뜨리기 위해 저질렀던 수많은 악행을 고발했습니다.

그런데 켄은 왜 제3세계의 불행한 역사로 눈을 돌렸을까요? 켄은 이미 1994년에 만든 〈레이디버드 레이디버드〉에서 파라과이 출신의 시인으로 영국에 불법 이주한 호르헤를 남자 주인공으로 다루면서 남미의 정치 상황에 대해 언급한 적이 있지만, 그것은 어디까지나 영국의 이야기였습니다. 반면 〈칼라송〉은 남미 자체의 이야기였습니다. 켄이 제3세계 문제를 직접 다루게 된 계기는 니카라과에서 인권변호사로 활동한 폴 래버티에게 있다고 보아도 과언이 아닌데요. 그는 니카라과에 머물 당시 〈칼라송〉의 각본을 썼고, 이를 가지고 켄과 접촉했습니다. 물론 〈토지와 자유〉에서부터 이미 켄의 시선은 영국을 벗어나 국제적으로 확대되는 중이었기에 〈칼라송〉과 같은 작품이 나올 수 있었겠지요.

언뜻 결이 다르게 보이지만, 〈칼라송〉과 〈토지와 자유〉는 같은 주제를 다루는 영화입니다. 예를 들어 〈토지와 자유〉에 나오는 토지 분배에 관한 농민들의 긴 회의 장면은 〈칼라송〉에서 비슷한 상황으로 묘사됩니다. 니카라과에 간 조지가 버스 안에서 "과거에는 한 사람이 소유했던 토지를 이제는 마흔 가구가 소유하게 되었다."고 말하는 장면이 좋은 예라고 할 수 있겠지요.

영화의 배경인 1987년은 대한민국에서도 민주화에 대한 시민의 응집된 열망이 폭발했던 시기입니다. 4·13 호헌조치와 부천경찰서 성고문 사건, 박종철 고문치사사건, 그리고 이한열이 시위 도중 최루탄에 맞아 사망한 사건 등에 분노한 거의 모든 시민이 6월 10일부터 전국적으로 시위에 가담했습니다. 그 결과 6월 29일 노태우의 수습안 발표로 대통령 직선제로의 개헌이 이루어졌고, 1987년 12월 16일 새 헌법에 따른 대통령 선거가 치러졌어요. 학생 중심의 운동에 일반 시민까지 가세함으로써 대한민국은 비로소 민주화의 첫발을 내딛게 됩니다. 그런데 같은 시기 라틴아메리카 국가인 니카라과의 민중은 내전에 삶의 모든 것을 내놓았던 것입니다. 당시 한국의 민주화운동 상황을 보여준 영화 〈1987년〉의 등장인물인 연희가 "그런다고 세상이 바뀌어요?"라고 물었던 것처럼 〈칼라송〉*은 우리에게 묻습니다. "소모사 독재를 무너뜨리고 좌익혁명을 이뤘는데 선거에서 우파에게 패배했다. 대체 무엇이 잘못됐을까?" 물론 이 두 가지 질문은 21세기를 살아가는 우리에게도 여전히 유효합니다.

---

* 이 영화는 1997년 BAFTA Awards에서 알렉산더 코르다 최우수 영국영화상, 1997년 스코틀랜드 BAFTA Awards에서 최우수 장편 영화상 후보에 올랐고, 1996년 베니스 영화제에서 이탈리아 상원의원 금상을 받았다. 1996년 아바나 영화제에서는 라틴계 감독이 아닌 사람이 라틴아메리카의 문제를 영화로 다룬 작품 중 최고작으로 선정되어 Coral Award를 수상하기도 했다.

6장

참된 민중혁명을
위해 찍는다

이천 년대 전반에 만든 켄의 작품 중 눈여겨볼 것은 〈빵과 장미〉〈네비게이터〉〈스위트 식스틴〉입니다. 〈빵과 장미〉는 켄의 작품 중에서 미국을 배경으로 한 유일한 영화입니다. 영국을 비롯한 유럽 영화인들이 할리우드의 초대를 받아 미국에서 영화를 찍는 경향은 별로 새로울 게 없는 현상이지만, 켄은 그렇지 않은 거의 예외적인 감독이지요. 물론 2002년에 〈2001년 9월 1일〉을 촬영했으나 그것은 여러 사람과 함께 만든 단편영화이고, 그 내용도 칠레를 배경으로 하는 것이니 결이 다르다고 해야겠지요. 세기가 달라졌지만 변한 것은 거의 없는 우리 보통사람들의 삶에서 켄은 무엇을 보았을까요?

살림살이는 좀 나아졌을까?

 1997년, 영국에서는 노동당이 다시 권력을 잡는 데 성공합니다. 무려 십팔 년 만의 일이었죠. 1994년부터 노동당의 당수로서 당을 이끌던 토니 블레어가 존 메이저의 집권을 끝내고 총리로 취임했습니다. 노동당 정부는 무엇보다도 연평균 3퍼센트 내외의 경제성장을 이루어 개혁적인 정당인 미국 민주당과 독일 사회민주당의 정책에도 영향을 미쳤습니다. 오랫동안 개혁이 요구되었던 귀족 중심의 상원을 이탈리아(상원) 식의 각종 직능단체 대표 중심 체제로 바꾸어 보수적인 정치 풍토도 상당 부분 개혁했습니다.

 노동당은 집권 후 정책의 근본으로 앤서니 기든스(1938~)의 이론인 '제3의 길'을 선택했습니다. 신자유주의와 사회민주주의 이념을 모두 초월하는 실용주의적 중도좌파 노선을 천명한 것입니다. 공적지출감소, 세금 인하, 사회복지 개혁, 노동시장 유연성 강조와 더불어 국영기업의 민영화를 강력하게 추진해나갔어요. 그 결과 영국의 상징이었던 굳건한 사회보장제도에 개혁의 바람이 불었습니다. 정부는 각종 복지 수당을 줄이는 대신 일자리 창출에 주력했습니다. 덕분에 일부 지역경제가 활력을 되찾고 실업률이 낮아졌다는 긍정적인 평가도 나왔지만, 사회구조를 '평등이 없는 자유 체제'로 만들었다는 비판의 목소리 또한 거세졌습니다.

한편 블레어는 스코틀랜드와 웨일스 지방의 자치권을 보장하여 수백 년 만에 각각 지방의회를 재구성하고, 오랫동안 전쟁과 테러가 끊이지 않았던 북아일랜드 지방에서 '벨파스트 협정(Belfast Agreement)'을 끌어냈습니다. 벨파스트 협정은 1998년 4월 10일 영국 북아일랜드의 벨파스트에서 영국과 아일랜드(아일랜드 공화국) 사이에 체결된 평화협정으로 이후 아일랜드 공화국은 국민투표를 통해 북아일랜드에 있는 여섯 개 주에 대한 영유권을 포기합니다.

그러나 테러와의 전쟁 이후 2001년 아프가니스탄과 2003년 이라크 침공 당시 영국 군대를 파견하는 등 친미적인 정책을 펼쳐 국내외로부터 비판을 받았지요. 보수당마저도 반대했던 이라크 파병 등의 이유로 블레어는 미국에 너무 끌려다닌다고 비난받으며 '부시의 푸들(Bush's Poodle)'이라는 혹평을 얻기도 했습니다. 이때 블레어 비판에 앞장선 사람이 바로 영화감독 켄입니다.

노동당은 2005년 총선에서도 승리하고 블레어가 총리를 연임했으나, 이후 그는 총리 취임 십 년 만인 2007년에 사임합니다. 후임자로는 재무부장관이자 이라크 전쟁에 회의적이었던 대중정치인 고든 브라운(1951~)이 지명되었어요. 블레어와 고든 브라운은 흔히 노동당을 영국 정치의 중심으로 이끌었다고 평가받지만, 노동당의 고전적인 국유화 사업을 시장경제로 전환한 탓에 '신노동당(New Labour)'이라 불리기도 합니다. 그러나 켄을 비롯하여 사회주의를 지향하는 진보파들은 신노동당이 영국 노동당의 기본 이념을 배반하고 소득 분배 등 전통적인 노동계의 관심에서 벗어나 너무 우(右)편향되었다고 비판했습니다.

현재 한국에도 마찬가지 논의가 있습니다. 촛불정신에 힘입어 성립된 문재인 정부가 촛불의 의미를 살리지 못하고 있다는 비판인데요. 가령 빈부격차의 양극화는 더욱 심화하여 소득분배 지표가 십 년 만에 최악으로 집계되었습니다. 소위 친(親)부자 정책을 밀고 나갔던 이명박 정부와 박근혜 정부 시절에는 오히려 최하위 계층의 소득 증가율이 최상위 계층보다 높고, 친서민이라는 노무현 정부와 문재인 정부에는 최하위 계층의 소득 증가율이 최상위 계층의 증가율에 못 미치고 있습니다. 최근 문제가 된 집값 폭등도 마찬가지로 보수정권 시절보다 진보정권 시절에 더욱 심각한 양상을 보였습니다. 그 결과 빈익빈 부익부라는 양극화 문제가 보수정권보다 진보정권 시에 더 심각하다는 점이 비판되고 있습니다.

노무현 정권을 몰락시킨 주요 원인이 경제문제였던 것처럼 문재인 정권의 가장 취약한 점도 경제문제임이 틀림없어 보입니다. 또한, 문재인 정부는 박근혜 정부의 인사를 비판하며 그 근거로 위장전입, 논문표절, 세금탈루, 병역면탈, 부동산투기를 들면서 "이 중 하나라도 위반할 땐 고위공직자로 등용하지 않겠다."고 약속했으나 인사청문회 대상의 대부분이 그 원칙에 어긋났지요. 미세먼지 감축 노력을 위한 조치들이 제대로 지켜지지 않았으며, 탈원전도 퇴보상태에 있는 등 전반적으로 진보적인 색채가 상당히 옅어지고 있는 것이 사실입니다.

이처럼 누적되는 실패의 경험은 자본주의 국가에서 하는 정당정치가 얼마나 허울뿐인가를 제대로 보여주는 예입니다. 의회 내에서의 힘을 강조하면서 체제에 안주하다 보면 무늬만 다른 제도권 권력이 되기 마련 아닐까요?

따라서 시민 모두의 자유와 평등을 위해 일하는 정당이란, 그런 정당들이 모여 본연의 목소리를 내면서 일하는 정부란, 안타깝게도 애당초 성립 불가능한 것인지도 모릅니다.

모두에게 모든 것을, 우리 자신에겐 아무것도

멕시코인들이 미국으로 이주한 시기는 멕시코 전쟁(1846~1848) 이후입니다. 멕시코는 1821년 스페인에서 독립했지만 1836년 텍사스 혁명으로 미국과 갈등이 생겼는데요. 그 결과 전쟁이 발발했고, 전후(戰後) 멕시코는 뉴멕시코, 유타, 네바다, 애리조나, 캘리포니아, 텍사스 등의 영토를 미국에 양도하게 됩니다. 그 후 멕시코인들은 미국 남서부에 거주하면서 이 지역의 철도 건설, 광산업과 농업 개발 등에 주된 노동력을 제공합니다.

한편 멕시코 내부에서는 1876년부터 1910년까지 독재를 일삼은 포르피리오 디아스(1830~1915)에 대항하는 멕시코혁명이 발발했습니다. 혁명은 1911년부터 1920년까지 이어졌는데, 이를 소재로 〈혁명아 사파타〉(Viva Zapata, 1952)

라는 영화도 제작되었어요. 20세기 최초의 사회혁명인 멕시코혁명의 영웅 에밀리아노 사파타(1879~1919)의 파란만장한 일생을 그린 영화로 농민 출신 사파타가 농민들을 이끌고 멕시코혁명을 승리로 이끌어 대통령이 되지만 결국 살해되는 내용을 담았습니다.

혁명 당시 멕시코 땅의 4분의 3은 로마 가톨릭교회의 소유였습니다. 멕시코의 올리버 크롬웰(1599~1658)로 불린 베니토 후아레스(1806~1872) 대통령은 새 헌법을 만들어 예수회를 추방하고 가톨릭교회의 재산을 몰수했습니다. 하지만 후아레스는 앙심을 품은 예수회에 암살당했고, 이후 쿠데타로 집권한 디아스는 몰수했던 가톨릭교회의 땅을 돌려주었습니다. 나아가 대지주들의 이익을 대변하는 데 앞장섭니다. 그는 멕시코의 최고 실권자로서 모든 민중운동을 탄압한 사람으로 악명이 높은데요, 흔히 그 시기를 '포르피리아토(Porfiriato)'라고 부릅니다. 그러나 보수주의자와 가톨릭교회의 지지를 등에 업은 삼십 년간의 독재는 농민들이 무기를 들면서 무너져요. 농민궐기는 곧 멕시코혁명으로 이어졌고, 디아스는 결국 망명합니다.

멕시코혁명과 1·2차 세계대전을 겪으면서 멕시코인들

의 미국 이민에 속도가 붙습니다. 1970년대 이전까지는 주로 유럽인들의 미국 이주가 활발했지만, 그즈음부터 아시아와 라틴아메리카 사람들이 대거 이주했는데요. 그중 멕시코 이주민이 가장 많았습니다. 특히 1980년대는 멕시코가 높은 실업률과 경기침체로 고통을 받던 시기였기에 취업기회가 상대적으로 많았던 미국으로 이민자가 몰릴 수밖에 없었습니다. 현재 미국에는 이천만 명 이상의 멕시코인들이 거주하고 있는데, 그중 오백만 명이 불법 이민자로서 미국 내 전체 불법 이민자 중 절반을 차지하고 있습니다. 멕시코 이주민을 포함한 히스패닉들은 여전히 실업과 빈곤, 노동 착취 및 공공서비스 배제, 외국인 혐오 등을 포함한 인종차별과 문화적 모욕에 시달리며 살아가는 중입니다.

멕시코의 농민 운동 지도자 에밀리아노 사파타의 정신은 북미자유무역협정(NAFTA)이 발효한 1994년 1월 1일, 멕시코 치아파스에서 무장봉기를 일으킨 사파티스타 민족해방군(EZLN)으로 부활합니다. 사파티스타는 1980년대 초 빈곤과 사회적 불평등이 심화하자 이에 맞선 사회운동으로 시작되었는데요. 그 뒤로 원주민의 권리 회복과 지역 자치, 여성의 정치 참여, 환경 보존과 평화 구현을 강조하는 색다른 유형의 저항운동으로 발전했습니다.

사파티스타 이념은 마야의 전통 의식에 무정부주의, 자유지상주의적 사회주의, 마르크스주의 요소를 결합하여 공고해졌는데요, 이는 멕시코에 오랫동안 존재해온 자유연합주의의 역사를 계승한 것입니다. 상호부조의 개념을 핵심으로 하는 "모두에게 모든 것을, 우리 자신에겐 아무것도!(Para todos todo, para nosotros nada)"라는 표어가 이들의 정신을 잘 말해주지요. 1994년 1월 8일 라칸돈 정글의 첫 번째 선언에서 사파티스타는 멕시코 인민과 정부, 세계에 자신들의 혁명법을 제시했는데, 그중 '여성 혁명법'은 21세기를 살아가는 우리에게 감탄과 감동을 불러일으킵니다. 그 내용을 살펴볼까요?

여성은 인종, 신앙, 피부색, 정치적 성향에 상관없이 자신의 의지와 역량에 따라 혁명 투쟁에 참여할 수 있다.
여성은 일하고 정당한 임금을 받을 권리가 있다.
여성은 자신이 낳아 키우려는 자녀의 수를 결정할 권리가 있다.

여성은 공동체의 일에 참여하고 자유롭고 민주적으로 공직을 맡을 권리가 있다.

여성과 그 자녀는 의료와 영양 공급에서 최우선 대우를 받을 권리가 있다.

여성은 교육의 권리가 있다.

여성은 자유롭게 배우자를 선택하고 결혼할 권리가 있다.

여성은 친척이나 다른 이로부터 폭력에 희생당하지 않을 권리가 있다.

사파티스타의 최종 목표는 기존의 게릴라 운동과 달랐습니다. 그들이 진정으로 원했던 것은 권력을 장악하는 게 아니라 사회를 변화시키는 것이었어요. 사파티스타는 또한 신자유주의 확산에 맞서 인터넷을 통해 전 세계의 차별받는 약자들—원주민, 농민, 노인, 여성, 장애인, 실직자, 이주민 등—의 연대를 모색하며 새로운 방식의 활동을 전개했습니다. 이러한 일련의 투쟁들은 시대는 다르지만 '보다 평등하고 자유로운 사회'를 추구했던 사파타의 정신을 이어받아 새로운 사회 변혁 운동으로 발전했습니다.

언니는 매일 16시간씩 일해, 형부 병원비를 내려고

켄이 2000년에 만든 〈빵과 장미〉(Bread and Roses)에서 '빵'은 생존권, '장미'는 인간으로서 의당 누려야 하는 여유와 풍요를 의미합니다. 이 영화에서 켄은 "우리는 빵뿐만이 아니라 장미도 원한다."고 외쳤는데요. '빵과 장미'라는 구호는 1912년 매사추세츠 로렌스에서 대부분이 여성인 이주 노동자들이 저임금에 저항하며 투쟁할 때 최초로 등장한 표현입니다.

매사추세츠 로렌스는 직물산업 도시로 각국에서 이민 온 사람들로 북적였습니다. 삼만이천 명의 여성 노동자와 남성 노동자들이 중노동에 시달렸는데, 그 가운데엔 열네 살 미만의 아동도 있었다고 합니다. 그런데 이 가혹한 상황에서 1912년 1월, 매사추세츠주 정부가 노동 시간을 단축하는 노동 개혁 등록법을 제정한 것입니다. 문제는 이 개정법에 줄어든 두 시간(주 56시간에서 주 54시간으로)의 임금을 보호하는 내용이 없었다는 점입니다.

새 법은 곧바로 임금 삭감에 악용되지요. '빵과 장미' 파업은 그 결과 불거진 투쟁입니다. 이때 사회주의자이자 여성주의자이며 노동조합의 지도자였던 로즈 슈나이더만 (1882~1972)은 "노동자는 반드시 빵을 가져야 한다. 그러나 장미도 반드시 가져야 한다."라는 유명한 연설을 합니다. 제임스 오펜하임은 이러한 여성 노동자들의 투쟁과 죽음을 기리며 1911년 12월 「빵과 장미Bread and Roses」*라는 시를 발표했는데요, 훗날 미국의 가수이자 인권운동가이며 반전운동가인 존 바에즈(1941~)는 이 시를 노래로 만들었습니다.

영화는 멕시코와 미국의 국경지대 숲에 숨어 미국으로 불법 이주하려는 사람들이 작은 버스를 타고 아슬아슬하게 국경을 넘는 장면으로 시작합니다. 몇 년 전 트럼프가 국경에 장벽을 쌓았기 때문에 인제는 더 이상 볼 수 없는

---

* 환한 아름다운 대낮에 행진하고, 행진하면서 / 셀 수 없이 많은 컴컴한 부엌과 잿빛 공장 다락이 / 갑자기 드러난 햇빛을 받네. / 사람들이 우리가 노래하는 / "빵과 장미, 빵과 장미"를 들었기 때문에. / 우리는 행진하고 행진하면서 남자들을 위해서도 싸우네. / 그들은 여성의 자식이고, 우리가 또 그들의 엄마이기 때문에. / 태어나서 죽을 때까지 우리는 / 착취당하지 않아야 하지만 마음과 몸 모두 굶주리네. / 우리에게 빵을 달라, 장미를 달라. / 우리가 행진하고 행진하면서, 셀 수 없이 많은 여성이 죽었네. / 빵을 달라는 아주 오래된 그들의 노래를 / 우리의 노래로 부르며 외치네. / 틀에 박힌 고된 노동을 하는 그들의 영혼은 / 작은 예술과 사랑과 아름다움을 알았지. / 그래, 우리는 빵을 위해 싸운다. / 그러나 우리는 장미를 위해서도 싸우네. / 우리가 행진하고 행진하면서, 위대한 날들이 오리라. / 여성이 봉기한다는 것은 인류가 봉기한다는 것. / 더는 틀에 박힌 고된 노동과 게으름, 한 명의 안락을 위한 열 명의 혹사는 없지. / 삶의 영광을 함께 누리자. 빵과 장미, 빵과 장미.

장면이겠군요.

멕시코에서 미국 로스앤젤레스로 밀입국해 들어온 마야는 언니 로사 집에 살면서 술집에서 일합니다. 그녀는 언니에게 "나도 언니가 일하는 청소 용역회사에서 일하고 싶다."면서 취직시켜 달라고 졸라요. 처음에는 동생의 요청을 거절했지만 로사는 우여곡절 끝에 마야를 자신이 일하는 곳에 취직시킵니다. 마야는 일을 하면서 인간 취급을 받지 못하는 청소부들의 신세를 한탄하는데요. 동료 루벤은 "우리가 유니폼을 입는 건 다른 사람들에게 보이지 않는 사람으로 존재하기 위해서야."라고 뼈 아픈 말을 건넵니다.

마야가 취직한 지 석 달쯤 지났을 무렵 전국서비스노동조합(SEIU; The Service Employees International Union)에 속한 노동운동가 샘이 엔젤 사의 청소부 명단을 훔치러 들어왔다가 경비원에게 쫓기게 되고, 그 모습을 본 마야는 샘을 대형 쓰레기통 안에 숨겨주면서 두 사람의 인연이 시작됩니다. 그다음 날 샘은 마야와 로사 식구의 집에 찾아와 청소부들이 단결해 싸워야 한다고 선동해요. 그러면서 17년 전인 1982년에도 시급이 8.5달러였고 의료보험과 병가, 휴가까지 쓸 수 있었는데, 1999년인 현재 보험 하나 없이 시급

5.75달러를 받는 게 말이 되냐면서 강도 같은 놈들이 미국의 최빈곤층으로부터 수천억 원을 가로챘다고 성토합니다. 이어 그는 "누구도 '장미'를 거저 주지 않습니다. 절대로 거저 주지 않아요. 그럼 어떻게 해야 '장미'를 얻을까요? 비굴함을 떨치고 우리가 뭉쳐야 합니다. 함께 힘을 합쳐서 거대 기업에 맞서야죠."라고 주장합니다. 언니 로사는 "나 역시 최선을 다해 살고 있다."고 대답하지만 샘은 "이대로는 안 된다. 함께 이 상황을 벗어나보자."고 설득을 멈추지 않습니다. 그러자 마침내 로사가 폭발합니다.

> 로사: 함께? 함께라구? 청소부 일을 해본 적이나 있어? 대학 나와서 말빨이나 세우는 노조 나부랭이 백인 놈들. 니들이 뭘 알아?
> 샘: 이 운동은 달라요.
> 로사: 다시는 '함께'란 말 입에 올리지 마. 아무도 안 믿어. 아무도! 아무것도! 내 손만 믿을 뿐이야!

로사는 남편이 당뇨병으로 고생하는데도 보험 혜택 한 푼을 받지 못했고, 동생 마야를 취직시키느라 중간관리자에게 성상납까지 한 처지입니다. 그런데도 노조를 만들자는 권유는 거부해요. 풍요의 상징인 미국, 그중에서도 최고 소득을 올리는 변호사와 투자자들이 모여 있는 LA의 고층건물에는 이들과 정반대의 삶을 이어가는 청소노동자들이 있습니다. 대다수가 남미 밀입국자인 이들의 노동조건은 열악하다 못해 끔찍해요. 노조결성은 언감생심입니다. 출근이 조금 늦었다고 그 자리에서 해고당하고, 동료를 밀고하도록 꼬드겼는데 거절하면 괘씸하다면서 또 잘라버립니다. 이런 터에 노조라니, 대체 왜…….

그러나 샘은 기어이 회사까지 찾아와 노동자들과 함께 노조구성을 두고 찬반토론을 벌입니다. 이 사실을 알게 된 관리자 페레즈는 "잘 들어. 노조에 가입하기만 해봐. 봉급 20퍼센트 당장 까버릴 테니까. 어디, 노조 한번 만들어보라구. 서류로 남겨주지. 그럼 정식 이민은 물 건너가는 거야. 노조에 가입하기만 해봐. 인생 살기 힘들게 해줄 테니. 한마디만 더 하지. 노조 놈들하고 얘기하다 걸리기만 해봐. 경비랑 감시카메라 쫙 깔렸어. 걸리면 그 자리에서 잘라버릴 거야."라고 협박합니다. 페레즈는 베르타에게 감독관 자리를 주겠다면서 유혹하지만, 베르타가 이를 거부하자 즉

각 해고합니다.

이 모든 광경을 지켜본 마야는 마침내 샘을 찾아가고, 마침내 노동자들은 노조를 결성합니다. 방해하는 페레즈에게 노조결성은 법적인 권리라고 주장하면서 노조의 야간집회에도 참석하지요. 이 집회에 뜻을 같이하는 학생들이 참여해서 기운을 북돋아주자 노동자들은 "우리의 힘은 (당신들의) 생각보다 크다."라고 외칩니다. 샘은 회사 관리직을 찾아가 청소부들의 임금 지급에 문제가 있다고 지적합니다.

노조결성을 자축하는 노동자들의 파티가 열린 날, 베르타의 남편이 쓰러집니다. 한편 마야는 그녀를 좋아하는 루벤과 갈등을 겪습니다.

루벤: (샘을 좋아하기 때문에 노동운동을) 하는 거잖아? 안 그래?

마야: 테레사가 해고됐을 때 네가 했던 말 기억나? '저게 우리 엄마일 수도 있다.' 그래서 (노동운동을) 하는 거야. 우리 언니는 매일 열여섯 시간씩 일해. 줄곧 그래왔지. 형부 병원비를 내려고. 의료보험이 전혀 안 되니까. 남들 다 받는

혜택인데. 세계 최고 부자나라에서. 일자리 좀 주선해달라고 페레즈한테도 돈을 줬다고. 두 달 치나 빼앗겼다구. 난 그래서 (노동운동을) 하는 거야.

더는 중요한 것을 잃지 않겠다고 선언한 마야를 중심으로 청소부들은 변호사 사무실 합병 축하 파티장에 난입하여 한판 시위를 벌입니다(이때 베니치오 델 토로, 팀 로스 같은 스타들이 파티장의 내빈으로 깜짝 등장하여 예상 밖의 재미를 선사한다). 이 일로 말미암아 노동자들은 어이없게 해고당하고, 밀고자는 놀랍게도 베르타임이 밝혀져요.

우여곡절 끝에 청소부들은 마침내 임금인상을 쟁취하지만, 마야는 친구에게 등록금을 마련해주기 위해 도둑질을 하게 되고, 밀입국한 사실마저 발각되어 멕시코로 추방됩니다. 하지만 마야는 이제 예전의 마야가 아닙니다. 자존감을 찾았고 살아갈 명분을 확실하게 얻었습니다. 자존감을 지키며 명분을 잃지 않고 살아가는 것, 켄이 말하는 희망은 그러나 '여기까지'입니다.

장미의 이름으로

청소노동자들이 샘의 도움 속에 성과를 얻어내는 모습을 그린 〈빵과 장미〉의 성공에는 켄과 단짝인 폴 래버티의 공이 컸습니다. 그가 육 년 동안 실제 LA 청소부들의 운동에 동참하며 애쓴 덕에 영화는 현실성을 잃지 않은 작품으로 거듭날 수 있었어요. 〈빵과 장미〉의 인물들이 남미 특유의 낙천성을 뽐내고 또 거기서 비롯된 힘에 집중했던 것도 모두 그 덕분입니다. 시위하다 체포되어 끌려간 경찰서에서 이들은 에밀리아노 사파타, 판초 비야 주니어 등 남미 혁명지도자들의 이름을 읊조리며 깔깔거리는데, 이 영화에서는 로맨스와 유머가 중요한 장치로 기능합니다.

우리가 한 가지 주목해야 할 것은 켄의 영화에 등장하는 노동자들이 능동적이고 적극적인 주체라는 점인데요, 이는 노동자를 바라보는 켄의 시선이 따뜻하고 낙관적인 탓일 겁니다. 그리고 바로 이 점이야말로 켄의 모든 영화가 갖는 가장 큰 매력이죠. 실제로 〈빵과 장미〉의 촬영이 끝난 지 얼마 안 되어 LA의 청소노동자들이 거리 시위에 나섰고, 이로써 삼 년간 25퍼센트의 임금인상을 끌어냈다고 합니다. 곧이어 LA의 호텔노동자들도 단결해 같은 성과를 얻었고요. 이 영화에 출연했던 실제 청소부이자 노조 간부인 마이론 파예스는 "영화가 내 삶을 변화시켰다."라고 고백했습니다.

1912년 매사추세츠 로렌스 투쟁에 등장했던 '빵과 장미'의 정신이 2000년 미국 LA 청소노동자의 투쟁으로 이어졌듯이 노동운동에서 장미가 상징하는 바는 매우 각별합니다. 연원은 1886년으로 거슬러 올라가요.

미국 일리노이주 시카고시의 헤이마켓 광장에서 노동 시위가 벌어집니다. 원래 이 시위는 그 전날 경찰에게 살해당한 노동자들을 추모하고 여덟 시간 노동제를 요구하는 평화행진으로 시작되었습니다. 그런데 경찰이 시위대 해산을 시도하는 와중에 누군가 다이너마이트를 경찰 쪽으로 던지는 바람에 폭발과 뒤이은 발포로 경찰 일곱 명과 민간인 네 명 이상이 사망합니다. 다친 사람도 많이 생겼고요. 이에 시위는 폭력 사태로 격화되었습니다. 사건 이후 사람들은 헤이마켓 시위로 사형당한 노동운동가들에 대한 연대의 표시로 가슴에 장미를 달기 시작했고, 그 뒤부터 장미가 노동자와 진보를 상징하는 꽃이 되었습니다.

1912년의 투쟁 이후 99년이 흐른 지난 2011년 3월 8일에는 대한민국에서 청소·경비 노동자들의 파업이 일어났습니다. 고려대·연세대·이화여대에서 일하는 팔백육십여 명의 관련 노동자들이 "우리에게 '용돈'이 아니라 '임금'을 달라."*고 외치며 하루 파업을 선언했습니다. 이어 삼 년 뒤인 2014년 3월 3일에는 서울 소재 대학에서 청소·경비·주차 일을 하는 노동자들이 임금인상을 요구하며 하루 총파업을 벌였습니다. 이들은 "노동인권의 기본인 생활 임금을 보장하라."고 촉구했는데, 이 파업에는 고려대, 고려대 안암병원, 경희대, 연세대, 연세재단빌딩, 이화여대, 서강대, 홍익대, 카이스트, 한국예술종합학교, 광운대, 인덕대, 동덕여대, 덕성여대 등 열네 개 사업장이 참여했습니다. 그러나 2011년의 파업과 마찬가지로 용역업체와 노동자 간의 갈등이 쉽사리 마무리되지 않았으며 학교 측에서는 직접 총대를 메지 않고 눈치만 보았어요. 물론 청소노동자들의 생존권 요구 파업이 대한민국만의 전유물은 아닙니다. 같은 해인 2014년 3월 4~5일 영국 런던의 소아스(SOAS)대학에서

---

* 2011년 파업 당시 연세대학교 청소노동자들은 새벽 5시부터 오후 4시까지 일하고 한 달에 86만 원가량을 받았다.

도 청소노동자들이 "원청인 대학이 직접 고용하라." "생활임금을 보장하라."고 외치며 파업*에 돌입했지요. 그뿐인가요? 2020년을 강타한 코로나19 팬데믹 사태와 더불어 한국에서는 고된 일에 시달린 택배노동자들이 목숨을 잃었고, 위험도가 높은 산업현장에서 일하던 사람들이 안전사고로 목숨을 내놓아야 했습니다.

지금 이 시각에도 누군가에겐 '빵과 장미'가 절체절명의 문제로 다가올 수 있습니다. 아니, 어쩌면 앞으로의 우리 모두에게 '빵과 장미'가 중요해질 수도 있습니다. 지금 이 자리에서 인간의 오만과 독선을 멈추고, 배려와 연대를 도모하지 않는 한 말입니다. 우리 인류는 언제쯤 따뜻한 '빵'과 싱싱한 '장미'를 웃으며 나누게 될까요?

노동자여, 연대하라!

〈네비게이터〉(The Navigators, 2001)는 롭 도버의 각본을

---

* https://www.pressian.com/pages/articles/115363?no=115363#0DKU

바탕으로 켄 로치가 감독한 영화입니다. 1995년 영국 철도청이 민영화하자 철도청 소속의 요크셔 노동자들은 이스트 미들랜즈 인프라 사(社)의 직원이 되는데요, 〈네비게이터〉는 그 과정에서 벌어지는 일들을 담았습니다. 시나리오를 쓴 롭 도버는 민영화 당시 실제로 정리해고되었던 당사자였다고 해요. 그는 노동자로 일하던 중 장기간 석면에 노출됨으로써 얻은 병 때문에 영화가 개봉되기 직전 사망합니다. 철도노동자에 의한 철도노동자의 삶이 생생하게 살아 있는 이 작품을 켄은 한 편의 가슴 아픈 블랙코미디로 만들었습니다.

1993년 1월 19일 영국 보수당은 철도 민영화법을 제정하여 1995년부터 민영화를 추진했습니다. 그 결과 영국의 국영 철도는 백여 개의 기업으로 분할 매각되었어요. 이때 철도노동자의 수가 엄청나게 감원*되고, 이들 모두가 하도급업체 노동자로 전락합니다. 사회 발전의 틀을 합리적 실용주의에서 찾기로 작정한 영국 정부는 복지제도를 '병'으로 폄훼하면서 앞날이 빤히 예견되는 일련의 정책들을 '발

---

* 15만9천 명(1992년)에서 9만2천 명(1995년)으로 그 수가 대폭 줄어들었다.

전과 효율'이라는 명목으로 펼쳐나가지만, 그 구호가 내포하는 게 '이윤'이라는 사실을 모르는 사람은 없습니다. 이 과정에서 노동자들은 상징적인 사망 선고를 받게 되는데 철도 민영화도 그중 하나의 사례입니다.

영화 〈네비게이터〉에 등장하는 존, 폴, 믹, 게리, 렌 등 다섯 명의 철도노동자들은 바로 이 상황에 놓인 친구이자 동료들입니다. 회사는 분리 경영을 감행하면서 정규직을 두어 정기적인 급여를 주는 대신 일이 생길 때 사람을 부르고 일한 만큼 급료를 주는 특별 부서를 만들어요. 요즘 말로 '단기 비정규직'을 고용하려는 속셈입니다. 그런데 이 부서에 온 노동자들은 자신이 회사에 남는 게 유익할지 성과급 중심의 고용 체제를 수용한 다른 회사로 옮기는 게 신상에 이로울지를 두고 고민이 많습니다. 생활인으로서 지니는 당연한 갈등인데, 켄은 변화한 노동 여건 앞에서 어찌해야 좋을지 몰라 쩔쩔매는 사람들의 애환을 유머러스하게 다룹니다. 이로써 그들을 벼랑 끝으로 내모는 이기적인 정부와 기업의 검은 속셈, 그리고 불안정한 고용 상황 앞에서 흔들리는 노동자들의 삶을 가슴 아프게 각인시키지요.

존, 폴, 믹, 게리, 렌은 감독으로부터 자신들이 몸담은 회사가 다른 경쟁사들과 치열하게 싸우는 중임을 전해 듣습니다. 그 와중에 보수작업을 하던 노동자가 경쟁사 중 한 곳에 들어가는 바람에 나머지 사람들이 일을 끝낼 수 없는 상황에 놓이게 됩니다. 새로 부임한 전무 헤밍스는 시대가 변한 만큼 노동 현장과 문화가 바뀔 것이며, 준비된 사람들에게는 새로운 기회가 생기지만 그렇지 않은 사람들은 평생직업의 시대가 끝났다는 것을 뼈저리게 절감하게 될 거라고 엄포를 놓습니다.

영화 후반부는 이윤만 따지는 자본의 논리가 얼마나 위험한지 주목합니다. 안전 규정이 무시된 작업 지시, 기준을 충족시키지 못하는 낡은 장비, 부족한 작업 인원, 열차 감시자도 없이 일해야 하는 위험한 현장……. 그러나 이윤에 눈이 먼 자본은 개개의 인간을 황폐하게 만들 뿐입니다. 무너진 폐광처럼, 더는 사용되지 않는 철도처럼 말이에요.

잠시 생각을 돌려봅시다. 철도 민영화를 둘러싼 노동자들의 아픔이 비단 영국만의 일이었을까요? 대한민국에서는 2014년 5월, 서른한 살의 철도노동자가 열차 연결고리 사이에 끼어 사망하는 사고가 발생했습니다. 열악한 노동조건과 무리한 인력 감축에 따른 '예정된' 사고였어요. 노조는 "작업 계획서상 열차 입환 작업은 세 명이 하게끔 되어 있다. 숨진 A씨와 동료 말고도 '열차 감시자 한 명'이 더 있어야 하는 상황이었다."라고 설명했습니다. 〈내비게이터〉에 나왔던 스크린 속의 장면이 십여 년 세월이 흐른 뒤 한국의 현실에서 재연된 것입니다. 그로부터 이 년 뒤인 2016년 5월, 서울 지하철 2호선 구의역 내선순환 승차장에서 안전문을 혼자 수리하던 외주업체 직원 B씨가 출발하는 전동열차에 치여 사망했습니다. 안전 수칙에 따르면 안전문 수리 작업은 두 사람이 한 조가 되어 진행하도록 되어 있지만, B씨는 사고 당시 혼자 작업하고 있었습니다.

2020년 11월 3일은 "근로기준법을 준수하라!" "우리는 기계가 아니다!" "노동자들을 혹사하지 말라!"고 외치며 산화한 전태일 열사의 오십 주기였습니다. 그러나 여전히 노동자들은 일회용 소모품에 불과하다고 해도 과언이 아니지요. 노동자들 역시 스스로 패배주의에서 벗어나지 못하고 있습니다. 노동자라는 자기정체성에 대한 확고한 인식이 없기에 함께 연대하여 투쟁하는 노동조합을 만들고자 하는 의식도 여전히 약합니다. 사실 노동조합 조직률은

10퍼센트 내외에 그치고 있어서, 노동자이자 노동조합원이라는 의식은 열 명의 노동자 중 한 명만 가지고 있는 셈인데요. 물론 이런 현상을 초래한 가장 큰 원인은 사용자의 압력과 사회의 소극적인 분위기에 있습니다. 그렇다면 노동하는 우리 자신에게는 문제가 없을까요? 혹시 노동자임을 부끄러워하면서 상류층을 부러워하는 그런 마음을 가진 것은 아닐까요, '돈이면 다 된다.'는 현대판 정언명령에 굴복한 것은 아닐까요?

식스틴, 전혀 달콤하지 않은

켄의 2002년 작품인 〈스위트 식스틴〉(Sweet Sixteen)은 청소년이 주인공인 드라마입니다. 배경은 한때 선박 제조업으로 명성을 떨쳤지만 현재는 쇠락한 스코틀랜드 글래스고 변두리의 그리녹. 십오 세 소년 리엄은 미혼모인 누나와 조카, 그리고 자신의 열여섯 번째 생일에 출소할 예정인 엄마를 위해 돈을 마련하고자 동분서주합니다(리엄의 엄마는 마약 딜러인 남자친구 때문에 감옥살이 중이다). 리엄의 꿈은

'남들처럼' 가족이랑 평범하게 사는 것인데요, 그에겐 이 꿈마저 너무 큰 것으로 보입니다. 그를 가로막는 것들이 너무나 많은 탓이지요. 이 어린 소년이 그토록 이루고 싶어 하는 가정이란 무엇인지, 그들이 고통받는 현실이 정말 개인의 무능함이나 열등함 탓인지, 개개인의 삶이란 사회구조나 정책과 아무런 상관이 없는 것인지……. 켄은 이제 막 열여섯 살이 되는 소년 리엄을 통해 이렇게 질문합니다.

영화는 두 소년이 가게에 있는 손님들에게 싸구려 담배를 파는 모습을 보여주면서 시작합니다. 리엄과 친구들은 학교에 다니는 대신 허름한 지역을 돌아다니며 술집에서 불법으로 담배를 팔아 돈을 벌고 있습니다. 리엄의 어머니는 본인이 저지르지도 않은 죄 때문에 옥살이 중이지요. 우습게도 엄마의 남자친구 스탠은 리엄의 할아버지인 랍과 함께 마약 판매상으로 일합니다. 어느 날, 스탠과 랍은 교도소에 있는 리엄의 어머니를 방문한다는 명목으로 아이를 데려가면서 마약 밀반입을 강요하는데요. 리엄이 끝까지 협조를 거부하자 일행은 폭력을 휘두릅니다. 리엄은 구타당하던 끝에 도망치지만, 이 일로 할아버지의 집에서 쫓겨나는 신세가 되지요.

리엄은 글래스고에 있는 누나 샹텔의 집 근처로 이사합니다. 샹텔은 리엄이 칼럼(샹텔의 아들)을 잘 돌봐주면 같이 살게 해주겠다고 약속하면서 "도둑질이니 마약 밀매니 그런 불법적인 일 말고 보다 건설적인 일을 했으면 좋겠다."고 권유합니다. 그렇게 누나와 함께 평범한 일상에 정착하던 중 리엄은 산책하러 갔다가 훔친 캐러밴을 타고 나타난 친구 핀볼과 마주쳐요. 리엄은 멋진 캐러밴을 보고 자신과 누나, 어머니가 스탠과 랍의 횡포에서 벗어나 캐러밴에서 살아가는 모습을 상상합니다. 그러고는 이 꿈을 실현하기 위해 핀볼과 함께 스탠의 집에서 마약을 훔쳐서 팔게 되지요. 가족과 함께 사는 꿈을 이루려고 본인이 그토록 싫어했던 바로 그 일에 손을 댄 것입니다. 이렇게 해서 리엄은 지역의 마약 대부인 더글라스의 눈에 들어 함께 일하게 되는데, 얼마 후 갱단으로부터 핀볼을 처리하라는 명령을 받습니다. 한편 어머니가 출소한 뒤에도 여전히 스탠에게 끌려다니는 것을 알게 된 리엄은 설득 끝에 자신들의 집으로 돌아가게 합니다. 하지만 그 과정에서 스탠을 칼로 찌르고 맙니다. 스탠의 집을 나온 리엄은 정처없이 돌투성이 해변을 걷습니다. 그때 샹텔에게서 전화가 와요. "오늘은 네 열여섯 번째 생일이야. 경찰이 지금 너를 찾고 있지만…… 누나는 여전히 너를 사랑해."라고 말합니다.

이 영화는 55회 칸 영화제에서 각본상을 받았고, 제7회 부산국제영화제에서 오픈 시네마로 상영되었습니다. 제목과 달리 조금도 '스위트'하지 않은 열여섯 청소년의 삶, 외롭고 힘들어도 가족에 대한 사랑의 책무를 놓으려 하지 않는 리엄의 모습을 보면서, 왜 어떤 아이는 일찍 어른이 되어야 하고, 왜 어떤 어른은 죽어도 어른이 되지 못하는지, 묻게 됩니다.

저는 이 영화를 보는 내내 마음이 불편했습니다. 끊임없이 쏟아지는 욕설 때문만은 아니었습니다. 열여섯이면 우리나라에서는 중학교 삼 학년이나 고등학교 일 학년에 해당하는 나이인데요. 그 시절에 공자는 학문에 뜻을 두었다고 했지만, 〈스위트 식스틴〉의 열여섯들은 전혀 그럴 수 없습니다. 물론 켄이 그리는 '열여섯'이 영국의 일반적인 열여섯은 아닐 것입니다. 아마 최하층에서 살아가는 사춘기 소년들이겠지요.

게다가 켄의 영화에 나오는 부모는 대개 무책임한 사람들처럼 보입니다. 글을 쓰는 제 자신이 한국인이라서 그런지도 모릅니다. 그런데, 영국은 물론 서양의 부모들은 한국의 부모들처럼 자녀의 성장, 특히 공부에 대해 그다지 극성스럽지 않아요. 〈스위트 식스틴〉에는 아예 학교나 공부 이야기가 나오지 않습니다. 영국에서는 열여섯 살까지 의무교육을 받도록 규정되어 있지만, 영화 속의 아이들은 그 나이가 되기 전에 이미 학교를 떠난 것 같죠?

영국은 '소년법'을 세계 최초로 제정한 나라입니다. 하지만 이 점을 자랑스럽게 여겨야 하는지는 의문이에요. 소년법이 필요할 만큼 소년범죄가 잦았다는 뜻이기도 하니 말입니다. 영국의 형사 처분 나이는 십 세로서 십사 세인 한국보다 낮습니다. 최근 한국에서도 소년범죄가 증가하는 것을 우려하여 형사 처분 나이를 낮추어야 한다는 여론이 일고 있는데요. 그 근거로 영국의 소년법을 거론하는 모양입니다. 하지만 무조건 따라 할 일은 아니에요. 형사 처분 나이를 낮춘다고 해서 과연 소년범죄가 줄어들까요?

영국의 경우 2018년에 수용시설을 나온 성인의 재범률은 45퍼센트인 데 비해 소년의 재범률은 69퍼센트라고 보고되었습니다. 성장기 소년들은 자신이 처한 환경에 더욱 쉽게 영향을 받고, 수감으로 인한 낙인 효과와 수감생활동안 범죄 조직에 더 쉽게 노출됨으로써 재범 가능성이 오히려 커진다고 합니다. 또한, 소년범죄자 중 50퍼센트가 지역이나 가정에서 버림받아 홀로 생활했고, 30퍼센트가량이 정신 건강에 문제를 보였으며, 60퍼센트 정도는 사회화에 문제가 있었던 것으로 나타났습니다.

영국의 예에서도 알 수 있듯이 소년범의 경우엔 처벌이 능사가 아닙니다. 형사 처분의 연령을 낮추고 형량을 강화하는 것으로 문제를 해결할 수 있다고 생각한다면 대단한 착각이에요. 소년범죄에는 처벌이 아니라 예방이 훨씬 중요합니다. 관계자들이 아이들을 지속해서 돌보면서 관심과 애정을 기울일 수 있는 체제 개선이 시급하다, 라고 꾸준히 목소리를 내는 배경이지요. 즉, 소년범죄에 관한 한 지역과 가정의 배려, 교육과 훈련 제공이 더욱더 중요하다는 뜻입니다.

켄 로치 감독의 영화 〈스위트 식스틴〉은 이 점을 슬프고도 따뜻하게 보여주었습니다. 물론 켄은 이에 더해 사회 구조를 근본적으로 개혁하자고 다시 한번 외칩니다. "최하층에서 소년범죄가 계속 발생하는 악순환을 줄이려면 자본주의의 양극화 체제에 진정한 개혁이 동반되어야 한다."

고 말이에요.

9월 11일의 코인씨던스

켄이 2002년에 만든 〈2001년 9월 11일〉은 전 세계적으로 유명한 감독들이 11분 9초 1프레임으로 만든 열한 편의 영화 중 하나입니다. 이 영화들은 베니스 영화제에서 상영되었는데, 켄의 단편 작품은 비평가들의 상을 받았습니다. 〈2001년 9월 11일〉은 미국에서 쌍둥이 빌딩 공격 사건이 벌어지기 이십팔 년 전인 1973년 9월 11일 화요일에 훨씬 더 끔찍한 인재(人災)가 발생했다는 믿기 어려운 우연을 강조합니다.

1973년 9월 11일 칠레에서 쿠데타(Golpe de Estado Chileno)가 발생합니다. 아우구스토 피노체트 칠레 육군참모총장의 주도로 살바도르 아옌데(1908~1973) 정권을 전복시키려는 군사 쿠데타였는데, 중남미에 사회주의 정권이 존재하는 것을 바라지 않았던 미국은 쿠데타를 지원했습니다. 남미에서 처음으로 선거를 거쳐 합법적으로 당선된 사회주의 정권을 군부가 무력으로 전복시킨 사건이었죠. 이 과정에서 아옌데 대통령은 쿠바의 피델 카스트로(1926~2016)가 선물했다는 AK-47로 자살합니다. 군사 쿠데타 이후 칠레에는 아우구스토 피노체트(1915~2006)를 의장으로 하는 군사평의회가 설치되어 십칠 년 동안 군사독재가 시행되는데, 정치적 이유로 목숨을 잃은 이들이 삼천 명을 웃돌 만큼 칠레 국민은 군사독재 아래 극심한 고통을 받았습니다.

켄이 만든 단편의 내용을 보겠습니다. 1970년대 후반 칠레에서 영국으로 건너온 난민 블라디미르 베가는 2001년 9월 11일 사망한 이들의 '어머니, 아버지, 사랑하는 사람들'에게 위로와 연대의 편지를 써요. 이 편지는 조지 부시가 "자유의 적들이 우리나라에 전쟁 행위를 저질렀다."라고 선언하는 영상과 함께 제공되었는데, 부시의 말과 달리 베가는 현실에서는 1973년에 자유의 적들이 칠레에 전쟁 행위를 저지르고, 살바도르 아옌데를 살해하고, 마거릿 대처의 친구 아우구스토 피노체트 밑에서 군사독재를 세웠다고 지적합니다. 당시 독재정권은 일부 추정치에 따라 최대 삼만 명의 반대자들을 학살했습니다. 아옌데 정부의 문맹 퇴치 운동에 종사했던 베가는 피노체트의 폭력배들에게 체포되어 의식을 잃은 채 구타당한 후 기소나 재판 없이 오 년 동안 수감됩니다. 친구들도 동료들도 자유의 적에 의해 무참히 살해되었습니다.

다정한 입맞춤, 그리곤 영영 이별

켄이 2003년에 만든 영화 〈다정한 입맞춤〉(Ae Fond Kiss)은 스코틀랜드 민중 시인 로버트 번스(1759~1796)*가 1791년에 쓴 「다정한 입맞춤, 그리곤 영영 이별」이라는 시에서 제목을 따온 것입니다. 번스는 우리에게 '올드 랭 사인(Auld Lang Syne)'이라는 곡으로 유명하지요. '멀리 지나간 옛날'이라는 뜻을 가진 이 노래는 주로 한 해의 마지막 날(12월 31일)에 애창되는데, 우리는 그가 가난한 농부의 아들로 태어나 평생 가난하게 살면서 자신과 같은 약자를 착취

---

* 스코틀랜드 출신 영국의 시인. 가난한 농부의 아들로 태어나서 고된 일을 하면서도 틈틈이 시를 읽고 17세 때부터 시를 쓰기 시작했다. 1786년 자메이카 섬으로 이주하는 데 필요한 뱃삯을 벌기 위해 쓴 시 「주로 스코틀랜드 방언에 의한 시집」으로 성공을 거두어 이주할 필요 없이 시작(詩作)에만 열중했다. 그는 또한 혁명사상의 선구자로서 모순에 찬 당시의 사회·교회·문명 일반을 예리한 필치로 비난했고, 스코틀랜드 농부와 시민의 소박한 모습을 나타내는 데 정열을 쏟았다.

하는 강자에 대한 증오로 살았음을 잘 알지 못합니다. 그의 시 「다정한 입맞춤, 그리곤 영영 이별」을 읽어볼까요?

> 다정한 입맞춤, 그리곤 영영 이별!
> 작별 인사, 그리곤 영영 이별!
> 가슴 찢는 눈물로 맹세하리
> 한숨과 탄식을 약속하리,
> 별빛같이 먼 희망 남아 있다면
> 그 누가 운명더러 괴롭힌다고 하리,
> 내게는 한 가닥 불빛도 없이
> 천지는 칠흑 같은 절망뿐이네.
> 그녀에게 쏠린 마음 탓하지 않으리
> 낸시를 마다할 자 천하에 없지,
> 그녀를 보면 금방 사랑하게 되니.
> 그녀만이 영원한 사랑.
> 우리 살뜰히 사랑하지 않았던들
> 맹목으로 사랑하지 않았던들
> 가슴을 에는 이 고통 겪지 않으련만.
> 안녕, 내 첫사랑, 곱디고운 사람아!

안녕, 더 없이 사랑스런 사람아!

모든 기쁨, 모든 보배가 그대에게 있으라.

평화, 즐거움, 사랑과 즐거움도!

정 깊은 입맞춤, 그리고 영영 이별!

작별 인사, 그리곤 영영 이별

가슴 찢는 눈물로 맹세하리,

한숨과 탄식을 약속하리.

글래스고를 배경으로 한 이 영화는 스코틀랜드로 이주한 파키스탄 이슬람교도 이민자인 칸 가족의 이야기입니다. 앞서 〈스위트 식스틴〉이 '아직 어린' 청소년의 가족애와 개인과 사회의 관계를 지극히 '사적(私的)'으로 질문한 영화였다면 〈다정한 입맞춤〉은 개인과 가족, 그들을 둘러싼 공동체와 그 공동체가 속한 사회 사이에 조성되는 갈등과 무언의 폭력, 권위와 권력을 다룬 이야기예요. 한 개인의 삶이 가족과 공동체라는 (따지고 보면) 무형의 권력에 의해 어떻게 굴절되는지를 가슴 아프게 드러낸 영화이기도 합니다.

주인공 카심은 부모의 주선으로 사촌 자스민과 결혼

을 앞두고 있습니다. 어느 날 그는 여동생 타하라를 마중 나갔다가 우연히 음악선생 로이신을 만나게 되어 첫눈에 반합니다. 로이신은 '유럽의 흑인'으로 차별받는 아일랜드 출신이어서 타하라와 카심을 친절하게 대합니다. 비정규직 음악교사인 로이신은 곧 정규직으로 전환될 예정이었지만, 교구의 비이성적인 신부 때문에 일이 꼬입니다. 여행사의 광고에 매혹된 로이신은 카심과 짧은 휴가를 예약하고, 두 사람은 휴가 중에 결혼 문제를 상의합니다. 공동체의 지원 없이도 견딜 수 있을 만큼 사랑이 굳건한 것인지, 독립적으로 살아갈 수 있는지 결정해야 하는 순간에 직면했기 때문이지요.

반항적인 타하라는 친구들과 파키스탄 친척들의 괴롭힘 사이에서 자신을 찾기 위해 고군분투합니다. 별거 중이지만 결혼한 여성이었던 로이신은 가톨릭 학교의 억압적인 방침에 따라 직장을 잃게 됩니다. 이후 로이신은 다른 학교로 옮겨가고, 카심은 가족에게 맞서며 자신의 선택을 존중해달라고 애원합니다. 한편 타하라는 부모의 뜻에 반기를 들고서 에든버러 대학으로 떠납니다.

〈다정한 입맞춤〉은 1960년대 이후 노동력 확충을 위해 유럽에서 이슬람교도를 본격적으로 이주시킨 뒤의 현실을 가감 없이 보여준 영화입니다. 이는 독일에 터키 이주민이 대거 유입되고, 한국에 동남아시아 사람들이 들어오는 상황과 매우 비슷한데요. 영국도 독일도 '소위 3D업종'에 종사할 노동력이 부족했기에 외국인을 받아들이고선 대놓고 차별을 일삼는 야만을 저질렀습니다. 한국도 이 문제에서 결코 자유롭지 못합니다. 그동안 대한민국엔 인종차별, 불법이민, 세대갈등, 빈곤, 범죄, 소외, 경제적 불평등 등 다양한 문제적 환경들이 분출했지만 시간이 지나면서 어느 정도 해결된 듯 보였습니다. 그러나 최근 코로나19 발생 이후 다시 차별 문제가 드러나고 있어요.

한국에서는 지난 2018년 1월에서 6월까지 예멘 출신 난민 오백여 명이 제주도로 들어오면서 엄청난 논쟁이 일었습니다. 난민 신청을 했던 사람(484명) 중 난민 지위를 받은 사람은 단 두 명에 불과했고, 나머지는 인도적 체류 허가를 취득하는 데 그쳤지요. 그중 쉰여섯 명은 난민 불인정을 받았으며, 직권 종료된 사람은 열네 명이었습니다. 이 일에 대한 판단은 다양할 수 있지만, 우리 사회가 난민에 대해 지극히 보수적이라는 점만큼은 분명해 보여요.

2021년 현재, 한국에 거주하고 있는 이주 이슬람교도의 수는 대략 이십만 명으로 추산되는데 그 수는 계속 늘고 있습니다. 그러나 우리 사회의 이슬람교도에 대한 인식 수준은 지극히 낮습니다. 이슬람교도들이 한국 사회에서 다양한 차별에 직면할 때 사회적 갈등이 발생할 소지가 유럽보다 훨씬 높다고 진단하는 이유입니다. 따라서 상호 정확한 이해를 바탕으로 하는 정책적 보호와 개선 노력 등 사회 각계각층의 다양한 움직임이 수반되어야 할 것입니다.

7장

해방과 자유를
위해 찍는다

켄 로치 감독이 2000년대 후반에 작업한 영화 중 백미는 단연 〈보리밭을 흔드는 바람〉(The Wind That Shakes the Barley, 2006)입니다. 물론 노동자에서 자본가로 바뀌어가는 주인공을 통해 '(평범한) 나와 당신 또한 착취자가 될 수 있음'을 보여주는 〈자유로운 세계〉(It's a Free World, 2007)라든지, 켄의 영화로는 조금 이색적인 〈에릭을 찾아서〉(Looking for Eric, 2009)* 같은 작품도 충분히 눈여겨볼 만하지요. 그러나 2006년에 발표한 〈보리밭을 흔드는 바람〉은 영국과

---

* 맨체스터유나이티드의 전설 에릭 칸토나가 등장하는 영화로 고된 삶의 탈출구 역할을 해주는 축구와 축구영웅에 관한 이야기다. 폴 래버티가 각본을 썼다. 내용이 궁금한 독자들은 다음 사이트를 참고하면 좋을 것이다.
* https://www.cheric.org/PDF/PIC/PC12/PC12-6-0051.pdf
* https://en.wikipedia.org/wiki/Looking_for_Eric

아일랜드의 어두운 역사를 보여주는 매우 흥미로운 걸작이기에 이번 장에서 집중적으로 다루려고 합니다. 흔히 "역사는 현재와 과거의 대화다."라고 말하지만, 켄은 "역사는 미래를 여는 열쇠다."라고 강조합니다. 역사가 과거의 유산을 넘어 미래의 비전을 찾아가는 여정이어야 한다는 뜻이겠지요?

억압자 이스라엘에 반대하다

켄은 2000년대 후반, 이스라엘의 과오를 적극적으로 알리는 데 목소리를 냅니다. 2007년에는 예술가 중 한 사람으로서 "이스라엘 정치·문화 기관에 대한 국제적 보이콧을 위해 이스라엘 영사관의 성소수자 영화제 후원을 중단하고, 공동 후원 행사를 하지 않는다."라고 천명한 샌프란시스코 국제 성소수자 영화제를 위한 공개서한에 서명했습니다. 또한 2008년에는 문학과 문화 분야에서 일하는 쉰네 명의 국제적인 인물들과 함께 "'이스라엘 육십 년'을 기념하는 것은 잊을 수 없는 모욕과 다양한 모습으로 재연된 불평등의 곡조에 맞춰 팔레스타인 무덤에서 춤을 추는 것과 같다."는 내용의 편지에 서명했습니다.

2008년 말부터 2009년 1월까지 벌어진 '가자 전쟁(Gaza War)'에 대해서도 켄은 "반유대주의 정서도 문제지만 폭력은 결코 용납될 수 없다."라고 일갈했습니다. 2008년 12월 19일, 가자 지구를 점령하고 있던 하마스와 이스라엘 사이에 휴전이 종료되면서 이스라엘군이 하마스 측 무장대원 세 명을 사살합니다. 그 보복으로 팔레스타인은 23일부터 24일까지 이스라엘 영토에 칠십 발 이상의 로켓탄을 발사했고, 이스라엘군은 2008년 12월 27일 이에 대응함으로써 가자 전쟁이 시작되었습니다. 이후 2009년 팔레스타인에 대한 '러셀 법정(Russell法廷)'*이 열린다는 소식에 켄은 "자칭 유대 국가 그 자체보다 더 큰 반유대주의의 선동자는 없다."라고 하면서 신랄한 비판의 화살을 던졌습니다.

그뿐 아닙니다. 켄은 동료이자 작가인 폴 래버티, 제작자인 레베카 오브라이언과 함께 팔레스타인의 '이스라

---

* 미국이 월남에서 저지른 전쟁 범죄를 국제법에 따라 심판하기 위하여 영국의 러셀(Russell, B. A. W.)이 제창하여 발족한 법정이다. 그 후 각국의 법학자, 평화운동가 들이 모여 평화와 인권에 대한 침해 행위를 규탄하는 장소가 되었다.

엘 학술 및 문화 보이콧 캠페인(PACBI)'을 지지했습니다. 2009년 5월, 에든버러 국제영화제(EIFF) 주최측은 켄과 대화를 나눈 뒤 이스라엘 대사관에서 받은 삼백 파운드의 보조금을 반환했습니다. 그리고 같은 해 6월에는 이스라엘 대사관이 후원하는 멜버른 국제영화제에서 자신의 영화 〈에릭을 찾아서〉 상영을 취소했습니다.

역사는 미래를 여는 열쇠다

켄은 2006년 한국의 영화잡지 〈키노〉와 인터뷰를 진행했는데요. 이때 그는 "당신은 노동계급의 국제적 연대와 진정한 혁명에 관한 낙관적인 비전을 말하고 있지만, 공산주의는 이미 1990년에 붕괴했고 사람들은 마르크시즘을 망각했다. 그런데도 여전히 스페인 내전과 니카라과를 해석하려는 것은 이상주의자의 향수가 아닐까?"라는 물음에 이렇게 대답했습니다.

"역사는 향수가 아니다. 역사는 왜 우리가 지금의 모습인

지, 우리가 누구인지, 왜 우리가 현재 상황에 있는지를 말해준다. (……) 나는 역사가 미래를 여는 열쇠라고 생각합니다. 누군가 민중의 과거 역사관을 조정하는 게 가능하다면 그는 곧 그들의 현재도 조정할 수 있고, 이에 따라 그들의 미래조차 바꿀 수 있다."

"역사는 과거와 현재의 끊임없는 대화다."라는 유명한 말을 한 사람은 영국의 사회주의 역사가 E. H. 카(1892~1982)입니다. 그는 『역사란 무엇인가?*What Is History?*』에서 역사는 오늘의 사회와 어제의 사회 사이의 대화라고 했고, 역사는 진보하지만 역사가 진보할지 퇴보할지는 우리에게 달려 있다, 라고 말했습니다. 나아가 역사가는 "왜?"라는 질문에 더하여 "어디로?"라는 질문을 함께 던져야 한다고 강조했어요. 카의 이 같은 주장은 19세기 독일의 레오폴드 랑케(1795~1886)가 수립한 소위 실증주의 역사관을 비판한 것입니다. '역사가의 임무는 실제를 보여주는 것'이라는 랑케의 역사관에 근거하여 쓰인 것이 일제강점기의 식민사관입니다. 그러나 식민사관이라는 것은 '실제를 보여주는 것'이 아니라 일제가 조선을 지배하는 데 유리하게 조선 역사의 결점만을 과도하게 강조한 것이지 않습니까? 마치 일제가 조선을 지배하는 것이 역사적으로도 정당한 것처럼 말입니다. 일종의 조작이지요.

대다수 영국 영화가 영국의 팔백 년 역사를 자랑스럽게 묘사하는 반면 켄이 만든 유일한 영국 역사물인 이 영화는 그 결이 완전히 다릅니다. 팔백 년의 영국사에서 자행된 아일랜드 침략과 지배, 그리고 독립전쟁을 가장 객관적으로 묘사하여 영국 역사를 '비열하고 야만적인 제국주의'로 규정했거든요. 그러면서 그는 이 영화를 만든 21세기 초에도 영국은 여전히 제국주의적 만행을 저지르고 있다, 라고 현실비판의 끈을 놓지 않습니다.

2006년 칸 영화제에서 황금종려상을 받은 후 켄은 "아일랜드 상황은 지금의 이라크와 다르지 않다. 이라크를 탄압하는 미국과 영국의 구도는 아일랜드에 대한 영국의 태도에서 조금도 나아지지 않았다. 나는 과거를 통해 현재의 이러한 모순들을 비판하고 싶었다."고 털어놓았습니다.

한편으로 〈보리밭을 흔드는 바람〉은 앞서 만들어진 닐 조던의 〈마이클 콜린스〉(1996)가 영국과의 협상파인 마이클 콜린스(1890~1922)를 찬양한 영화인 것과 반대로 콜린스를 비판했다는 점에서도 특이합니다. 〈마이클 콜린스〉가 1994년에 이루어진 북아일랜드 평화협상을 지지했다면 〈보리밭을 흔드는 바람〉은 그 협상을 비판했는데, 이러한 대조는 〈보리밭을 흔드는 바람〉의 형제 사이의 갈등을 통해서 명징하게 재연됩니다. 또한 〈마이클 콜린스〉가 엘리트를 주인공으로 내세운 반면 〈보리밭을 흔드는 바람〉은 무명의 서민들을 주인공으로 삼았다는 점에서도 다르지요.

한마디로 〈보리밭을 흔드는 바람〉은 아일랜드 현대사의 비극을 그린 작품입니다. 아일랜드 독립전쟁과 혁명을 배경으로 형제간의 마찰과 갈등을 통해 이념과 권력이 맞서고 분파되는 과정을 객관적으로 조명했는데요. 독특한 것은 그 객관화가 영국인 켄의 눈에 의해 이루어졌다는 점입니다. 일본인 감독이 조선인의 독립투쟁을 다룬 영화를 만든 것과 같다고 할까요? 어떤 아일랜드인도 이렇게 반영국적인 영화를 만들 수 없을 정도로 그는 제국주의 지배자인 영국을 통렬하게 비판했습니다. 저는 아일랜드인들의 치열한 독립투쟁을 보면서 우리는 왜 그렇게 싸우지 못했는지 의문을 품기도 했습니다. 특히 아일랜드 독립의 주체인 IRA(Irish Republican Army)*가 주로 노동자, 농민, 상점직원 등 하층계급 출신으로 구성되었다는 점은 우리의 독립운동과 매우 대조적입니다.

아일랜드 독립전쟁(Irish War of Independent)은 1919년부터 1921년까지 아일랜드 공화국군이 아일랜드를 지배하고 있던 영국 정부에 대항하여 일으킨 전쟁입니다. 아일랜드 공화국군은 이 전쟁에서 승리하면서 영국으로부터 자치권을 획득했는데요, 1921년 아일랜드와 영국은 전쟁을 종식하기 위해 '영국·아일랜드 조약'을 맺습니다. 이로써 북아일랜드의 여섯 개 주를 제외한 스물여섯 개 주로 구성된 아일랜드 자유국이 성립됩니다.

그런데 북아일랜드의 여섯 개 주가 영국 연방에 소속된 자치령인 반독립 형식인 데다가 조약의 내용 중 많은 부분이 IRA 회원들에게 받아들여질 수 없다고 판명되어 의견이 갈라져요. 결국 그다음 해에 이 조약에 찬성하느냐 반대

---

* IRA는 1913년에 설립된 호전적인 민족주의 단체인 아일랜드 의용군(Irish Volunteers)의 후신으로 1919년에 창설되었다. 목적은 영국의 아일랜드 통치를 무력화하는 것으로 그들은 아일랜드 민족주의 정당인 신 페인(Sinn Féin)이 정치적 차원에서 추구한 독립 공화국의 광범위한 목적을 달성하는 데 도움을 주기 위해 무력 사용도 마다하지 않았다. 그들의 구성원은 동시에 신 페인의 구성원이기도 했다. 그러나 IRA는 창시 이래 정치적 통제에서 자유로웠고 독립적으로 운영되었다.

하느냐를 두고 갈등이 첨예화합니다. 한편에서는 콜린스의 지도하에 조약을 지지했고, 다른 한편은 에몬 드 발레라 밑에서 조약을 반대했습니다. 전자는 아일랜드의 공식 자유주군의 핵심이 되었고, 후자는 '비정규군'으로서 무력저항을 전개하지요. 이렇게 해서 상황은 내전으로 치닫습니다. 영화 〈보리밭을 흔드는 바람〉은 독립전쟁 중인 1920년에 시작하여 내전으로 이어지는 기간의 슬픈 이야기입니다.

시 「보리밭을 흔드는 바람」

영화 제목인 '보리밭을 흔드는 바람'은 아일랜드 출신의 의사이자 시인인 로버트 드와이어 조이스(1830~1883)가 쓴 시의 제목입니다. 1798년 반란 당시 사랑을 버리고 의용군에 들어간 병사가 보리를 비상식량으로 휴대하고 있었는데, 그가 사망한 그 자리에서 보리가 싹을 틔우고 자라 저항이 되풀이된다는 이야기예요. 이 일화에서 유래한 시는 영화에 일부가 노래로 나옵니다. 시의 전편(全篇)은 다음과 같아요.

푸른 골짜기에 앉았네,

내 참사랑과 함께 앉았네,

슬픈 마음은 두 갈래로 흔들리네,

옛사랑과 새 사랑 사이에서,

옛사랑은 그녀를 위해

새 사랑은 열렬히 생각하는 아일랜드를 위해.

그새 산골짝에서 부드러운 바람이 불어와

황금색 보리밭을 흔드네

분노에 찬 말들로 우리를 묶은

인연을 끊기는 힘들었지

우리를 둘러싼 침략의 족쇄는

더 견디기 어려운 수치네

그래서 난 말했네, "다음 날 아침 일찍

산골짝을 찾아 용감한 의용군과 함께할 거야!"

그새 부드러운 바람이 보리밭을 흔들었네

그녀의 눈물에 키스한 것은 슬프네

그녀는 팔을 나에게 두르고 매달렸네

그때 우리의 귀로 적의 총소리가

숲속으로부터 울려왔네

총알은 내 참사랑의 가슴을 꿰뚫고

삶의 젊음은 너무 일찍 뛰어올랐네

그리고 내 품에서 그녀는 피 흘리며 죽었네

그새 부드러운 바람이 보리밭을 흔들었네

그러나 피에 대한 피는 양심의 가책이 없네

나는 아울라트 분지에서 겪었네.

나는 내 참사랑의 시신을

내가 곧 따라갈 곳에 놓았네

그녀의 무덤 근처에서 쓸쓸한 오후,

밤 그리고 이른 아침을 거니네

미어질 듯한 마음으로 항상

나는 부드러운 바람이 보리밭을 흔드는 소리를 듣네.

1995년의 〈토지와 자유〉는 〈보리밭을 흔드는 바람〉보다 십 년 먼저 만든 작품으로 〈토지와 자유〉에는 쿠건이라는 아일랜드인이 나옵니다. 아일랜드 독립을 위해 싸우다가 맨체스터 교도소에 투옥된 적이 있었던 인물인데요, 쿠건은 그 인물 자체로 아일랜드 독립운동과 스페인혁명이 유사하다는 점을 암시해줍니다.

켄은 스페인과 아일랜드에 두 가지 공통된 문제가 있다고 보았습니다. 그중 하나가 '타도할 적'이 있었다는 점이지요. 스페인의 경우엔 파시스트이고, 아일랜드의 경우엔 제국주의자였습니다. 그러나 이보다 더 중요한, 근본적으로 해결해야 할 두 번째 공통점이 있었습니다. 바로 스페인이든 아일랜드든 적을 타도한 뒤 '어떤 사회를 만들어야 하는가?'에 대해 답을 찾아야 한다는 점이었어요.

〈보리밭을 흔드는 바람〉과 〈토지와 자유〉는 같은 이념을 추구하는 것 같지만 다른 부분도 있습니다. 가령 〈보리밭을 흔드는 바람〉에 나오는 '블랙 앤 탠스(Black and Tans)'[*]의 잔혹함은 〈토지와 자유〉의 경우 파시스트의 잔혹함으로 표현될 수도 있었을 텐데, 그런 묘사는 전혀 없었지요.

---

* 아일랜드 독립전쟁 중 왕립 아일랜드 경찰대(RIC)를 보조할 목적으로 모집된 전투경찰 부대다. 당시 영국 전쟁국무장관 윈스턴 처칠의 발상으로 조직된 것인데 그중 대부분이 제1차 세계대전 참전 경험자였다. 그들의 임무는 RIC를 도와 아일랜드 공화국군(IRA)과 싸우는 것이었다. '흑갈부대'라는 별명은 영국 군복의 카키색과 영국 경찰복의 검은색이 섞인 제복을 입었기 때문에 붙은 것이다. 이들은 아일랜드 민간인들도 닥치는 대로 공격해서 악명이 높았다.

영국과 아일랜드, 800년간 이어진 침략의 역사

영국이 팔백 년 동안 아일랜드를 침략하고 지배했다는 이야기에 놀란 분이 계실지도 모릅니다. 우리에게는 이런 역사를 이해하게 해주는 책이 거의 없으니 당연한 현상인데요. 영국의 역사는 널리 알려져 있으나 영국이 침략한 아일랜드의 역사를 우리는 알지 못합니다. 일본의 역사에 조선이 거의 등장하지 않고, 영국의 역사에서도 인도 이야기는 빠져 있는 상황과 같은 맥락입니다.

인도의 역사에서 간디는 매우 중요한 인물이지만 영국 역사에는 나오지 않아요. 영국은 수백 년간 인도를 지배했고 이후로도 여러모로 관련되었지만, 간디가 인도 독립을 위해 수십 년간 투쟁했다는 내용은 언급하지 않습니다. 아일랜드의 경우도 다를 바 없어요. 게다가 아일랜드의 국가 면적은 영국보다 작습니다. 경상도, 전라도, 충청도를 합친 정도로 영국의 삼 분의 일도 되지 않아요. 인구도 영국은 육천오백만여 명인데, 아일랜드는 약 오백만 명으로 십 분의 일 규모지요. 그러니 옛날부터 아일랜드는 영국의 '밥'이었을 것입니다.

아일랜드에 대한 잉글랜드의 침략은 아일랜드가 노르만 왕조의 직할령이 된 1169년부터 본격적으로 시작되었습니다. 침략의 세월이 팔백 년을 훨씬 넘긴 셈입니다. 당시는 무자비한 헨리 2세(재위 1154~89)의 시대로 영화 〈겨울의 라이온〉(1968), T. S. 엘리엇(1888~1965)의 시극 「사원의 살인 *Murder in the Cathedral*」(1935), 장 아누이(1910~1987)의 희곡 「베케트 또는 신의 명예 *Becket ou l'honneur de Dieu*」(1959)를 보면 시대상을 이해할 수 있습니다. 토머스 베켓(1118~1170)은 헨리 2세가 캔터베리 대주교로 임명하여 왕권을 강화하고자 했던 대법관이었지만, 베켓이 왕권에 대항해 신권을 주장하자 결국 살해당하지요. 그 뒤 베켓은 가톨릭을 위해 순교한 성인으로 받들어지고 그가 살해된 캔터베리는 성지가 되어 제프리 초서(1340~1400)의 『캔터베리 이야기 *Tales of Caunterbury*』를 비롯한 수많은 문학작품의 소재가 되었습니다.

잉글랜드의 아일랜드 완전 정복은 1542년 헨리 8세에 의해 마무리됩니다. 영화 〈천일의 앤〉의 주인공인 앤 볼린을 비롯하여 왕비를 여섯 번이나 갈아치운 헨리 8세는 영국 역사상 가장 괴팍하고 비열한 군주로 유명합니다. 『유토피아_Utopia_』를 쓴 토머스 모어를 주인공으로 한 영화 〈사계절의 사나이〉에도 헨리 8세는 그런 왕으로 나와요. 그 뒤 1641년에 반란을 일으킨 아일랜드의 가톨릭교도들은 1642년 잉글랜드 내전이 일어나자 신교도 왕당파와 함께 국왕을 지지했습니다. 이에 올리버 크롬웰은 항복을 거부하는 지역을 정복하고 수비대와 시민 모두를 학살하였으며, 1650년 여름까지 대다수 지역을 정복하면서 잔인하기 짝이 없는 초토화 작전을 벌여요. 이때 아일랜드인의 약 20퍼센트인 이삼십만 명이 목숨을 잃습니다. 이후 1652년 잉글랜드에 청교도 정권이 들어서 아일랜드인에게 잉글랜드 이주민 삼천 명이 학살당하자 크롬웰은 탄압을 시작합니다, 아일랜드 본토의 켈트족과 대립시키겠다는 흑심을 품고 청교도 스코틀랜드계 켈트족을 아일랜드 북쪽인 얼스터 지방으로 이주시킨 것입니다. 이 사건이 바로 현재까지 계속되는 아일랜드 분단의 단초인데요, 지금도 아일랜드 사람들은 크롬웰을 불구대천의 원수라고 생각합니다.

아일랜드 독립운동은 미국 독립전쟁과 프랑스혁명의 영향으로 시작되었지만 실패했고, 오히려 더욱더 잔혹한 탄압을 초래했습니다. 당시에는 영국의 차별 정책에 대한 반발로 가톨릭과 개신교 모두 독립투쟁에 참여했으나, 영국이 개신교도에 대한 차별을 철폐하자 투쟁의 정치성은 약화한 반면 종교적인 측면은 우세해졌습니다. 이어 1801년 연합법에 따라 아일랜드는 공식적으로 영국의 일부가 되는데, 그 후 독립운동을 최초로 주도한 오코넬(1775~1847)이 나타나 연합법을 폐지하고자 노력했습니다. 그는 영국의 아나키스트 윌리엄 고드윈(1756~1836)의 영향을 받아 유럽 최초로 민중에 의한 민주주의 운동을 전개했고, 아일랜드 가톨릭 해방의 영웅이 되었습니다. 더블린의 중심가 남쪽 끝에는 1882년에 세워진 오코넬 기념탑이 있습니다.

19세기 중반이 되자 아일랜드에 감자 대기근이 일어납니다. 1840년대의 아일랜드는 인구 면에서 절정을 이루었으나 이후 대기근으로 수백만 명이 사망하고 수백만 명은 이민을 떠나는 바람에 인구 감소가 계속됩니다. 사실 대기근 와중에도 밀과 고기 등은 넘쳐났어요. 식량자원이 없어서 기근을 겪은 게 아니라 영국이 아일랜드에서 재배한 모든 곡식을 배에 실어 본토로 운반한 탓이었습니다. 당시 아일랜드에서 미국으로 이민을 떠난 사람들의 이야기를 다룬 영화를 보세요. 예를 들어 〈타이타닉〉이나 〈갱스 오브 뉴욕〉 같은 데엔 영국계 미국인들이 아일랜드계 미국인들을 멸시하는 부끄러운 역사가 잘 드러나잖아요?

그 뒤 아일랜드인의 반영 감정은 심각해질 대로 심각해져서 오코넬의 입헌 운동이나 아일랜드어를 살리기 위한 윌리엄 버틀러 예이츠(1865~1939)의 아일랜드 문예부흥 운동과 함께 수많은 무장봉기가 일어나지만 이 역시 무참하게 진압당하면서 독립은 좌절됩니다. 한편 영국에서는 자유당을 중심으로 19세기 중반부터 아일랜드에 자치를 허용하자는 의견이 활발하게 개진됩니다. 그러나 보수당이 심하게 반발했고, 아일랜드 내에서도 신교도가 주류였던 얼스터 지역은 자치 방안을 결사반대했습니다.

20세기 상황은 어떨까요? 1910년대에는 총선에서 보수당과 비슷한 의석을 차지한 자유당이 아일랜드 자치를 주장하는 아일랜드 의회당(Irish Parliamentary Party)과 연립정부를 꾸리면서 1911년에 아일랜드 자치법안이 통과됩니다. 그러나 폭력 사태가 터져 조지 5세는 법안 재가를 연기했고, 그 뒤 1차 대전이 일어나면서 자치법안은 보류되지요. 이후 1916년에 독립전쟁의 서막으로 불리는 '부활절 봉기(Easter Rising)'가 발발하고, 아일랜드 공화국군(IRA)이 조직되어 영국에 대한 무장 독립운동이 시작됩니다. 독립주의자들에 의해 더블린 시내의 공공건물이 점거된 부활절 봉기로 인해 시민 사백오십 명이 사망하고, 이천육백 명이 부상을 입었으며, 주모자 열다섯 명은 처형되었습니다.

1차 대전 당시에는 아일랜드 출신 군인들이 독일군과 함께 영국을 치는 계획을 시도했습니다. 그런데 상황이 달라집니다. 1차 대전이 끝난 후 1918년 영국에서 총선이 치러졌을 때 신 페인(Sinn Fein)*이 북아일랜드를 제외한 아일랜드 전역의 의석을 차지했거든요. 신 페인 의원들은 당선 직후 아일랜드 공화국(Irish Republic)의 독립을 선언하고 영국 의회에 등원을 거부함으로써 아일랜드 독립전쟁(1919~1921)이 일어나는데, 약세인 아일랜드 측이 게릴라 전술을 사용하자 영국 측은 계엄령을 발동해 민간인들을 수색하고 통제했습니다. 이 과정에서 민간인의 집을 불태우고 죽이는 야만이 자행됩니다.

---

* 1905년 결성된 아일랜드의 민족주의적 공화주의 정당. 신 페인(Sinn Fein)이란 아일랜드어로 '우리들 자신' 또는 '우리들만으로'라는 뜻이다. 민족주의 신문 〈통일 아일랜드인 *The United Irishman*〉의 편집인 아서 그리피스가 탄생을 주도했다. 이들은 영국으로부터 완전한 독립을 쟁취하는 것을 목표로 정치·경제·사회·문화 등에서 자립정책을 추구했다.

영국의 총리 데이비드 로이드 조지는 1920년에 친영 세력이 많은 북아일랜드와 남아일랜드에 별도의 자치 의회를 만들었으나 남쪽은 자치 의회의 의정 활동을 거부했습니다. 그 결과 영국은 1921년에 '아일랜드 자유국'이라는 이름으로 아일랜드를 당시 캐나다, 호주와 같은 자치령으로 지정할 것을 약속했지만 IRA 등은 여전히 완전한 독립을 요구했습니다. 그 어떤 경우라도 '완전한 독립 요구'가 마땅하지 않을까요? 아일랜드 내부 역시 찬성파와 반대파로 분열하지만, 의회에서 조약 비준안이 근소한 차로 통과하자 결국 내전이 터집니다. 찬성파의 대표 격이었던 마이클 콜린스는 조약 반대파에 의해 살해당하고요.

마침내 1926년, 반조약파가 무장투쟁을 포기하고, 합법투쟁을 주장하며, 자유국의 정계에 참가할 것을 선언함으로써 내전은 종결됩니다. 이에 아일랜드의 독립은 급물살을 타게 되는데요, 1937년엔 국명을 에이레(영어명 아일랜드)로 바꾼 뒤 더는 영연방에 속하지 않겠다고 주장했고, 대통령직을 신설해 공화국으로 전환하는 신헌법을 선포하는 등 완전한 독립을 이룩합니다(그러나 영국 국왕의 아일랜드 국가원수 자격을 박탈하지 않았기에 사실상 완전 독립은 아니었다). 그 뒤 아일랜드는 2차 대전 참전을 거부하고 중립을 선포했습니다. 아일랜드 국내에서는 독일 편에 참전해야 한다는 여론도 있었고, 윈스턴 처칠은 아일랜드를 연합군으로 참전시키기 위해 갖은 노력을 다했지만, 아일랜드는 어느 쪽도 선택하지 않고 중립에 머물지요. 2차 대전 이후에는 영국 국왕을 배제하자는 의견이 우세해 1948년에 아일랜드 공화국법을 제정하여 영국 국왕의 아일랜드 내 지위를 박탈합니다.

우리에게 조국이란 무엇인가?

이러한 배경 정보를 가지고 영화 〈보리밭을 흔드는 바람〉을 살펴볼까 합니다. 먼저 전반부입니다. 배경은 1920년 아일랜드 남쪽 코크(Cork) 서부의 시골 마을이에요. 코크는 아일랜드 제2의 도시로 아일랜드 남부의 정치·경제의 중심이지만 시골 냄새가 물씬 나는 곳이기도 합니다. 아일랜드 자체가 유럽에서 '시골'로 통하듯이 영화의 배경 마을은 녹색으로 가득 차 있습니다. 초록으로 둘러싸인 운동장에서 아일랜드 전통 경기인 헐링(hurling)이 한창입니다. 이천여 년의 유구한 전통을 가진 헐링은 헐리(hurley)라는 막대기로 공을 쳐서 상대방의 골문을 넘기면 득점하게 되는 경기인데, 필드하키와 유사합니다. 헐링은 건강과 포용성, 팀 정신을 증진하는 데 중요한 역할을 하는 스포츠로 아일랜드 문화의 본질이라고 볼 수 있습니다. 이를 첫 장면에서 보여주는 것은 대단히 상징적이에요.

경기가 끝날 무렵 영국 왕립 아일랜드 경찰 소속인 블랙 앤 탠스 소속원들이 들이닥칩니다. 헐링 경기가 '공중 집회 금지' 법령을 어긴 것이라면서 옷을 벗기는 등 횡포를 부려요. 카키색 군복과 검은색 경찰 제복을 입은 블랙 앤 탠스는 1차 대전 후 퇴역한 영국 육군 장병들의 실업 문제가 심각했을 때 만든 단체입니다. 퇴역 장병들 중 지원자를 받아 영국 총독부 산하 왕립 아일랜드 경찰에 속하는 준군사단체로 조직한 것인데, 이들은 아일랜드에 주둔하면서 식민지를 억압하는 데 앞장섰습니다.

주인공 데이미언은 이제 막 의과대학을 졸업하고 런던으로 가서 병원에 취업하려던 참이었습니다. 영국으로 떠나기 전 동네 친구들과 헐링을 즐기고 시네드의 집으로 갔다가 그만 블랙 앤 탠스의 습격을 받은 것입니다. 이름을 말하라는 그들의 명령에 데이미언의 친구인 미하일 오 설리반이 영어가 아닌 아일랜드 고유어인 아일랜드어(게일어)로 답했다는 이유로 폭행을 당하면서 싸움이 벌어지고, 설리반은 끌려가 살해됩니다. 그의 장례식에서 앞에 인용한 시를 가사로 한 노래가 들려옵니다.

> 새 사랑은 열렬히 생각하는 아일랜드를 위해.
> 그새 산골짝에서 부드러운 바람이 불어와
> 황금색 보리밭을 흔드네.
> 분노에 찬 말들로 우리를 묶은
> 인연을 끊기는 힘들었지
> 우리를 둘러싼 침략의 족쇄는
> 더 견디기 어려운 부끄러움이네.

아일랜드를 향한 영국군의 잔인무도한 만행은 영화 전체에서 계속 반복되는데요. 영국인들은 당연히 이런 묘사에 반발했습니다. 그러나 켄은 이 모든 장면이 역사적 사실에 근거한 것이라고 못을 박았어요. 영국군의 만행을 지나치게 악랄하게 묘사했다고 반발하는 영국인이나 그들에게 동조하는 사람들에겐 이 영화가 영국군에 대한 IRA의 보복적 폭력 역시 마찬가지의 만행으로 그렸다는 점을 알려드리고 싶습니다. 이는 일제강점기의 독립운동을 다룬 영화나 6·25전쟁을 다룬 영화에서 일제나 북한의 만행과 함께 조선이나 남한의 만행을 함께 다루는 영화를 상상하면 될 것입니다. 물론 이 영화는 IRA의 만행에 대해서는 심리적이고 정서적인 설명을 덧붙임으로써 좀 더 대중 친화적인 옷을 입혔지요.

데이미언은 처음에 "영어로 말하지 않아서 죽은 것이 순국이냐?"라면서 냉소적으로 반응합니다. 그러고는 IRA의 지역구 지휘관인 형 테디에게 "중화기로 무장하고 압도적인 수를 가진 영국군에게 IRA 투쟁은 계란으로 바위 치기야."라고 반박하지요. IRA에 들어와 독립운동을 함께하자는 형의 권유를 거절하고 런던행 기차를 타러 간 데이미언은 기차역에서 "군인은 태울 수 없다."면서 영국군의 승차를 거부하는 아일랜드인 철도기관사와 역무원을 영국군이 폭행하는 모습을 목격합니다. 결국 데이미언은 마음을 바꾸어 IRA에 투신하지만, 영화의 끝에서 처형당하기 전까지 그의 고뇌와 회의(懷疑) 정신은 꾸준히 이어집니다. 철도 기관사 댄은 이 영화의 주인공인 데이미언, 테디 형제와 함께 켄 로치의 사상을 대변하는 인물이지요. 데이미언과 댄은 뒤에 감옥에서 다시 만나는데, IRA 대원인 댄은 1913년 더블린 직장폐쇄에 맞서 싸운 투사였습니다.

마을 상점을 돌며 금품을 갈취하는 영국군 넷을 데이미언과 테디 일당이 살해하는 사건이 벌어지자 영국군은 대규모 병력을 마을에 투입해 파괴, 약탈, 살육을 자행하고 IRA의 은신처를 찾아내기 위해 혈안이 됩니다. 그 가운데 영국계 아일랜드인 지주인 해밀튼 경은 하인인 크리스 레일리가 IRA 단원이라고 생각해 크리스를 협박하고, 기어이 IRA의 거점을 밀고하게 만들어요. 그 결과 테디와 데이미언을 비롯한 IRA 단원들이 모두 체포됩니다. 데이미언은 감옥에서 벽에 적힌 윌리엄 블레이크의 다음 시를 읽습니다.

나는 사랑의 정원으로 돌아왔다.
(중략)
검은 가운을 입은 사제들이 정원을 돌고 있고
가시덤불로 내 기쁨과 욕망을 묶고 있었다.

조이스의 시와 함께 영화에 나오는 또 한 편의 시는 윌리엄 블레이크의 대표작 「사랑의 정원 *Garden of Love*」입니다. 영화에는 앞의 시와 마찬가지로 일부만 나오지만 여기서는 전부를 함께 읽어봅시다.

나는 사랑의 정원에 가서

내가 못 본 것을 보았네.

내가 놀던 풀밭 가운데

예배당이 서 있네.

그곳 문은 닫혔고

문 위에 '하지 마라'는 글이 새겨졌네.

그래서 수많은 달콤한 꽃들이 핀

사랑의 정원으로 돌아섰네.

꽃들이 있어야 할 곳에

무덤과 묘비가 가득 찬 걸 보았네.

검은 가운을 입은 사제들은 거닐며

가시덤불로 내 기쁨과 욕망을 묶었네.

이 시는 종교의 억압성 및 편협한 사고, 그리고 금욕적인 삶에 대한 회의를 묘사하고 있습니다. 어린 시절에 경험한 순수한 마음을 다시 느끼고자 사랑의 정원을 찾았으나 그곳에는 어릴 때 보지 못했던 교회가 세워져 있고, 문은 닫혀 있습니다. 정원으로 가보았지만 그곳에도 무덤과 묘비만 가득합니다. 물론 영화 〈보리밭을 흔드는 바람〉이 교회를 직접 겨냥한 것은 아닙니다. 하지만 교회로 상징되는 억압적인 구체제에 저항한다는 점만큼은 아주 분명하게 표현했지요.

데이미언은 자신들이 정치범임을 주장하면서 아일랜드 독립운동가인 제임스 코널리(1868~1916)가 1897년에 발표한 「사회주의와 민족주의」의 다음 1절을 댄과 함께 읊습니다.

내일 당장 영국군을 철수시키고 더블린성에 녹색 깃발을 매단다 해도, 사회주의 공화국을 조직하지 않는다면 모든 노력은 수포가 될 것이다. (중략) 영국은 지주와 자본가와 상업 기관들을 통해 아일랜드를 계속 통치할 것이다.

리더인 테디는 열 손가락 손톱을 모두 뽑히는 잔혹한

고문을 당하면서도 끝내 다른 IRA 동지들의 거점을 알려주지 않고 동료들과 함께 총살당할 위기에 처하지만, 아일랜드계 영국 육군 이병인 헨리 고건의 도움으로 탈옥합니다. 조직의 상부에서 그들에게 밀고자 크리스를 처형하라는 지시가 내려옵니다. 한 동네에서 형제처럼 자란 어린 크리스를 죽여야 하다니! 모두 망연자실할 때 데이미언은 결단을 내립니다. "비록 강압에 의한 것이었다 하더라도 지금은 전쟁 중이다. 배신행위를 그냥 둘 수 없다."라고요. 사람의 목숨을 살리기 위해 오 년간 해부학을 공부한 데이미언은 인제 친동생과 다름없는 크리스를 죽여야 하는 처지에 놓인 것입니다. 그는 임무를 수행하며 "조국이란 게 과연 이렇게까지 할 가치가 있는 것인가?"라고 괴로워합니다.

계속된 항쟁으로 아일랜드에는 해방구가 늘어나고, 철도, 항만 등 기간산업의 파업이 속출합니다. 영국군이 장악하고 있던 기관과 병영도 불타버립니다. 조직적인 저항운동으로 영국군이 혼란에 빠져드는 사이, 지방의회는 국회에 충성을 맹세하는 등 아일랜드에 자치 정권 수립의 동력을 제공합니다. 데이미언의 마을에도 자치 정권이 수립됩니다. 하지만 갈등의 소지는 여전히 남아 있습니다.

그중 하나로 켄 로치 감독이 주목한 것은 '무엇이 정당한가, 정의롭다고 할 수 있는 것은 무엇인가?'라는 질문의 답을 찾는 과정입니다. 마을의 고리대금업자인 스위니가 재판을 받게 되는데, 이를 두고 테디와 데이미언이 대립하죠. 가난한 사람에게 돈을 꿔주고 원금의 오백 퍼센트를 이자로 받은 고리대금업자에 대해 법원은 민중의 피를 빠는 행위라며 부당하게 가져간 이자를 돌려주라고 판결합니다. 그러나 테디는 "스위니는 독립운동을 위한 무기 구입 자금을 지원했다."라고 하면서 그를 두둔해요. 데이미언의 생각은 다릅니다. 그는 "독립적인 법원의 판결이 훼손되어서는 안 된다."는 원칙론을 고수하면서 "목적을 위해 수단을 가리지 않는다면, 우리가 영국군과 다를 게 무엇인가?"라고 정면으로 대항합니다.

데이미언은 연인 시네드에게 크리스를 쏴 죽인 것에 대한 슬픔을 토로하며 "이렇게 우리 자신을 바쳐 싸우는 아일랜드가 그럴 가치가 있기를 바란다."고 말하면서 크리스의 어머니에게 아들이 묻힌 곳을 안내해주었던 일을 들려줍니다. 크리스의 어머니는 아무 말 없이 아들이 묻힌 곳으로 데려가 달라고 한 뒤 데이미언에게 "앞으로 다시는 너를 보고 싶지 않다."고 한마디만 남겼다는 것을요. 그러고 나서 데이미언은 "나는 이제 선을 넘었어. 이젠 아무것도 느낄 수 없어."라고 울먹입니다.

우리가 우리 자신에게 원했던 것

영화의 후반부는 안개 속의 출동으로 시작됩니다. IRA 대원들은 '오로 세 두 베아타(Or Sé do Bheatha)'라는 행진곡을 부르면 나타나는데, 영화 중간에 처음 나오고 마지막에 다시 나오는 이 행진곡에 대해서 짧게 설명하겠습니다. 이 노래는 약 삼백 년 동안 아일랜드 민족주의를 촉구하는 노래였고, 특히 1916년 부활절 투쟁에서 IRA에 의해 널리 불린 곡입니다. 원래의 노래와 1916년 이후에 퍼진 노래를 비교해보면 곡조는 같은데 가사가 다르다는 점을 알 수 있습니다.

원곡은 18세기에 영국의 개신교 왕인 조지 2세를 쫓아내고 찰리 스튜어트 왕자를 가톨릭 왕으로 옹립하려 했던 '자코바이트의 반란(Jacobite risings)'에 등장한 행진곡이었습니다. 당시 아일랜드 사람들은 찰리 왕자가 아일랜드 땅을 점령한 영국인 지주들을 제거해주리라 생각하여 그를 지지했으나 반란은 실패하지요.

노래의 의미는 1916년 부활절 반란 시 아일랜드 민족주의 정치운동가인 패트릭 피어스(1879~1916) 덕분에 새로워집니다. 그가 이 행진곡의 가사를 다시 썼기 때문입니다. 찰리 왕자는 아일랜드 사람이 아닌 스코틀랜드 사람이었고, 왕이 되지 못한 실패자였습니다. 따라서 원래의 가사를 바꿀 필요가 있다고 생각한 피어스는 찰리 대신 아일랜드의 '해적 여왕'인 그라누아일(Granuaile)을 저항의 상징으로 삼았습니다. 그라누아일은 16세기 후반에 아일랜드에서 가장 유명했던 여성입니다. 영국 여왕 엘리자베스 1세에게 저항했던 여성으로 무자비한 군사 지도자였지만 동시에 총명하고 매력적이었다고 해요. 반세기 이상 아일랜드 서쪽 바다를 지배한 많은 선원과 전사들을 이끌었다고 전해지는데요, 아일랜드 점령에 대항하여 싸운 탓에 영국인에게 잡혀 두 번이나 투옥되었으나 결코 굴복하지 않았다고 합니다. 피어스가 바꿔 쓴 가사를 읽어볼게요.

오로 어서 와

오로 어서 와

오로 어서 와

지금 여름이 가네!

괴로워하는 여인이여, 어서 와

그대의 속박은 우리를 파멸로 몰아넣었지

도둑들에게 빼앗긴 우리의 아름다운 땅을

그대는 외국인에게 팔았지!

그레네 오말리가 바다를 건너와

무장한 전사들을 수호자로 삼아

그들은 프랑스인도 스페인인도 아닌 아일랜드인

그들은 외국인들을 패배시킬 거야!

우리가 보게 될 신께 감사드리며

우리가 그 후 일주일만 살더라도

그레네 마흘과 수천 명의 전사들 -

모든 외국인을 쫓아내고 있어!

다시 영화로 돌아갑시다. 이동 중인 영국군 차량을 습격하고 돌아가던 테디와 데이미언 일행은 연인 시네드와 그녀의 가족이 영국군에게 테러당하는 현장을 목격합니다. 하지만 작전을 치르느라 실탄을 모두 소진한 탓에 대원들은 영국군의 만행을 숨어서 지켜볼 수밖에 없습니다. 데이미언은 머리카락을 잘리고 피투성이가 된 시네드를 끌어안고 처절한 복수를 다짐합니다. 그때 한 소년이 정전 협정이 체결되었음을 알려요.

기쁜 마음도 잠시 이들은 어이없는 협정 내용에 절망합니다. 얼스터 여섯 주(지금의 북아일랜드)를 영국령으로 남겨둔다, 아일랜드는 공화국으로서 완전히 독립하는 것이 아니라 대영제국의 자치령인 '아일랜드 자유국'으로 남는다, 아일랜드 자유국 의원들은 영국의 왕에게 충성을 맹세해야 한다…… 등등 도무지 인정할 수 없는 조항들뿐이었기 때문입니다. 특히 원칙파에게는 수용이 불가능한 것들이었어요. 그러나 타협파의 생각은 달랐습니다. 그들은 대영제국과 정면으로 승부를 겨룰 수 없는 만큼 자치령을 완전 독립을 위한 일시적 발판으로 받아들이자고 주장합니다. 이때 조약 반대파에게 포 코트의 항쟁 소식이 들려와요. 격노한 이들은 로리 오코너의 지휘 아래 아일랜드 자유국 군인을 습격해서 무기를 빼앗고 그들을 살상하기에 이릅니다. 이로써 상황은 전쟁으로 비화합니다. 테디는 아일랜드 자유국 군대의 장교로 임관되고, 데이미언은 IRA의 일원으로 남습니다.

이제 아일랜드 사회는 극심한 분열로 몸살을 앓습니다. 그러나 주민들은 주일 미사만큼은 꼭 지킵니다. 성당에 모여 주의 말씀에 귀를 기울이는 신자들에게 가톨릭 교단은 IRA 반군에 동조하는 자는 파문하겠다고 협박합니다. 데이미언이 신부의 강론에 이의를 제기하자 성당 안은 순식간에 아수라장이 되는데요. 테디와 데이미언은 여기서도 심각하게 충돌합니다. 테디는 동생에게 "너는 이상주의자야."라고 비난하고, 데이미언은 "나는 현실주의자일 뿐이야. 형이야말로 영국 놈들의 하인과 다름없지."라고 날을 세웁니다.

이후 테디는 조약 반대파가 아일랜드 자유국 정부군을 습격하자 강압적인 수색과 진압을 시행합니다. 이 과정에서 예전에 자신들이 무장 독립운동을 할 때 돕고 숨겨주던 민간인들의 집을 폭력적으로 수색하지요. 우리가 보기엔 과거 영국군이나 다름없는 행동입니다. 관객의 마음속에 '저러면 안 되는데, 저러면 안 되는데…….' 하는 불안감이 차오르면서 영화는 예견된 비극으로 나아갑니다.

로리 오코너가 이끄는 조약 반대파가 무기 창고를 습격한 와중에 저항하는 공화국군을 사살하자 공화국군 간부는 복면한 그를 알아보고 "어떻게 동포를 살해하느냐?"며 분노해요. 데이미언은 조약 반대파와 함께 지하활동을 하고, 자유국 정부의 무기를 훔쳐내던 중 자유국 정부군에 사로잡히게 됩니다. 테디는 동생에게 "제발 전향하고 동료들의 위치를 밀고하라."고 설득하지요. 그러나 데이미언은 단호하게 거절합니다. "내가 크리스 레일리의 심장을 쐈어. 왜 그랬는지 형도 알잖아?" 하면서요. 처형당하기 전날 그는 시네드에게 편지 한 통을 씁니다. "나는 이 일에 뛰어들고 싶지 않았어. 하지만 결국 뛰어들게 되었지. 나는 이젠 벗어나고 싶어도 그러지 못해. 우린 참 이상한 존재야. 우리 자신에게조차 말이야."

사형이 집행되는 날, 데이미언의 심장 부위에 총격 표식을 하던 테디는 "지금도 늦지 않았다."고 안타깝게 속삭입니다. 그러자 데이미언은 "내가? 아님, 형이?"라고 비웃듯 대꾸해요. 군인들이 거총 자세를 취하자 데이미언은 거친 숨을 몰아쉬고, 마침내 발포 명령을 내리는 테디의 얼굴

위로 뜨거운 눈물이 흘러넘칩니다. 순간 총성이 울려요. 테디는 고개를 숙인 채 숨이 끊어진 데이미언의 시신을 끌어안고 통곡합니다. 시네드에게 동생의 죽음을 알리자 시네드는 테디에게 자기 집에서 나가라고 하면서 "다시는 당신을 보고 싶지 않다."라고 말합니다.

데이미언이 시네드에게 보내는 마지막 편지에는 켄의 '이상적 자아'처럼 보이는 사회주의자 댄의 다음 말이 인용되었습니다. "우리가 싸우는 상대를 알기란 쉽다. 하지만 우리가 우리에게 원하는 것을 알기는 어렵다."

켄은 식민지 독립에서 가장 어려운 문제는 제국주의자들을 어떻게 축출할 것인지, 그리고 나서 앞으로 어떤 사회를 만들 것인지, 하는 문제라고 보았습니다. 이를 두고 부르주아 민족주의자들은 현 상태를 유지하자고 주장하고, 혁명가들은 체제를 바꾸자고 외칩니다. 켄은 어떤 길을 가고 싶었던 걸까요? 데이미언을 통해 사회체제를 바꿔 더 평등한 나라를 세우자고 주장한 것 아닐까요?

나의 아일랜드

저는 아일랜드를 사랑합니다. 적어도 영국보다는요. 이유는 분명합니다. 영국은 침략자이고 아일랜드는 피해자이기 때문이에요. 제가 일본이나 중국보다 한국을 더 사랑하는 이유이기도 합니다. 만일 한국이 중국이나 일본을 침략하고 지배했더라면 저는 한국이 조국이라 해도 싫어했을 것입니다.

지금까지 저는 어린 시절에 읽은 간디의 전기를 삶의 성경으로 삼아왔습니다. 아마도 열 살 무렵 처음으로 그를 비롯한 여러 사람의 전기를 읽고 나서일 것입니다. 그때는 간디를 막연히 훌륭한 사람으로 생각했지만, 중학교에 들어와 로맹 롤랑이 쓴 간디 평전을 읽고서 비로소 간디는 나의 성자가 되었습니다. 그러나 간디를 직접 만나게 된 것은 그 무렵 처음 본 영화 덕분이었습니다. 바로 〈원술랑〉과 〈황톳길〉이에요. 외세에 대한 투쟁을 역설한 〈원술랑〉과 한센병자로 평생을 고통 속에 살았던 한하운의 삶을 그린 〈황톳길〉은 간디의 삶과 엮여 열 살 소년의 마음을 형성했습니다.

그 후 1981년에 출판된 『북아일랜드 그 원한의 역사』를 읽고 나서 아일랜드를 진지하게 탐색하기 시작했습니다. 전두환 체제하에 있던 우리 이삼십 대는 북아일랜드 독립을 주장하는 IRA에 자연스럽게 공감했고, 그 책의 앞에 나오는 예이츠의 시에 깊이 공감했습니다.

나 또한 기다리노라.

사랑과 증오로 휘몰아치는

그대들의 거대한 폭풍의 시간을.

언제일까-

대장간에서 튀는 불티처럼

별들이 하늘로 흩어지고 죽어갈 그 시간은

그것은 아득히 먼 곳에서 불어오는

아직 더럽혀지지 않은

가장 비밀스러운 장미?

-그대들의 시간은 이미 와 있고

그대들의 위대한 바람은

이렇게 일고 있습니다.

그 뒤로 아일랜드는 언제나 제 마음속에 있었습니다. 1980년대 말 그곳 벨파스트 대학교가 인권과 노동문제에 특히 관심이 많음을 알게 되어 유학을 생각하고 절차를 밟기도 했으나 인연을 만들지는 못했습니다. 시간이 흘러 다시 아일랜드를 생각하게 된 것은 1994년 무렵 본 〈아버지의 이름으로〉*라는 영화 때문이었습니다. 비슷한 시기에 개봉된 〈쉰들러 리스트〉에 밀려 사람들의 관심을 크게 끌지 못했지만, 제게는 〈쉰들러 리스트〉보다 더욱 좋았던 영화가 〈아버지의 이름으로〉입니다. 〈쉰들러 리스트〉는 소재도 진부했고 문제의식도 새롭지 못했어요. 유대인이 지배하는 할리우드의 반나치주의는 지난 반세기 동안 끊임없이 유대인 학살을 소재로 영화를 만들어온 '홀로코스트 산업'의 일부에 불과했으니까요. 반면 〈아버지의 이름으로〉는 민주주의와 인권의 모국이라고 하는 영국에서 벌어진 반민주적, 반인권적 권력 남용을 고발하는 충격적인 영화였습니다.

---

* 〈아버지의 이름으로〉(In The Name Of The Father)는 영국에서 제작된 짐 쉐리단 감독의 1993년 영화다. 근무 중이 아닌 네 명의 영국 병사들과 시민 한 명이 사망한 사건 속의 '길포드 4인'의 실화에 바탕을 두었다. 다니엘 데이 루이스 등이 주연으로 출연하였고 짐 쉐리단 등이 제작에 참여했다.

영화의 소재는 실제 일어났던 '길포드 포' 폭탄 테러 사건입니다. 1970년대부터 남북 아일랜드의 통일을 주장해온 가톨릭교도 중심의 아일랜드 공화국군(IRA)의 테러 중 하나를 다루었는데, 1974년 10월에 발생한 그 사건으로 건달 청년 게리 콘론은 테러범 누명을 쓰고 투옥되었다가 15년 후(1989) 석방됩니다. 콘론은 석방된 후 『증명된 무죄 *Proved Innocent*』라는 책을 썼는데(1990), 영화는 이를 토대로 제작되었습니다.

당시 길포드에 있는 한 선술집에서 폭탄이 터져 다섯 명이 죽고 오십여 명이 중화상을 입는 사고가 발생합니다. 영국 경찰은 IRA의 소행으로 단정하고 네 명의 용의자를 구속하여 구타, 살해 위협, 고문을 가했습니다. 유일한 증거는 자백이었습니다. 콘론의 아버지와 조카도 이때 공범으로 구속됩니다. 그러나 1975년 실제 범인들이 구속되어 재판을 받고 진범이라고 자백했으나 법원은 이를 '길포드 포'를 구하려는 술책으로 간주하여 받아들이지 않았습니다. 1980년 콘론의 아버지가 옥중에서 결핵으로 사망한 뒤로도 구명운동은 계속되었고, 마침내 1987년 영국 정부는 재조사를 실시하여 자백이 조작되었다는 사실을 밝힘으로써 1989년 10월 콘론은 자유의 몸이 됩니다.

〈아버지의 이름으로〉는 바로 우리의 이야기이기도 합니다. 그래서 제게는 더욱 감동적이었습니다. 우리의 수사, 재판, 교도소는 〈아버지의 이름으로〉에 나오는 그것보다 훨씬 못하기 때문이에요. 엄청나게 긴 수사 기간, 유례가 없는 보호실과 유치장의 존치, 고문에 의한 거짓 자백의 조작, 그것을 그대로 믿는 재판의 오류, 원시 상태를 방불케 하는 교도소의 실정 등 문제는 더욱 심각하지요. 박종철 고문치사사건을 비롯해 유서 대필 사건이나 몇 년 전의 김기웅 순경 사건에 이르기까지 대한민국에선 여전히 수사 과정의 인권 유린과 비과학적 감식에 의한 조작으로 약자들이 희생을 당하고 있지 않습니까?

영화를 보면서 저는 빈둥대던 아들이 인간성을 회복하는 장면에 매우 감동했습니다. 그러나 압권은 역시 콘론의 아버지였어요. 그는 이상적인 아버지입니다. '돈도 없고 아무런 힘도 없으나, 내면적으로는 강력한 정신력과 선량함을 지닌' 사람입니다. 참다운 인간상을 구현한 인물로, 불의에 끊임없이 맞서면서도 폭력을 거부하고 결국은 감옥에서 쓸쓸하게 죽어갔습니다.

아일랜드식 가족주의는 한국과 비슷하게 끈끈하기로 유명하지만, 우리의 메마른 현대 자본주의 사회에도 이런 감동적인 부자지간이란 것이 남아 있을지 의문입니다. 권력이나 돈으로 가족 이기주의를 얽어매는 것이 우리의 가족주의, 부자 관계가 아닐까요? 그 황폐함으로 부모를 불사르는 만행이 벌어지는 것은 아닐까요? 진정한 아버지의 상이 우리의 가슴에 얼마나 남아 있을까요? 진실을 통하여 교도소라는 극단상황에서도 아들을 인간으로 만들겠다는 의지를 우리 아버지들은 가지고 있을까요? 그리하여 '아버지의 이름으로' 다시 불의에 맞서는 새로운 세대를 우리는 교육하고 있을까요? '아버지의 이름으로' 역사를 다시 창조할 수 있도록 믿음을 주고 있을까요? 그 아버지는 제대로 교육을 받지도 못했고 평생을 값싼 임금에 노동을 쉬지 않았던 사람이었으나 정의와 자유에 대한 믿음을 버리지 않았습니다. 그리고 그것을 억압하는 거대한 권력에 홀로 맞섰어요. 우리의 아버지들은 어떤가요? 과연 아버지라는 이름에 걸맞은 행동을 하고 있을까요?

IRA와 관련된 실화를 영화로 만든 또 하나의 걸작은 〈어느 어머니의 아들〉(1997)입니다. IRA 소속 청년들이 영국군에 총격을 가한 탓으로 구속되는데요. 자신들은 전쟁 포로이므로 죄수복을 입지 않겠다고 단식 농성을 시작합니다. 그중 한 명인 제라드의 어머니는 폭력에 부정적이었으나, 아들을 구하기 위한 투쟁에 참여합니다. 감독 테리 조지는 〈아버지의 이름으로〉의 각본을 쓴 사람이었는데요. 이 영화에서처럼 자녀들이 관계된 어떤 사건 때문에, 혹은 자녀의 뜻을 따르기 위해 이전과 전혀 다른 삶을 살게 된 부모들이 한국에도 많습니다. 수많은 전태일 열사의 어머니, 수많은 김용균 씨의 어머니, 그리고 세월호 학생들의 부모님이 바로 그렇습니다.

저는 아일랜드에 관한 책 가운데 독일 작가 하인리히 뵐(1917~1985)이 쓴 『아일랜드의 일기*Irisches Tagebuch*』를 가장 좋아합니다. 1950년대 작품이니 지금의 아일랜드와는 상당 부분 다르겠지만, 그 안에 등장하는 '차 소비와 영화관 방문 횟수는 세계 최고지만 자살자는 세계 최소'[*]라는 이야기는 지금도 통합니다. 뵐은 아일랜드 사람들이 가난에

---

[*] 2008년 통계로도 아일랜드의 인구 10만 명당 자살률은 9.3명으로 세계 28위다. 반면 한국은 2018년 통계로 볼 때 26.9명으로 세계 1위다. 일본은 2017년 통계로 16.8명으로 9위, 영국과 미국은 11명 전후로 각각 세계 21, 22위다.

대해 말하지도 않고, 한탄하지도 않고, 시간은 언제나 충분하다고 생각한다, 라고 말했습니다. 이 점 역시 한국과는 많이 다릅니다. 그렇다면 아일랜드와 한국 사이에 같은 점도 있을까요?

뵐은 조국인 독일에 비판적이었습니다. 그에 의하면 독일에는 전통도 없고, 역사도 없으며, 따라서 혁명도 없고, 진정한 반대 운동도 없으며, 공동사회도 없다고 합니다. 반면 그는 아일랜드에는 역사와 전통이 있고, 공동사회도 있다고 보았습니다. 아일랜드 공무원은 친절하고 도움을 주지만 독일 공무원은 비인간적인 파시스트라고도 했지요. 이러한 단순 비교에는 문제의 소지가 다분합니다만, 아일랜드가 최근 경제발전을 이룬 데 노사정 파트너십이 긍정적인 영향을 주었다는 점에서 알 수 있듯이 그들의 강력한 공동체 정신을 부정하기는 어려울 것입니다.

아일랜드는 인도보다 몇 배 긴 팔백 년 동안 영국의 지배를 받았지만, 우리가 일본의 지배를 받은 것은 사십 분의 일도 되지 않는 삼십오 년간입니다. 그러니 도쿄대학교 총장을 지냈던 야나이하라 다다오[矢內原忠雄, 1893~1961]가 '조선은 우리의 아일랜드'라고 한 것은 잘못되어도 한참 잘

못된 표현입니다. 한국은 일본과 다릅니다. 한국은 일본과 달리 남의 나라를 침략한 적이 없어요. 바로 이 점에서 한국은 아일랜드와 닮았습니다. 아일랜드는 유럽에서 한 번도 남의 나라를 침략한 적이 없는 유일한 나라예요. 이를 아일랜드나 한국이나 평화를 사랑한 나라인 탓이라고 말할 필요는 없습니다. 차라리 약소국이었기 때문이라고 인정하는 것이 오히려 솔직한 표현 아닐까요?

나도 당신도 나빠질 수 있다

폴 래버티가 각본을 쓰고 켄이 2007년에 만든 〈자유로운 세계〉(It's a Free World)는 2007년 부산 국제영화제의 화제작 중 하나였습니다. 그 자신 노동자에서 냉철한 자본가로 변해가는 여성의 삶을 그린 이 영화는 그녀가 무얼 택하든 어떤 방향으로 가든 요즘 우리가 흔히 말하듯 "뭐, 어때? 자유민주주의 사회에서 한번 잘살아보겠다고 하는 게 잘못이야?" 하는 마음을 대변해줍니다. 우리나라에서 상영될 당시 포스터에 적혀 있던 "남들처럼 아들과 행복하게 살고 싶어……."라는 문구의 말줄임표에 들어갈 법한 그 많은 경우의 수, 바로 '자유로운 세계' 안에서 품을 수 있음 직한 마음들이죠.

개봉 당시로부터 십여 년이 지난 현재의 시점에서 보자면 피고용자가 고용자가 되어가면서 벌어지는 변화들, 좋거나 선한 것의 실종, 가치와 윤리에 대한 재고 등은 사실 그리 새로운 현상이 아닙니다. 도리어 뻔한 레퍼토리 중 하나인데요. 많은 사람이 피고용자인 노동자로서 살다가 퇴직 후 고용자의 신분이 되면 최저시급이 올라가는 것을 탐탁하게 여기지 않게 되고, "모든 법이 노동자 위주로 되어 있어서 사업하기 힘들다."라고 한탄하며, 챙길 것은 왜 이리 많은지, 라고 불평하게 마련이니 말입니다. 흔히 구세대로 상징되는 사람들의 경우 그 정도는 매우 심각한데, 켄 로치 감독의 〈자유로운 세계〉는 일찍감치 피해자가 가해자로 변모하는 상황을 그렸다는 점에서 특이하다고 할 만합니다.

'눈에 보이는' 영화의 내용은 단순합니다. 주인공 앤지는 이주노동자들에게 직업을 알선해주는 업체의 계약직 사원입니다. 상사의 성희롱을 참지 못해 대들었다가 부당

해고를 당한 후 앤지는 아버지에게 어린 아들 제이미를 맡기고 친구 로즈와 함께 인력소개소를 차립니다. 그런데 사업을 시작한 지 얼마 되지 않아 앤지는 합법적으로 일할 수 있는 이주노동자보다 불법 이주노동자를 알선하는 편이 본인에게 훨씬 이익이라는 사실을 간파합니다. 하루빨리 부자가 되어 아들이랑 행복하게 살고 싶다는 욕심은 앤지를 '악덕 고용주'로 만들지요. 그녀는 기어이 노동자들의 임금을 빼돌리는 것도 모자라 이주노동자를 악용하기까지 합니다.

하지만 이렇게 변한 사람은 앤지 혼자만이 아니었습니다. 거래하는 사람도 변하고 친구도 변하고 노동자들도 변했습니다. 창업 동료 로즈는 앤지를 비난하며 떠나고, 거래처 사장은 앤지를 곤경에 빠뜨리며, 돈을 떼먹힌 노동자들은 유괴범으로 돌변합니다. 앤지는 과연 '더는 나빠질 수 없는 이 모든 상황'에 이르러도 좋을 만큼, 그렇게 모질게 굴더니 참 잘 되었다, 라고 비아냥대도 좋을 만큼 뼛속까지 악당이었을까요?

영화에서 앤지의 아버지는 "최저임금은 제대로 맞추는 것이냐?"라고 딸에게 묻습니다. 그러고는 불법적인 일에서 손을 떼고 다른 일을 찾아서 아들과 안착하라고 말합니다. 그 자신 은퇴한 노동자였던 아버지는 남도 아닌 자신의 딸이 다른 나라에서 온 노동자들을 돈벌이 수단으로 이용한다는 데 절망했지요. 그러나 아버지의 충고는 '나도 남들처럼 잘 벌어 잘 먹고 잘살고 싶다.'는 딸의 욕망 앞에 무색할 따름입니다.

〈자유로운 세계〉는 피해자와 가해자, 고용인과 피고용인의 입장이 서로 바뀌면 어떻게 될까, 하는 의문에서 시작하여 그들이 변화하는 흥미로운 과정을 보여주었습니다. 이 영화는 그 '변화'가 사회시스템의 문제(편법이 일상화된)이자 개인의 문제(나도 언제든 저렇게 변할 수 있다)라는 점, 그리고 '미등록' 이주노동자들을 대하는 우리나라의 문제와 관련해서 여러 가지 시사점을 줍니다. 앞에서 본 〈다정한 입맞춤〉이 이슬람교도 이주민 가족의 시각에서 영국 사회를 비판한 영화라면, 〈자유로운 세계〉는 동유럽 출신의 '미등록' 이주노동자들을 착취하는 사용자, 그것도 노동자에서 사용자로 된 여성을 주인공으로 한 영화입니다. 이때 '미등록' 이주노동자란 흔히 '불법' 노동자라고 일컬었던 사람들을 말합니다.

노동자가 억울하게 해고당해서 사용자가 되는 경우 더 악독한 착취자가 되는 것은 어쩌면 학대받던 며느리가 시어머니가 되면 자신의 며느리를 더욱 학대한다는 식의 이야기에서 볼 수 있는 것처럼 그다지 유별난 현상은 아닌 모양입니다. 동서고금을 막론하고 종종 불거지는 이야기들이니 말입니다.

저는 이 영화에서 주목할 부분으로 앤지와 그녀의 아버지 사이에서 오가는 대화를 꼽고 싶습니다. 앤지는 외국인 노동자에게 임금을 미루지는 않느냐, 최저임금을 제대로 주고 있느냐, 라고 물으며 딸이 하는 일에 의심의 눈길을 보내는 아버지에게 "아버지는 삼십 년 동안 한 가지 일만 했지만, 나는 서른 가지 일을 해요."라고 대답합니다. 세대 간에 달라진 노동 상황을 강조한 것이지요. 하지만 이 말은 변명에 지나지 않아요. 자기가 이주민 노동자들을 착취하고 있음을 합리화하려는 전략 중 하나죠. 그런데 이주민 노동자 가운데는 이란에서 온 지식인처럼 자국에서 사회적 지위를 인정받지만 정치적인 이유로 숨어든 사람도 있습니다. 그러니 아무리 불법 이주민이라고 해도 속수무책으로 당할 사람은 없죠. 합법적인 수단이 없어서 어쩔 수 없이 당하는 척할 뿐입니다.

'미등록' 체류자를 착취하는 악덕 사용자는 한국에도 많습니다. 게다가 한국은 '미등록' 체류자를 범죄자로 보는 편견이 더 심한 나라입니다. 그러나 '미등록' 체류자란 적법한 체류 자격을 허가받지 못한 자를 말하는 것이어서 딱히 불법이라고 할 수는 없습니다. 우리가 무심결에 사용하는 것처럼 '불법 외국인'이니 '불법 노동자'니 하는 말을 함부로 사용해서는 안 되는 이유죠. 외국인 범죄율이 내국인 범죄율보다 낮고, 그중에서도 '미등록' 체류자의 범죄율은 '등록' 체류자보다 더 낮은데도 그런 편견이 지배적인 것은 매우 문제적입니다. 그래서일까요? 2017년 이주민 환대지수 평가에서 한국은 OECD 스물세 개 회원국 가운데 이십일 위를 차지했습니다.

한 가지 주의할 점이 있습니다. 한국의 미등록 외국인 문제는 한국 특유의 고용허가제 때문에 발생한다는 사실이에요. 1980년대부터 외국인 노동력이 요구되자 한국에서는 산업연수생이라는 명목으로 외국인 노동자를 받아들였으나 인권 문제가 심각하게 야기되면서 고용허가제로 바꾸었습니다. 즉 내국인을 고용하기 위해 노력했으나 구하지 못한 것을 증명한 사용자에게 외국인을 고용할 수 있도록 허가해주는 제도로 바꾼 것입니다.

그런데 이 제도는 허가받은 사용자와 근로계약을 맺는 것이어서 이주노동자들에게는 사업장 이동이 원칙적으로 금지됩니다. 사용자는 일방적으로 계약을 해지할 수 있으나 노동자는 체류 자격 자체를 위협받기 때문에 함부로 계약을 해지할 수가 없는 거예요. 그 결과 임금 체불, 상습적 폭언, 폭행, 성폭력 등을 당해도 사업장 변경이 쉽지 않게 되었습니다. 노동자에게 더욱더 불리한 상황으로 바뀐 것입니다. 법정 사유에 한해 세 번까지 허용된 사업장 변경 신청도 기간의 제한 문제로 '불법 체류'를 양산하고, 노동자를 극단적인 길로 몰아가는 상황으로 치달았습니다. 2007년 여수 출입국관리사무소 화재 시에 이주노동자들의 도주를 우려해 이중 잠금장치를 바로 열지 않아 희생자가 늘었고, 2017년에는 한국인 남성이 "단속을 피해 안전한 곳에 데려다주겠다."라고 하면서 여성 이주노동자에게 성폭행을 시도하고 살해한 사건이 벌어졌습니다. 2018년에는 대학원 유학생이 아르바이트를 하다가 집단폭행을 당했습니다.

하루빨리 고용허가제를 폐지하고, 이주노동자들에게 정당한 체류 자격을 인정하고, 외국인 노동자를 우리와 동등한 인격으로 받아들이는 자정(自淨) 노력이 시급한 때입니다. 그러지 않는 한, 우리 사회는 갈수록 더 나빠지고, 우리 자신도 지금보다 더 나빠질 것입니다.

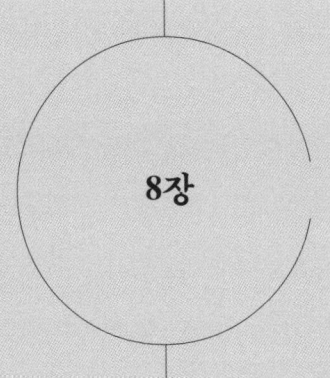

8장

행복과 복지를
위해 찍는다

이번에 함께 살필 영화는 노동자들의 삶을 유쾌하게 묘파한 〈앤젤스 셰어〉(The Angels' Share, 2012)를 비롯한 2010년대 전반 작품입니다. 이라크전쟁을 비판적으로 다룬 〈루트 아이리시〉(Route Irish, 2010), 노동당의 본래 정신으로 돌아가자고 외친 다큐멘터리 〈1945년의 시대정신〉(The Spirit of 1945, 2013), 사회주의의 복권을 즐겁게 주장한 〈지미스 홀〉(Jimmy's Hall, 2014)을 만든 2010년대 전반기는 복지와 노동문제, 즉 인권을 다룬 두 개의 걸작 〈나, 다니엘 블레이크〉(I, Daniel Blake, 2016)와 〈미안해요 리키〉(Sorry We Missed You, 2019)를 낳은 터전이 되었습니다.

'제3의 길' 이후 2010년대의 영국

영국은 1973년부터 2019년까지 유럽연합(EU)의 구성원이었습니다. 오늘날 영국이 보여주는 노동당 내각의 태도는 유럽연합과의 통합으로, 보수당은 몇몇 권리와 자격의 반환으로, 그리고 자유민주당은 현재 정책을 지지하는 쪽으로 기울고 있습니다. 그러나 2016년 유럽연합 회원국 국민투표 결과에 따라 브렉시트가 결정되면서 영국은 새로운 운명에 처하게 되었습니다.

2012년 11월, 켄은 토리노에 있는 국립영화박물관이 청소와 보안 서비스를 아웃소싱했다는 사실을 알고 토리노 영화제의 수상을 거부했습니다. 협박과 학대의 의혹이 제기되는 동안 노동자들은 해고되었고, 일부 노동자들은 임금 삭감에 반대하다가 일자리를 잃었지요. 그로부터 삼 년 뒤, 켄은 노동당원으로서 제러미 코빈(1949~)*이 이끄는 노동당을 지지했고, 2016년 9월 선거 시에 한 시간짜리 〈제

---

* 코빈은 2015년 6월, 노동당 당수에 출마했다. 초기에는 다들 그를 군소 후보로 여겨 등한시했지만 이후 각종 여론조사에서 압도적인 지지를 얻으며 지지율 1위가 되었고, 2015년 9월 12일 노동당 당수 선거 첫 투표에서 59.5퍼센트를 득표하여 제18대 당수로 선출되었다.

러미 코빈과의 대화〉를 공개했는가 하면, 2017년 5월 노동당 총선 유세에서는 제러미 코빈의 프로필을 담은 선거 방송을 연출하기도 했습니다. 통틀어 세 번 노동당을 위해 방송한 셈이지요.

2019년 9월과 10월 인터뷰에서 켄은 코빈 주변의 의원들 대부분이 우파 지도자를 더 선호하는 것 같다면서 "노동당 지도부가 (노동당) 우파와 너무 많이 타협했다."라고 지적했습니다. 스스로를 민주사회주의자라고 밝힌 코빈은 공공사업과 철도의 재(再)국유화, 탄광사업 재개, 기업의 세금 회피 단속 강화, 대학등록금 폐지, 학생보조금 재개, 복지예산 삭감 철회 등을 주장했습니다. 그는 이미 "토니 블레어 전 당수가 추진한 '제3의 길'은 서구식 좌파 논리에 신자유주의 사상을 뒤섞은 것이다."라고 신랄하게 비판한 바 있습니다. 또한 노동당원들에게는 "노동조합의 권리 강화, 경제 계획, 지역 투자, 국민건강보험의 민영화 요소 퇴출을 포함한 사회주의 정책을 만들자."라고 강력하게 요구했습니다. 브렉시트보다는 시민 당사자의 건강, 교육, 빈곤, 불평등, 그리고 기후변화를 더 중요시한 것입니다.

2017년 9월 노동당 회의에서 켄은 "나는 오십 년 이상 노동당 당원이었고, 노동조합 가입자였으며, 여러 모임에 열심히 참석했지만, 반유대주의나 인종차별주의 발언은 들은 적이 없다."라고 말했습니다. 그러고는 "하지만 우리 사회에는 (내가 찬성할 수 없는) 그런 견해가 분명히 존재한다."고 덧붙였습니다. "역사는 우리 모두 토론해야 하는 대상이다. 인종 청소를 바탕으로 한 이스라엘의 건국을 예로 들어보자. 이 문제에 대해 우리는 분명 짚고 넘어가야 할 점이 있다는 것을 누구나 알고 있다. 그런데 세상에는 여전히 이 문제를 반유대주의에 대한 거짓된 이야기로 전복시키려는 사람들이 있다."라는 따끔한 지적도 잊지 않았고요.

전쟁의 광기는 어디에서 오는가?

〈루트 아이리시〉는 켄 로치가 감독하고 폴 래버티가 시나리오를 쓴 스릴러물로 2010년 제63회 칸 국제영화제에서 황금종려상 후보로 거론되었던 영화입니다. '국가의 방치'라는 범죄, 전쟁의 잔혹성, 하층민 착취, 원주민에 대한 가혹한 대우 같은 켄 로치 영화의 일관된 주제를 재조명한 작품이에요. 동시에 전쟁의 참상을 고발하고, 군사기업과 자본에 얽힌 음모를 파헤치는 이야기이기도 합니다.

주인공 퍼거스는 친구 프랭키와 함께 민간 군사기업으로부터 거액을 받고 이라크로 갑니다. 그러나 프랭키는 이라크에서 전사했고, 퍼거스는 현재 그의 장례식에 참석하려고 리버풀을 찾는 중입니다. 영화의 제목인 '루트 아이리시'는 바그다드의 '그린 존'*과 바그다드 공항 사이에 있는 위험한 길을 이르는 말입니다.

프랭키와 형제처럼 자란 퍼거스는 프랭키를 이라크에 데려온 데 깊은 책임감을 느낍니다. 그는 프랭키가 보낸 마지막 메시지를 떠올리며 친구의 죽음에 뭔가 석연치 않은 점이 있다고 의심합니다. 프랭키의 장례식에 온 민간 군사기업 이사 헤인즈는 고인의 가족에게 사망 경위를 설명하면서 그를 추켜세웁니다. 퍼거스는 지인 마리솔로부터 프랭키가 퍼거스에게 주라고 했다는 쪽지와 그의 휴대전화를 건네받습니다. 퍼거스는 이라크 출신 음악가 하림의 도움으로 프랭키 팀이 겪은 비밀스러운 일을 알게 됩니다. 프

---

* 바그다드 중심부에 위치하는 지역으로 미국 대사관과 정부기관 청사들이 몰려 있는 곳이다.

랭키 팀의 일원인 넬슨이 자기 차를 따라온 택시에 총격을 가하는 바람에 탑승했던 소년과 운전사가 사망했다는 사실이었습니다. 프랭키는 자신의 팀원이 무고한 이라크 민간인 가족을 살해한 데 격노했는데요, 사정을 알게 된 퍼거스는 프랭키에게서 걸려왔던 전화 내용을 떠올립니다. 그는 '중요한 이야기가 있으니 전화하자.'는 메시지가 과연 어떤 의미였는지 의문을 품고 조사를 시작합니다.

폭행 사건에 연루되어 여권 효력을 잃게 된 퍼거스는 이라크에 사는 토미에게 조사를 의뢰합니다. 토미의 보고와 현지에서 바를 운영하는 페기의 증언에 따라 퍼거스는 넬슨이 본인의 부정을 숨기고자 프랭키를 살해했다는 의심을 굳힙니다. 그리고 프랭키의 죽음 직전에 넬슨이 킬러를 만났다는 사실을 알게 되어 퍼거스는 넬슨이 범인이라고 확신합니다. 그때 마침 넬슨이 귀국합니다. 그는 프랭키의 휴대전화를 찾으려고 퍼거스의 집을 수색하는 한편 하림의 집을 습격해 휴대전화를 빼앗고 상처를 입히지요. 분노한 퍼거스는 넬슨을 납치해 고문을 가하고 넬슨으로부터 막스를 고용해 프랭키를 죽였다는 자백을 받아낸 뒤 살해합니다.

막 귀국한 부하 제이미에게서 프랭키가 사망했을 당시 넬슨은 아프가니스탄에 파견되었고 막스는 이미 살해된 후였다는 이야기를 듣고 퍼거스는 충격에 빠집니다. 이 모든 일이 실은 회사 매각과 관련되었고, 프랭키의 상사 워커가 기도한 것이며, 가장 위험한 루트 아이리시의 일을 더 늘리기 위해 프랭키가 테러를 당한 것처럼 꾸민 작전이라는 게 밝혀져요. 진실을 알게 된 퍼거스는 헤인즈와 워커를 죽이는데, 그 과정에서 무고한 여성까지 해를 입습니다. 전장의 가혹한 체험으로부터 의식적으로 혹은 무의식적으로 튀어나오는 자신의 광기에 절망한 퍼거스는 어린 시절 프랭키와 함께 즐겨 탔던 마지강의 페리에 오릅니다. 그러고는 레이철에게 전화해 넬슨에게 살해된 소년의 유족을 지켜주고, 신세를 진 크레이그를 도와달라고 한 뒤 강에 몸을 던집니다.

〈루트 아이리시〉가 발표된 지 5년 후인 2016년 7월 영국은 자신들이 이라크전쟁에서 어떤 일을 했는지, 그 때문에 중동정세가 어떤 길을 걷게 되었는지 밝히는 엄청난 양의 자료 「칠콧 보고서 *Iraq Inquiry(Chilcot Inquiry)*」[*] 내용이 드러나면서 대격동에 빠집니다. 이 보고서는 위원장을 맡은 존 칠콧 경의 이름을 따 흔히 「칠콧 보고서」로 불리는데, 영국의 이라크 조사위원회가 2009년부터 조사한 결과를 담은 것입니다. 당시 조사위원은 총 다섯 명[**]으로 고든 브라운 총리가 임명했습니다. 공개조사 기간은 원래 일 년이었지만 이라크전쟁[***] 기간인 육 년보다 더 긴 칠 년에 걸쳐 조사가 진행되었습니다. 여기에 들어간 비용만 총 백오십억 원이라고 하는데요, 토니 블레어 전 총리를 포함해 백이십 명이 증언대에 올랐고, 2001~2009년 사이 발행된 정부 문서 십오만 건을 분석했다고 알려졌습니다. 「칠콧 보고서」는 잘못된 정보, 즉 사담 후세인 당시 이라크 대통령이 대

---

[*] 핵심 내용은 "1)군사 조치는 최후의 수단이 아니었음. 2)블레어 총리가 부시 미 대통령에 당신과 뭐든 함께하겠다는 내용을 담은 서한을 보냄. 3)잭 스트로 외무장관이 이라크전 강경노선을 취함. 4)정당성이 없는 전쟁임. 5)블레어 총리가 부시 미 대통령을 지지한 이유. 6)서로 다른 전쟁 목적(미국은 정권교체, 영국은 무장해제). 7)블레어 총리, 참전에 따른 영국 내 테러 위험 증가 사전 인지. 8)영국 부대의 장비 부족. 9)이라크는 테러단체에 WMD기술을 넘기지 않음. 10)영국은 정보전 실패를 인정하고 싶지 않았다."는 것이다.

[**] 위원장인 존 칠콧 경을 비롯해 전쟁사학자인 로런스 프리드먼 경, 역사학자인 마틴 길버트 경, 러시아대사이자 유엔대사였던 로데릭 라인 경, 그리고 영국 귀족원 의원인 베로네스 파샤가 조사 임무를 맡았다.

[***] 이라크전쟁은 2003년 미국의 침공으로 개시되었다. 이 전쟁에서 사망한 영국군은 179명, 미국군은 4천 500명으로 집계되었다. 하지만 이라크 민간인 희생자는 셀 수 없을 정도다. 참전을 결정한 당시 토니 블레어 총리는 조지 W. 부시 미국 대통령의 대외 정책을 줄곧 지지해온 탓에 '부시의 푸들'이라는 오명을 얻었다.

량 살상 무기를 개발했다는 정보를 입수하여 전쟁을 일으켰다는 주장이 과연 진실이었는지의 여부를 가리는 데 초점이 맞춰졌습니다. 블레어 전 총리는 그해(2016) 10월 미국 CNN 방송과 인터뷰를 통해 잘못을 인정했는데, 이를 두고 제러미 코빈 노동당 대표는 "전쟁 범죄를 저지른 사람은 누구나 재판에 회부되어야 한다."고 주장했습니다.

대한민국도 복잡한 파병의 역사를 갖고 있습니다. 1964년 베트남 전쟁에 한국군 전투부대 파병을 기점으로 1973년 철수 때까지 삼십이만 명이 참전했으나 영국의 「칠콧 보고서」와 같은 문건이 작성된 예는 없습니다. 그 뒤에도 1991년 걸프전, 1993년 소말리아, 1999년 동티모르 등에 세계평화유지군이라는 이름으로 한국군을 파병했습니다. 물론 이때에도 그런 성격의 보고서는 나오지 않았지요. 베트남 참전에 관한 외교문서도 참전 후 사십여 년이 지난 2005년 8월 26일에야 비로소 공개되었는데 그 내용은 당연히 정부 측 기록에 불과했습니다.

시대정신은 없다

켄이 2012년에 만든 〈1945년의 시대정신〉은 1945년에 집권한 클레멘트 애틀리 노동당 정권하에서 생긴 전후 영국의 급진적 변화를 집중적으로 조명하는 다큐멘터리입니다. 주로 자료 영상과 인터뷰에 의존할 뿐 음성 설명도 없어요. 이 다큐멘터리는 전쟁 전 영국의 가장 큰 문제였던 고질적인 빈곤, 2차 대전의 승리와 복지국가로의 전진, 의료보험 창설, 산업시설의 국유화 등을 재조명하면서 이러한 업적들이 특히 1980년대 보수당 정부인 마거릿 대처에 의해 공격 대상으로 전락했다는 점을 비판적으로 묘사합니다.

1945년 2차 대전 끝 무렵인 7월, 영국에서는 총선이 실시됩니다. 그간 보수당을 이끈 전쟁 영웅 처칠은 프리드리히 하이에크(1899~1992)*의 『노예의 길 The Road to Serfdom』(1944년)을 대량으로 인쇄하여 배포하면서 자유를 강조했

---

* 런던·시카고·잘츠부르크 대학교수를 지냈으며, 오스트리아학파를 계승하는 개인주의적 경제학자이다. 경기 순환론·경제 계획 논쟁·자본 이론·화폐 이론 전개에 공헌하였으며, 사회 과학 방법론 및 정치 철학 분야에도 뛰어난 업적을 남겼다. 1974년에 노벨 경제학상을 받았다.

지만, 의외의 드라마가 펼쳐집니다. 하원 육백사십 석 중 노동당이 삼백구십삼 석을 얻어 이백십육 석에 그친 보수당을 크게 앞선 거예요. 처칠에 대한 노동자들의 반감이 적지 않다는 것을 짐작하고 있었지만, 총선에서 실제로 노동당이 압승하리라고는 아무도 예상하지 못했는데 말입니다.

총선에서 승리한 노동당은 최초의 사회주의 정당의 정부를 만들었습니다. 클레멘트 애틀리(1883~1967)는 상류층으로 옥스퍼드 출신이었으나 각료 중 여덟 명은 광부 출신이었고, 열한 명은 노동조합 출신이었습니다. 애틀리 노동당 정부는 국민에게 내핍을 호소하고 영국은행·철도·석탄·가스·전신전화 등 중요한 기간산업(基幹産業)의 국유화를 추진했습니다. 하지만 1951년의 선거에 패배하면서 1955년에 은퇴하게 됩니다.

다큐멘터리는 민중 대다수가 실업과 빈곤에 시달려야만 했던 1930년대로는 돌아갈 수 없다는 자각 아래 1945년에 종전을 맞았다는 설명으로 시작합니다. 당시 영국은 세계 최대 제국이었지만 대다수 국민은 세계 최고의 빈민이었습니다. 그러나 전쟁을 거치면서 노동조합과 군대에서는 그 어느 때보다 활발하게 민주주의적인 정치토론이 벌어졌고, 국민의 정치의식은 나날이 높아졌지요. 연대하고 단결하는 힘도 커졌습니다. 이제 국민은 더욱 평등하고 더욱 정의로운 새 나라를 바랐습니다. 하지만 국민은 그런 바람을 응축한「베버리지 보고서 Beveridge Report」에 대한 처칠의 냉담한 반응 역시 온전히 기억하고 있었어요.

노동당 정권은 먼저 노동조합의 정치 활동을 제약한 노동쟁의법을 폐지함으로써 노동조합의 힘을 회복시켰습니다. 그리고 정부의 삼 대 국정지표인 주요 기간산업의 국유화, 복지국가, 그리고 계획경제를 추진했어요. 2차 대전이 끝나자마자 시작된 총선에서 채택된 사회주의의 핵심인 '국유화'는 영국 역사에서 1381년의 존 볼을 위시해 17세기의 디거스, 19세기에 이르러서는 로버트 오언(1771~1858)[*]과 윌리엄 모리스(1834~1896)[**]를 거쳐 20세기 중반의 노동당 정부에 의해 가능해졌음이 영화에서 밝혀집니다.

---

[*] '사회주의'라는 용어를 최초로 사용했다. 영국 최초의 사회주의자로서 생시몽·푸리에와 함께 3대 공상적(空想的) 사회주의자로 불린다. 협동조합 설립 운동의 아버지이기도 하다. 자본주의의 대안공동체를 고민할 만큼 매우 앞선 생각을 이어나가면서 노동조합, 협동조합, 노동자 자주경영, 대안화폐 운동 등 현재 시점에서도 혁신적인 사상을 1829년부터 1834년까지 구상하고 실천했다.

[**] 윌리엄 모리스는 사상가적인 모리스와 예술가 모리스 두 모습으로 알려졌다. 사상가로서는 인간의 자유의지를 강조하는 이상적 사회주의자의 면모를 보이고, 예술가로서는 르네상스 예술가를 연상시킬 정도로 건축, 회화, 디자인 등 다방면에서 재능을 발휘했다.

최초의 국유화는 1946년의 잉글랜드은행 국유화였습니다. 이어 1947년에는 최초의 철도 국유화가 이루어집니다. 사십 년간 이어진 논쟁의 결과였지요. 그 뒤 광산이 국유화되었지만, 문제는 여전했습니다. 책임자들은 여전히 광부들에게 폭군처럼 군림했고, 안전 유지 쟁점도 해결되지 않았습니다. 그 뒤로 1948년에는 전기, 1949년에는 가스와 주택 분야가 국유화되었는데, 국민은 국유화에 반발하기는커녕 이를 당연한 것으로 받아들입니다. 전쟁 동안 국가의 산업 통제에 익숙해진 탓이었습니다.

모든 국민의 삶을 '요람에서 무덤까지' 책임지게 해주었던 복지국가 정책의 양대 기둥, 즉 국민보험제도와 국민보건사업은 1946년에 입법화되었습니다. 이 다큐멘터리에서는 특히 1946년의 국민보험법(National Insurance Act)을 강조합니다. 이것은 질병, 실업, 노령 등 여러 위험에 처한 국민에게 생계 소득을 보장하는 사회보험제도로서 노사정이 갹출한 기금으로 실직자와 퇴직 노령자에게 실업수당과 노령연금을 주고, 한부모 가정에 기본급여를 제공하자는 내용이었습니다. 또한 노동자를 위한 산업재해보험법(Industrial Injuries Act)과 극빈자를 위한 국민부조법(National

Assistance Act)도 제정되었습니다. 이어 1948년에는 국민보건사업법(National Health Service Act)*이 제정되어 누구나 원하는 의사에게 무상으로 치료받을 수 있게 됩니다. 그전까지만 해도 대다수 빈민은 민간요법에 의존해야 했던 형편이었거든요. 한편으로 주택정책과 교육정책에서도 혁신이 시도되었으나 결과는 만족스럽지 못했습니다. 특히 교육 분야에서 전통적으로 계급에 따라 다르게 공부하게 만든 시스템은 개선되지 않았습니다.

이 모든 상황은 1979년 대처가 집권하면서 뒤집힙니다. 철저한 사유화가 진행되었기 때문인데요. 여기에 이론적인 힘을 실어준 집단이 바로 밀턴 프리드먼(1912~2006)을 위시한 '시카고학파'입니다. 그 결과 영국에서는 1984년의 광부파업에도 불구하고 광산이 사유화되고, 1986년에는 가스, 1987년에는 항공이 사유화되었습니다. 그리고 이때부터 영국의 정체성이었던 '복지'가 너무나 빠르게 '병'으로 폄훼됩니다.

---

* 이것은 보험이 아니었기 때문에 재정은 국고에서 부담했다. 의사들은 월급 외에 환자당 수당을 받게 되었는데 그 법을 추진한 보건부 장관인 어나이린 베번(1897~1960)은 의사들을 비롯한 적대세력의 반대에 부딪혀 중세의 마녀사냥을 방불케 하는 모함과 비난에 시달려야 했다.

천사의 몫을 룸펜프롤레타리아에게

켄 로치 감독이 2012년에 만든 〈앤젤스 셰어: 천사를 위한 위스키〉는 스코틀랜드 글래스고가 배경입니다. 영화의 제목으로 쓰인 '엔젤스 셰어(Angels' Share)'란 위스키나 포도주를 참나무통에 보관해 숙성시키는 과정에서 자연스럽게 증발하는 2~3퍼센트의 양을 가리키는 말입니다. 우리 문화에 감나무 까치밥이 있다면 스코틀랜드에는 위스키에 천사의 몫이 있는 셈이지요. 켄은 이 영화에서 극상위층 소수에게 반항하는 평범한 다수의 패기를 상징적으로, 그리고 유쾌하게 보여주었습니다.

영화는 직업도 없이 사고만 치고 다니던 청년 백수 로비가 폭행 사건에 연루되어 법원으로부터 사회봉사 명령을 받는 것으로 시작합니다. 여자 친구 레오니의 출산으로 엉겁결에 아빠가 된 로비는 갓 태어난 아들의 얼굴을 처음 본 순간 아들만큼은 자신과 같은 삶을 되풀이하게 두지 않겠다고 굳게 결심합니다. 사회봉사 교육관인 해리의 집에서 로비는 난생처음 몰트위스키를 맛보는데요, 너무나 놀랍게도 로비에겐 남다르게 예민한 후각과 미각, 그리고 선천적인 위스키 감별 능력까지 있었습니다. 로비는 이후 사회봉사를 함께하는 친구들과 위스키 시음 행사에 갔다가 수십억을 호가하는 세계 최고의 위스키 경매가 열린다는 정보를 입수합니다. 그러고는 자신의 타고난 위스키 감별 재능을 이용해 일생일대의 인생 반전을 계획하지요. 진짜 위스키를 훔쳐내되 경매에서는 가짜 위스키를 눈속임하여 최고가로 팔아치우는 작전입니다. 대신 은밀하게 보관한 진짜 위스키는 자기 인생에 행운의 문을 열어준 해리에게 선물하기로 마음먹습니다.

〈앤젤스 셰어〉는 그동안 켄이 즐겨 다룬 노동자층을 주인공으로 하지 않고 백수, 범죄자, 부랑자 등 소위 룸펜프롤레타리아(Lumpen proletarian)를 주인공 삼은 영화입니다. 정직하게 일해서 먹고사는 노동자들보다 훨씬 불안정한 삶을 이어가면서 천대받는, 그야말로 가장 밑바닥 인생이죠. 이 영화에서 그들이 훔치려고 하는 '엔젤스 셰어'와는 극단적으로 반대편에 선 셈입니다. 또 하나 흥미로운 점은 '천사의 몫'이란 표현에서 천사가 가리키는 대상이 최상류 계층이 아니라 룸펜프롤레타리아라는 점이에요. 〈앤젤스 셰어〉는 룸펜프롤레타리아가 된 사람들이 자신의 처지를 사회체제 탓으로 보고서 값비싼 위스키를 훔치는 것을 즐거운 놀이처럼, 마치 의적의 모험담처럼 보여주어 통쾌함을 자아냅니다. 이를 범죄의 찬양이라고 비판하는 것은 영화를 보는 사람의 자유겠지만, 저는 그런 위스키를 탐하고 자기들만 즐기려고 하는, 자신들이 만든 세상의 꼭대기에서 안하무인 격으로 살아가는 최상류층에게 범죄의 혐의가 더 짙다고 생각합니다.

위스키는 본래 스코틀랜드 토속주였습니다. 한데 스코틀랜드가 잉글랜드에 합병된 뒤 잉글랜드가 부과한 주세를 피해 밀주로 만든 것이 지금의 위스키죠. 그리고 그중 어떤 것은 스코틀랜드 사람들은 맛도 볼 수 없을 만큼 가격이 상승했습니다. 현실에서 발생한 이 내용이 바로 영화의 소재가 되었는데, 켄은 그런 잉글랜드를 비판하면서 스코틀랜드 출신 부랑아들에게 위스키 중에서도 가장 비싼 위스키를 훔치게 만든 겁니다. 이처럼 룸펜프롤레타리아에 대한 켄의 관심은 그가 전통적인 마르크스주의자들이 주장하는 노동자 계급혁명이 아니라 실업자나 부랑아 등의 사회적 소외 계층에 의한 혁명에 관심이 더 많다는 것을 보여줍니다.

흔히 룸펜프롤레타리아에겐 프롤레타리아 의식이 모자란다는 비판이 늘 따라다닙니다. 하지만 그들보다 안정된 생활을 하는 노동자 계층이야말로 더욱더 부르주아적인 것 아닐까요? 어쩌면 〈엔젤스 셰어〉에 나오는 주인공들이나 한국영화 〈소공녀〉에 나온 주인공 같은 룸펜프롤레타리아야말로 부르주아적인 의식을 철저히 버린 새로운 변혁의 주체가 될 수도 있지 않을까요? 물론 이때의 룸펜프롤레타리아는 자발적으로 부르주아적 삶을 버린 사람, 자발적으로 가난을 선택한 사람이 중심이 되어야 할 것입니다.

혁명은 일상의 변화를 스스로 촉구할 때 가능해진다

켄이 2014년에 만든 〈지미스 홀〉은 1933년 아일랜드 공산당의 전신인 '혁명적 노동자 그룹(the Revolutionary Workers' Groups)'*을 이끌다가 미국으로 추방된 실존 인물 지미 그랄튼(1886~1945)의 이야기를 담은 영화입니다. 제목

---

* 1933년 아일랜드 공산당(Communist Party of Ireland)을 창립하며 1944년에는 아일랜드 사회주의자 공화당(Irish Socialist Republican Party)을 창당한다.

은 그랄튼이 그의 고향인 에피나에 지은 댄스홀의 이름인데, 이것은 요즘 식으로 말하자면 동네마다 있는 마을회관 같은 것입니다.

지미 그랄튼은 아일랜드의 작은 농촌에서 가난한 소작농의 아들로 태어났습니다. 어린 시절 그의 가족은 가난을 벗어나고자 미국에 이민을 갔고, 그곳에서 노동운동의 세례를 받게 됩니다. 지미는 '세상의 주인은 노동자가 되어야 한다.'는 생각을 품고 독립전쟁이 한창인 아일랜드로 돌아와 투쟁의 한가운데로 뛰어들지요. 그러고는 아일랜드의 독립은 물론 '노동자와 농민을 위한 조국'을 이루기 위해 치열하게 싸웁니다. 사 년의 투쟁 끝에 아일랜드는 1921년 '영국-아일랜드 조약'을 맺게 되지만 이 조약은 실은 영국 정부와 아일랜드 임시의회의 대표들이 영국-아일랜드 전쟁을 급히 끝내기 위해 맺은 눈가림용이었습니다. 지미를 비롯한 반대파는 이 조약이 자유 아일랜드를 보장하지 못한다고 생각했습니다. 이 조약으로는 노동자와 소작농을 위한 나라를 보장할 수 없다고 확신한 것입니다. 이후 아일랜드의 독립을 위해 함께 싸웠던 사람들은 분열되어 내전을 치르게 되는데, 십일 개월간 계속된 이 싸움에서 노동자와 농민이 주체가 되는 사회를 만들어야 한다고 주장했던 좌파가 패배하지요.

영화는 내전 이후 생계 때문에 미국으로 다시 건너갔던 지미가 십 년 후인 1932년 고향으로 돌아오면서 시작됩니다. 전쟁이 끝난 아일랜드의 상황은 지미가 상상하던 것보다 훨씬 열악했습니다. 함께 싸웠던 동지들은 흩어진 지 오래고, 마을 사람들과 모여 공부하고 토론하던 '댄스홀'은 폐허가 되었습니다. 아일랜드에는 또다시 봉기의 기운이 번지는 가운데 극소수 지주들과 극우 성향의 가톨릭 세력, 그리고 이들의 힘을 믿고 힘을 키워가던 파시스트들에게 농민과 노동자들이 대항하여 사회 변혁을 요구하고 있었습니다. 지미의 고향 역시 지극히 권위주의적이며 보수적인 세력에 의해 지배받는 상황입니다.

지미는 다시 한번 일어서기로 결심합니다. 동지를 불러 모으고, 잔뜩 움츠러든 마을 사람들에게 생기를 불어넣으려고 안간힘을 써요. 이때 그가 다시 주목한 것은 댄스홀 복원이었습니다. 지미에게도 마을 사람들에게도 '댄스홀'은 단순히 춤만 추는 공간이 아니라 그 이상이었기 때문이죠. 댄스홀은 가벼운 잡담부터 중요한 정치사회 현안에 이르기까지 모든 것을 공유하고 토론하는 그들만의 아고라였습니다. 누구나 교사가 될 수 있고, 누구나 학생이 될 수 있는 교육 시설이자, 누구나 그림을 그리고 악기를 연주하는 문화예술시설이었으며, 분위기가 무르익으면 아일랜드 민요에 맞춰 다 같이 춤을 즐기는 어울림의 공간이기도 했습니다. 댄스홀은 그 자체로 이미 공동체의 상징이었습니다.

그러나 일부 마을 사람들은 급진적인 사상을 가진 그의 영향력이 커지는 것을 반기지 않았습니다. 특히 마을 신부와 기득권층은 젊은이들이 어울려 문학과 음악, 미술을 배우고 함께 춤추다 보면 반드시 무엇인가 '불온한 것'이 싹틀 거라고 예단하여 홀의 재건을 허락하지 않았습니다. 그러나 지미는 누구나 원하는 걸 배울 수 있고, 누구나 열심히 일한 뒤에는 휴식을 취하고 즐길 수 있는 권리가 있다고 주장해요. 지배층에게 지미는 이제 눈엣가시 같은 존재를 넘어 위험한 존재입니다. 따라서 영화의 후반부로 넘어갈수록 정치적 긴장감이 영화 전반을 지배하게 됩니다. 그리고 이 긴장감은 극우 권력층을 대변하는 교회 안에서 극렬하게 분출되는데요. 댄스홀의 무도회에 참석했다는 이유로 신부에게 호명된 여성이 아버지에게 심하게 구타를 당하는 데서 갈등은 정점으로 치닫습니다.

사제들과 지주들은 이제 공공연히 마을 사람들을 압박합니다. 그러고는 파시스트들을 이용하여 댄스홀에 테러를 가해요. 지미의 어머니는 이러한 상황을 지켜보면서 "저들은 이 낡은 마을회관을 왜 저렇게 무서워하는 것일까?"라고 묻습니다. 영화가 끝날 무렵 지미의 어머니는 추방되는 아들에게 "나는 자식을 떠나보내지만, 아일랜드는 더 큰 것을 잃었다."라고 이야기합니다. 겉으로 보기에 지미는 실패한 것 같고, 마을 사람들은 다시 예전의 삶으로 돌아가는 것 같습니다. 그러나 정말 그럴까요? 영화는 "아니다. 우리는 달라졌다. 삶의 의미를 되찾았고 삶의 주도권을 되찾았다."라고 대답합니다. 처음 지미가 돌아왔을 때만 해도 생기라곤 찾아볼 수 없었던 마을 사람들의 마음엔 어느새 희망이 싹터 있었고, 지미와 함께하는 동안 용기를 재충전했습니다. 또다시 지미를 배웅해야 하지만 그들은 이미 예전의 그들이 아닙니다.

〈보리밭을 흔드는 바람〉처럼 1930년대 아일랜드를 배경으로 한 〈지미스 홀〉은 춤을 추고 노래를 부르고 그림을 그리며 책을 읽는 자율적인 문화예술 활동이야말로 보수적인 풍토를 개혁하는 사회주의 혁명의 기본이라고 강조합니다. 이런 예술 활동을 통해 인간은 자유를 추구하는 정신을 고양할 수 있고, 이 정신이 바로 모든 혁명의 시작점이라는 신념을 보여주지요.

저는 윌리엄 모리스가 사회주의 혁명의 기본을 '아름다운 삶, 아름다운 방, 아름다운 집'에서 찾은 것이 그러한 새로운 문화혁명의 사상이라고 생각합니다. 2006년 〈보리밭을 흔드는 바람〉을 만들고 나서 팔 년 뒤에 만든 〈지미스 홀〉이 혁명의 이념을 무장혁명에서 문화혁명으로 바꾸어야 한다고 주장한 것은 아니지만, 적어도 무장혁명과 함께 이루어져야 할 문화혁명의 중요성을 강조한 것 아닐까요? 따라서 〈앤젤스 셰어〉에서 새로운 주인공으로 등장한 룸펜프롤레타리아는 삶을 예술처럼, 사회를 예술처럼 바꾸는 혁명에 참여해야 합니다. 혁명의 가능성은 무력(武力)에 의한 권력탈취가 아니라 권력에서 벗어나 일상생활의 변화를 스스로 촉구할 때 활짝 피어나는 법이니까요. 부르주아적 삶의 체질을 버리고, 삶을 나날이 변화하는 예술창조의 과정으로 바꾸고자 노력할 때, 그 열정이 기본이 될 때, 우리 사회도 비로소 바뀌지 않을까요?

9장

인간성 회복을
위해 찍는다

마지막으로 여러분과 함께 볼 켄의 영화는 〈나, 다니엘 블레이크〉와 〈미안해요, 리키〉입니다. 켄이 여든이 되던 2016년에 찍은 〈나, 다니엘 블레이크〉(I, Daniel Blake)는 복지제도의 민영화와 관료화를 비판한 것입니다. 비인간적인 관료주의 시스템이 인간을 죽음으로 몰아가는 상황을 보여주는 이 영화는 켄의 다른 작품과 달리 몹시 어둡습니다. 택배 노동자의 삶을 현실적으로 관찰한 2019년 작품 〈미안해요, 리키〉(Sorry, we missed you)는 칸 영화제에서 한국의 〈기생충〉과 마지막 경합을 벌인 작품이기도 하지요. 두 영화 모두 신자유주의 시대를 살아가는 노동계급의 신산한 삶을 다루고 있는데, 문제는 그 비극성이 여전히 재현되고 있다는 점입니다.

차라리 아무것도 하지 마세요

1997년 토니 블레어 노동당 총리 집권 이후, 복지급여 제공의 조건으로 노동의무를 부과하는 '노동 연계 복지(Workfare; 노동Work과 복지Welfare의 합성어)' 정책이 강화되었습니다. 이어 2010년 이후 보수당이 집권하면서 복지 지급 요건은 더욱 강화되었고, 심각한 복지 삭감이 이루어졌습니다. 특히 일할 능력이 있는 사람(노동 적합; fit-for-work)과 없는 사람을 구분한 뒤 복지 대상자들을 일터로 내몰았는데, 문제는 일할 능력을 판단하는 기준이 지극히 신체기능 중심이었다는 점, 그리고 판정을 내리는 주체가 이익을 남겨야 하는 민간 자본에 위탁되었다는 점입니다. 이로 인해 수많은 수급 탈락자들이 발생했고, 결과적으로 수많은 사람이 목숨을 잃었습니다.

〈나, 다니엘 블레이크〉는 그 전형적인 사례입니다. 주인공 다니엘은 사십 년간 목수로 일했지만, 나이를 먹어 더는 일할 곳을 찾기 힘든 노인이에요. 아내 몰리는 오랫동안 치매로 고생하다가 세상을 떠났고, 간병과 병원비로 돈을 많이 쓴 탓에 현재 그의 재정 상태는 최악입니다. 게다가 심장에 이상까지 생겼습니다. 다니엘은 의사의 충고에 따라 질병수당을 신청하지만, 기준에 부합하지 않는다는 이유로 거절당합니다. 지푸라기라도 잡는 심정으로 신청한 실업수당마저 받지 못하게 되자 다니엘은 재심사와 항고를 준비하지요. 그러나 가도 가도 첩첩산중입니다. 절차가 복잡한 것은 물론 모든 과정이 디지털화되어 있어서 인터넷을 사용할 줄 모르는 다니엘에게 "온라인으로 양식을 다운해서 작성해오라."는 말은 "아무것도 하지 말라."는 말과 동의어입니다. 다니엘이 번번이 좌절할 수밖에 없었던 이유죠. 국가의 관료주의 시스템이 얼마나 형식적이며 쓸데없이 복잡하고 비인간적인가 보여주는 장면입니다. 정부의 질병수당 심사 과정에서 다니엘은 인격을 존중받아야 할 인간이 아니라 귀찮지만 처리해야 할 '심사번호 XXX'일 뿐입니다.

인생 이야기는 금지되어 있습니다!

〈나, 다니엘 블레이크〉의 전반부를 볼까요? 캄캄한 어둠 속으로 전화벨 소리가 들립니다. 다니엘은 전화기를 들고 질병수당 자격을 심사하는 담당자와 이야기를 나눕니다. 그런데 심장질환을 앓고 있는 다니엘에게 쏟아지는 질문이란 게 너무도 어이없어요. 누구에게나 적용되는 물으나마나 한 질문들만 해댑니다. 이를테면 오 분이 채 안 되는 인터뷰 시간 동안 "양팔을 올려서 혼자 모자를 쓸 수 있나요?" "오십 미터 이상 혼자 걸어갈 수 있나요?"라고 질문하는 게 고작입니다. 정작 고질병인 심장질환과는 별로 관계없는 내용들이죠. 소위 전문가라는 사람의 모습은 등장하지 않고 목소리만 통해서 질의응답이 오가게 한 이 장면은 마치 기계와 인간이 이야기를 나누는 것처럼 보입니다(나중에 다니엘은 상담사가 전문 의료인이 아니라는 것을 알게 된다).

다니엘은 결국 심사에서 탈락하고 질병수당 수급자가 될 수 없다는 편지를 받아요. 이의를 제기하려고 우편물에 적힌 번호로 전화를 걸지만, "잠시 기다려주세요."라는 자동응답과 영혼 없는 멜로디만 오랫동안 흘러나올 뿐입니다. 전화를 걸고 기다리면서 약을 먹고, 창밖을 바라보는 장면이 이어지는 동안, 그는 공동주택 잔디밭에 개가 용변 보는 광경을 목격하고 개 주인과 언쟁을 벌입니다. 그러면서 틈틈이 목공도 하고 옆집 청년을 대신해 소포를 받아주기도 합니다. 이 모든 과정이 지나서야 다니엘은 무려 한 시간 사십팔 분 만에 통화를 하게 됩니다. 항고하겠다는 다니엘에게 담당자는 먼저 심사관의 전화를 받아야 한다고 답하는데, 자신과 통화하는 담당자가 해당 관청 소속이 아닌 콜센터 직원이라는 사실을 모르는 다니엘은 왜 당장 심사관을 바꿔주지 않는지 도무지 이해할 수 없어요. 다니엘은 이제 실업수당을 신청하고 질병수당 지급심사 탈락에 대해 항고하기 위해 고용센터에 들릅니다. 하지만 "인터넷으로 예약 먼저 하세요."라는 답만 듣죠. 인터넷은 물론 컴퓨터와도 친하지 않은 다니엘은 이곳에서 케이티를 만납니다.

게이티는 혼자서 딸 데이지와 아들 딜런을 키우는 미혼모로 임대인에게 쫓겨난 처지입니다. 이후 런던에서 이 년 동안 노숙자 쉼터에서 생활하던 중 아들 딜런이 이상행동을 보이자 새롭게 주거지를 배정받아 뉴캐슬로 이사 온 터였습니다. 하지만 간신히 얻은 집마저 노후가 심각하게 진행된 데다 각종 요금을 연체하여 촛불로 난방을 하는 수준입니다. 케이티는 이곳에 보조금을 신청하기 위해 '잡 플러스 센터(Job Plus Center)'에 약속을 잡았지만 좀 늦었다는 이유로 상담이 취소되었습니다. "이사 온 지 얼마 안 되어 지리를 잘 몰랐고, 버스를 잘못 탔다."고 항변하지만 공무원들은 그 잘난 '원칙주의'만 내세우며 케이티를 무시합니다. 설상가상으로 케이티는 어이없게도 '제재 대상자'가 됩니다. 삼 주에서 삼 년까지 보조금이 중단되는 '제재'는 국가보조금이 마지막 생명선인 사람들을 통제하는 가장 효과적인 수단인데요. 우연히 이 상황을 지켜보게 된 다니엘은 케이티 편에 서서 항의하지만, 결과는 '둘 다 쫓겨남'입니다.

그 후 다니엘은 케이티의 집을 방문해 그 가족들이 어려운 상황을 이겨낼 수 있도록 집을 수리하고 약간의 금전적인 도움도 줍니다. 케이티는 딜런이 이 년간 쉼터에서 생활하면서 스트레스에 노출되어 산만해졌다고 생각해요. 쉼터의 열악한 환경 문제를 켄은 이미 〈캐시 컴 홈〉에서 상세하게 다룬 바 있는데, 케이티가 런던을 떠나야만 했던 주택공급 문제라든지 복지시설의 비인간적인 주거환경 문제 등은 시간이 흘렀음에도 여전히 해결되지 않았습니다. 그 답답함을 켄은 영화를 통해 꾸준히 지적하는 것입니다.

한편, 관청 직원 앞에서 고분고분하지 않은 태도를 보

이던 다니엘은 '사지가 멀쩡'하다는 이유로 노동 적합 판정을 받고, 구직수당 신청을 위해 '이력서 작성법 특강'*을 신청합니다. 이 강의를 듣지 않으면 역시 제재를 받기 때문이에요. 강사의 얼굴 뒤로 이력서 작성 원칙의 하나인 'No a life story(인생 이야기 금지)'라는 문구가 보이는데, 아마 이 문장에 가슴이 뭉클해진 사람이 많았을 것입니다. 다니엘은 관청에서 요구하는 대로 세미나에 참석한 뒤 구직활동을 시작합니다. 그러나 실제로 구직하려는 것은 아니고, 일자리를 찾으려고 노력했다는 증명이 필요할 뿐이에요. 다니엘은 자신이 이 년 넘게 복지제도에 기대어 살아온 케이티와 비교하면 행복한 편이라고 생각합니다.

다니엘과 케이티의 차이는 각자의 집을 통해 드러납니다. 해가 잘 들어오는 밝은 집에서 가구와 장식품을 갖추고 사는 다니엘과 달리 케이티는 아무것도 없이 텅 빈 추운 집에서 살아가요. 차마 집이라고 할 수 없는 그저 '공간'입니다. 케이티의 소원은 언젠가 사람 사는 집답게 자기 공간을 꾸며보는 것입니다. 하지만 다니엘의 집도 가난을 이기지

---

* 대한민국에서도 실업수당을 받으려면 가장 먼저 수급자격 신청교육을 이수해야 한다.

못해 텅 비게 됩니다. 현금이 필요할 때마다 가구를 하나 둘 팔아치웠기 때문이죠.

나는 다니엘 블레이크, 개가 아니라 인간이다

후반부는 언덕에서 주인공들이 함께 모습을 드러내는 장면으로 시작합니다. 케이티 가족을 위해 식료품 지원소에 함께 가는 한편 다니엘은 구직활동을 시작합니다. 그 과정에서 다니엘은 일할 수 없는 상태에서 구직활동을 한다는 게 얼마나 의미 없고 존엄성을 훼손하는 일인지 깨닫지요. 최종 인터뷰에 오라는 목공소 사장의 전화를 받고 다니엘은 "수당을 타기 위해서 지원한 것이다."라고 밝히면서 스스로 부끄러워합니다. 우리나라에서도 실업수당을 타려면 정부 지침대로 구직활동을 해야 합니다. 사업장을 방문해서 면접확인서와 채용담당자의 명함에 사인을 받아서 이를 컴퓨터로 제출해야 다음 달 실업수당이 지급되는 식이에요. 그런데 이때 컴퓨터를 잘 못 다루는 사람들은 직접 방문해서 확인서를 제출해야 합니다. 주로 나이가 많거나 디지털 접근성이 떨어지는 사람들이 그 부류에 속합니다.

다니엘의 경우도 다르지 않습니다. 스마트폰이나 컴퓨터를 사용해서 체계적으로 활동하라는 정부의 지침에 비협조적이라는 이유로 다니엘은 실업수당마저 못 받게 됩니다. 각종 공과금이 연체되고, 인제 남아 있는 가구도 별로 없는 최악의 상황입니다. 케이티도 극한에 처했습니다. 딸 데이지의 신발 밑창이 떨어져 친구들이 놀린다는 이야기를 듣고 케이티는 더는 버티지 못해 매춘부 일을 시작합니다. 관료주의의 폐해를 보여주는 마지막 장면은 그다음에 이어져요. 심장 부근이 묵직하게 죄어오는 그런 묘사입니다. 계속해서 함께 볼까요?

다니엘의 담당자는 그가 손으로 쓴 이력서와 구직활동 보고서를 검토하면서 구직활동에 진정성이 없다고 판단합니다. 그러고는 그를 사 주간의 제재 대상 리스트에 올려버려요. 부당한 대우에 질려버린 다니엘은 질병수당 신청자 명단에서 자신을 제외해달라고 요구한 뒤 "자존심을 잃는 것은 모든 것을 잃는 것이다."라고 말합니다. 그다음 그래피티를 이용해 항고일 배정을 요구하는 일 인 시위를 시작해요. 시위 현장 벽에 그는 "나 다니엘 블레이크, 내 항고일이 내가 굶어 죽기 전이기를 요구하며, 구린 전화 연결음 좀 바꿀 것을 요구한다."라고 휘갈겨 씁니다. 시민들이 하나둘 모여들고, 어떤 시민은 경찰에게 "가서 장관이나 체포하라!"고 외칩니다. 다니엘은 결국 공공질서 위배 및 기물손괴죄로 구속되지만, 초범이라는 이유로 훈방됩니다. 그들이 꼬집어 말하고 싶었던 진짜 죄목은 '민영화와 보수당, 그리고 엘리트들을 비난한 괘씸죄'였을 것입니다.

이제 다니엘은 지칠 대로 지쳤습니다. 문을 걸어 잠그고 모든 것을 포기하고 보일러도 나오지 않는 차가운 집에서 외부와의 만남을 끊고 지내요. 이때 케이티의 딸 데이지가 그에게 도움의 손길을 내밉니다. 케이티 가족은 다시 다니엘과 교류를 시작하고, 케이티는 다니엘의 질병수당 심사 항고에 동행합니다. 그러나 다니엘은 바로 그날 화장실에서 심장마비로 사망하지요. 다니엘의 장례식에 참석한 케이티는 그가 심사에서 낭독할 예정이었던 글을 읽습니다.

나는 의뢰인도 고객도 사용자도 아닙니다.
나는 게으름뱅이도 사기꾼도 거지도 도둑도 아닙니다.
나는 보험번호 숫자도 화면 속 점도 아닙니다.

난 묵묵히 책임을 다해 떳떳하게 살았습니다.

난 굽실대지 않았고 이웃이 어려우면 그들을 도왔습니다.

자선을 구걸하거나 기대지도 않았습니다.

나는 다니엘 블레이크, 개가 아니라 인간입니다.

이에 나는 내 권리를 요구합니다.

인간적 존중을 요구합니다.

나, 다니엘 블레이크는 한 사람의 시민 그 이상도 그 이하도 아닙니다.

영화는 제도의 비인간화를 비판하면서도 희망을 포기하지 않습니다. 도움을 받기만 하던 케이티 가족이 국가에 의해 쓸모없고 불편한 '처리 대상'으로 낙인찍힌 다니엘을 구원하고, 다니엘이 할 수 있는 한 물심양면으로 케이티 가족을 도우면서 자신의 가치를 느낀 것처럼 말이에요. 이웃의 어려운 상황에 공감하고, 세상이 주목하지 않았던 꿈을 응원하는 이 작은 연대는 언젠가 희망으로 이어지지 않을까요?

2016년 칸 영화제에서 켄은 〈나, 다니엘 블레이크〉로 황금종려상을 받았습니다. 그는 수상 직후 열린 기자회견에서 "소득 불균형 문제는 갈수록 심각해지고 많은 사람이 힘든 시기를 겪고 있다."라고 말하면서 "이 영화는 그 많은 사람 중 단 한 명의 이야기에 불과하다."고 강조했습니다. 켄은 이미 1966년의 〈캐시 컴 홈〉에서도 비인간적인 관료주의 시스템이라는 괴물을 고발한 적이 있는데, 그로부터 오십 년이 지났는데도 그 괴물은 굳건하다는 점을 폭로한 것이지요. 아니, 그 괴물은 날이 갈수록 덩치를 불리고 있습니다. 문명화에 편승하여 날이 갈수록 세련된 방법으로 경제적으로 사회적으로 어려운 사람들을 소외시키지요. 그 괴물은 평범한 노동자들은 결코 꿈꾸지 못할 환상을 보여주면서 "뭐든지 해서 그걸 가져!"라고 유혹합니다. 그러고는 실패하는 이들을 쓰레기 처리장 같은 데 몰아넣고 자존감을 빼앗은 대가로 영양가 없는 밥을 지급합니다.

인간의 존엄성을 지키기 위해, 국가가 던져주는 먹이에 길들지 않기 위해 온 힘을 다하다 죽은 다니엘의 마지막에 대해 일각에서는 "켄 로치가 현실의 비극성을 드러내려고 지나치게 극적인 장치를 도입했다."라며 비난했지만, 영국에서는 실제로 많은 사람이 다니엘과 같은 사유로 죽어갑니다. 최근 이 년간 알려진 사망자만 수십 명에 이를 정도입니다. 대한민국의 사정은 어떨까요?

한국의 '나, 다니엘 블레이크'

한국에도 인터넷 사용이 익숙하지 않아 보조금 신청 단계부터 고생하는 수많은 다니엘이 있습니다. 국가가 지원하는 생활필수품 목록에 없는 생리대 때문에 고통받는 케이티도 많습니다. 이른바 3D라고 하는 고된 노동을 하면서 저임금에 시달리고 차별적 대우를 받는 청년들과 이주노동자들, 왼쪽 손을 쓸 수 있다는 이유로 장애 삼 급을 받았지만 결국 자신의 몸을 덮쳐오는 불길로부터 도망칠 수 없어 목숨을 잃은 장애인 등등 한국에서는 더욱더 심각한 사례가 보고됩니다. 그들의 형편은 다니엘이나 케이티와 비교할 수 없을 정도로 열악합니다.

2021년 한국에는 켄이 비판했던 수준의 복지정책도 없습니다. 우리는 이 사실에 주목해야 합니다. 한국의 경제 규모 대비 복지지출은 경제협력개발기구(OECD) 회원국 가운데 최하위권입니다. 2019년 기준 우리나라의 국내총생산(GDP) 대비 공공사회 복지지출 비율은 11.2퍼센트로 평균인 22.0퍼센트의 절반 수준이에요. 영국은 22.6퍼센트로 우리의 두 배를 넘습니다. 그러니 〈나, 다니엘 블레이크〉의 비극보다 더 비참한 참극이 대한민국 곳곳에 존재할 수밖에 없습니다.

사례를 하나 볼까요? 2020년 10월 29일 수원지방법원은 고 최인기 씨의 아내가 국민연금공단과 경기도 수원시를 상대로 낸 손해배상 소송 항소심에서 피고의 항소를 기각했습니다. 최씨는 심장혈관 문제로 인해 2005년과 2008년 두 차례에 걸쳐 대동맥을 인공혈관으로 교체하는 수술을 받는 과정에서 생계가 끊겨 기초생활보장 수급자가 되었습니다. 그러나 국민연금공단은 2013년 11월 최씨에게 '근로 능력 있음' 판정을 내렸고, 수원시는 공단의 평가 결과만 보고 판단하는 위법행위를 저질렀다고 주장하며 소송을 제기한 거예요. 일하지 않으면 수급권이 박탈될 처지가 된 최씨는 건강 악화 우려에도 불구하고 2014년 2월 아파트 지하주차장 청소부로 취업했습니다. 최씨는 이후 일을 하다가 두 차례나 쓰러져 응급실에 실려 갔고, 이 주 만에 혼수상태에 빠집니다. 최씨가 중환자실에 누워 있는 상황에서도 공단은 "왜 일하지 않느냐?"며 전화를 걸어왔습니다. 공단 직원은 최씨가 정말 입원했는지 확인하고서야 일반 수급자로 전환했는데요. 그는 과거 이식한 혈관이 감염됐다는 진단을 받고 치료 중 쓰러진 지 삼 개월 만에 숨졌습니다.

최씨의 부인 곽씨는 "국가가 남편 최씨를 죽음으로 내몰았다."라고 하면서 수원시와 국민연금공단을 상대로 국가손해배상을 청구하고 서명운동을 전개했습니다. 서명운동 시작과 함께 영화 〈나, 다니엘 블레이크〉의 켄 로치 감독과 각본을 쓴 폴 래버티, 제작자 레베카 오브라이언 등이 동참했습니다. 그들은 "한국의 〈나, 다니엘 블레이크〉 조건부 수급자 고 최인기 님의 죽음에 애도와 연대를 보냅니다."라는 손팻말을 들고 인증 사진을 찍어 보냈습니다.[*] 2019년 12월 1심은 "근로 능력이 없는 망인에 대해 피고 공단이 '근로 능력 있음'으로 평가한 것은 위법하고 과실도 있다."고 하면서 "피고는 원고에게 일천오백만 원을 배상하라."는 판결을 내렸습니다. 그러고는 2020년 10월 29일 "근

---

[*] http://www.beminor.com/news/articleView.html?idxno=13446

로 능력 평가로 무리하게 일자리에 참여한 고 최인기 씨 사망 사건. 법원, 수원시·연금공단 항소에 '기각' 결정"을 내림으로써 항소심 재판부도 이 판결을 유지했습니다.

 최씨의 경우는 그나마 안팎으로 알려져 '애도와 연대'를 이끌어냈지만 비슷한 사건들이 이 땅에서 자취를 감춘 것은 아닙니다. "비마이너는 장애인과 가난한 사람들, 자신의 몫을 빼앗긴 사람들이 싸우는 그 현장에 있을 것입니다."라며 목소리를 내는 진보적 장애인언론 〈비마이너〉의 홈페이지에 들어가 보면 이 사실을 확인할 수 있습니다.* '조중동'을 선두로 하는 주요 언론사나 방송사의 뉴스에서는 '노동' '빈곤' '장애' '탈시설' 등의 문제를 가십거리처럼 다루거나 시혜를 베풀어야 하는 대상으로 다루기에 신문에서는 단신으로, 방송에선 뉴스 마지막에 나오는 '그 밖의 소식'으로 소개됩니다. 우리나라의 현실은 여전히 이렇습니다. 나라의 주인은 분야별 기득권층이고 권력자고 잘사는 어른이고 비장애인이며 다수자인 것입니다. 목숨 건 노동을 발판으로 세워진 이 나라가 소외시킨 보이지 않는 '그

---

* https://www.beminor.com/

들'은, 사실상 이 나라의 주인임에도 불구하고, 햇빛도 들지 않는 쪽방이나 새벽 인력시장에서 혹은 자존감을 담보 삼아야 하는 실업급여센터를 오늘도 서성이고 있습니다.

명목은 개인사업자, 현실은 택배노동자

〈미안해요, 리키〉는 첫 장면부터 전작 〈나, 다니엘 블레이크〉를 연상시켜요. 검은 화면에 두 사람의 대화가 들립니다. 블레이크가 사회복지사(국가)에게 황당한 질문을 받는 것처럼 리키는 택배회사 관리자(기업)에게 자신이 건설 현장, 배관, 목공, 무덤 파기 등 여러 가지 일을 했다고 말하면서도 자존심 때문에 실업수당은 받지 않았음을 강조합니다. 리키의 아내는 노약자들을 방문해서 돌보는 요양보호사이고, 아들은 문제아 고등학생, 딸은 아직 어린 초등학생입니다.

택배회사는 리키에게 '개인사업자'로서 계약을 체결하자고 제안합니다. 하지만 이것은 이름만 그럴듯할 뿐 회사가 노동자에게 어떠한 책임도 지지 않겠다는 뜻입니다. 이른바 '긱 이코노미(gig economy)'*의 한 예인데요. 택배노동에 필요한 자동차도 개인이 준비해야 하고, 손해가 생겨도 노동자 자신이 (명목상 개인사업자이기에) 직접 메꿔야 합니다. 그렇다고 해서 개인사업자로서 편의에 맞춰 일하고 쉬어도 되는 시스템도 아니지요. 무슨 일이 생기면 관리자에게 택배 노선을 바꿔달라고, 대체 인력을 배정해달라고 애걸해야 합니다. 하지만 조금이라도 돈을 더 벌어 가족과 잘 살고 싶은 리키는 결국 아내의 차를 팔아 택배용 화물차(밴)를 구입하고 일을 시작합니다. 그 때문에 아내 애비는 버스를 타고 요양보호를 나가게 됩니다. 더없이 선량한 애비는 자신이 돌보는 환자들과 인간적으로 교감하며 진심을 다해 일하는 사람입니다. 그러나 '제로아워(zero-hour) 계약'**을 맺은 탓에 시간 외 수당을 전혀 받지 못합니다.

광고판에 낙서하고 학교에서는 주먹을 휘두르던 아들은 물건을 훔치다 경찰에 체포되어 정학을 당한 뒤, 리키에게 매를 맞고 집을 뛰쳐나갑니다. 어느 날, 화장실에 갈 시

---

* 기업과 노동자가 고용계약이 아닌 서비스 제공 계약을 맺고 일하는 것.
** 정해진 노동시간 없이 임시직 계약을 한 뒤 일한 만큼 시급을 받는 노동계약이다. 자세한 내용은 다음 링크를 참고하자.
https://www.hankookilbo.com/News/Read/201901281040741874

간조차 없었던 리키가 화물칸 문을 열고 병에다 소변을 보는 사이 깡패들이 와서 리키를 폭행합니다. 리키는 간신히 응급실로 가는데요, 거기서 참담한 전화를 받습니다. 사람의 안위엔 일말의 관심도 없는 회사측이 파손된 기계값을 물어내라고 다그친 것입니다. 아내는 택배회사 관리자의 전화에 분통을 터뜨리며 남편에게 이 일을 당장 그만두라고 부탁합니다. 그러나 다음 날 새벽, 리키는 퉁퉁 부은 얼굴로 밴에 오르지요. 가족들이 뛰어나와 차를 가로막지만, 리키는 정면을 응시하며 택배회사로 출근합니다.

가족들과 안정된 생활을 하고 싶어서, 남의 눈치 보지 않고 '개인사업자'로 일하며 돈을 벌 수 있다는 꿈에 부풀어 택배회사에 취직했지만, 리키의 삶은 기대와 다른 일상으로 치달았습니다. 그 과정에서 화목했던 가정도 여기저기서 조금씩 균열을 일으켰지요. 영화는 이제 우리에게 묻습니다. 리키는 과연 택배노동자로서 얼마나 오래 일할 수 있을까요? 그는 얼마나 더 많은, 소중한 것들을 포기해야 할까요? 리키 역을 맡은 크리스 히친은 실제로 배관공이자 영화 속의 리키처럼 개인사업자로서 이십 년간 일했다고 합니다.

분노하는 대신 우리는 죽어간다

　영화 속의 리키는 블레이크처럼 분노하지 않았습니다. 인간을 전혀 고려하지 않는 가혹한 택배 시스템에 대해, 자본의 또 다른 숙주인 택배회사 중간관리자에 대해, 학교와 경찰(국가)에 대해, 그리고 신자유주의 체제에 대해 직접적으로 분노를 표출하지 않아요. 그는 가족을 위해 며칠 휴가를 달라고 하소연하다가 수용되지 않자 결국 포기하고 마는 그런 남자입니다. 나이 든 블레이크보다 도리어 무기력해 보입니다. 국민이나 시민은커녕 인간으로서의 자기주장도 하지 않는 것 같습니다. 그는 왜 이렇게까지 참고 참으면서 살아야 하는 걸까요?

　영국과 마찬가지로 한국에도 많은 택배노동자와 요양보호사는 심각한 문제점을 안고 살아갑니다. 한국에서는 2020년 한 해에 택배노동자 열여섯 명이 목숨을 잃었습니다. 점심시간 십 분, 그마저도 열 명 중 네 명은 굶으며 하는 극한노동이 바로 택배노동입니다. 그뿐인가요? '오물 치우는 아줌마' 정도로 여겨지는 요양보호사는 소위 3D 업종의 하나지만 한 달 평균 백십 시간을 일하고 백팔만 원을 받는

다는 보고가 나왔을 만큼 '장시간 저임금'에 시달리는 직무입니다. 택배노동자와 다를 바 없지요.

1990년대 중반 인터넷 쇼핑몰과 TV 홈쇼핑 등 택배산업의 핵심 수요처인 전자상거래 산업이 급성장하면서 대기업은 물론 중소 택배업체들이 급증합니다. 한국에서는 2000년대 전반기에 이천여 개의 택배업체가 난립했습니다. 그러나 이후 대규모 물류 허브 및 터미널 등의 네트워크를 구비한 대기업의 시장 점유율이 높아지면서 오늘날에는 CJ대한통운, 롯데, 한진, 우체국, 로젠 등 상위 다섯 개 택배회사가 2018년 기준으로 전체 택배시장의 89.5퍼센트를 차지하고 있어요. 그중 일 위인 CJ대한통운의 점유율은 50퍼센트에 육박합니다. 택배산업이 급성장하는 동안 업체들 간의 과다경쟁으로 박스당 평균 단가는 지속적으로 하락했습니다. 이는 곧 택배업체의 수익률 저하 및 택배노동자의 장시간 노동 등 택배서비스의 질 저하로 이어졌는데요. 택배노동자들은 기존 소득을 유지하기 위해 낮아진 단가로 더 많은 물량을 배송하게 됨으로써 최장 하루 열두 시간에 이르는 최악의 노동시간을 감수하게 되었습니다.

택배산업 초기에 택배기사들은 택배회사와 근로계약

을 체결하고서 정해진 월급을 받으면서 임금 노동자로 일했습니다. 그러나 1997년 IMF 구제금융 요청 이후 택배업체들은 택배기사들을 배송 건당 수수료를 받는 개인사업자 형태로 고용관계를 전환합니다. 그 결과 택배기사들은 개인사업자 신분으로 건당 배송 수수료를 받으면서 일하고 있습니다.

결과는 매우 심각합니다. 근로기준법의 보호망을 벗어난 이들은 주당 육십 시간 전후의 장시간 노동, 감정노동으로 인한 스트레스, 근골격계 및 호흡기 질환, 야간노동 등에 시달리며 삶의 질이 점점 낮아지는 구조 속에 생명을 잠식당하고 있습니다. 그러나, 하루라도 빨리, 한 시간이라도 빨리, 주문한 물건을 받아보기를 원하는 사람이 있는 한 이들 택배노동자의 시계는 절대 멈추지 않을 것입니다. 오로지 수신자의 편의를 위해 밤낮을 가리지 않고, 제때 식사는커녕 화장실도 가지 못한 채 일해야 하는 이런 과도한 노동시스템은 언제까지 지속될까요? 이들의 시계가 멈추는 순간이 과연 죽음뿐이어야 할까요?

에필로그_ 자유로운 개인, 행복한 노동

진실의 평범성에 눈을 돌려라

이 책의 여는 글에서 저는 켄 로치 감독이 영국 총리를 역임한 윈스턴 처칠과 마거릿 대처를 비판했다고 소개했습니다. 〈보리밭을 흔드는 바람〉에서 처칠을, 1991년에 만든 〈하층민들〉에서 대처를 언급한 데 이어 2019년 작 〈미안해요, 리키〉까지 켄은 대처가 주장한 시장의 무한자유가 인간의 존엄성을 어떻게 말살하는지 꾸준히 묘사했습니다. 처칠 역시 비판의 대상이었습니다. "처칠은 영국 노동자는 물론 아일랜드를 비롯한 소위 대영제국 식민지의 수억 명을 총칼로 탄압했다."고 공공연히 지적하면서요. 나아가 켄은 레이건과 대처의 후계자인 조지 부시와 토니 블레어도 전쟁 범죄자라고 칭했습니다. '평화 파괴범'이자 '복지

파괴범'이라는 평가를 덧붙이면서요.

그러나 여전히 사대주의적 식민지 상황을 벗어나지 못한 한국은 영국민 이상으로 처칠을 찬양하고, 대처를 '소위 롤모델'로 삼아 대처리즘을 선거 메시지로 이용하기도 했습니다. 1980년대까지 마르크스주의를 신봉하던 자들이 1990년대 이후로 대처와 레이건이 설파한 신자유주의교의 광신자로 변절하는 사례도 흔히 목도됩니다. 그것도 모자라 한국에서는 아예 독재 찬양자나 친일분자로 변절하는 모습도 보여요. 일류대학에 입학한 모범생들이 며칠 동안 얇은 책 몇 권 읽고 공산주의자가 되었다가 다시 그런 책 몇 권에 금방 반공주의자로 바뀌는 내막을 들여다보면 그들은 언제나 엘리트주의자에 불과했다는 사실을 알 수 있습니다. 물론 대다수 엘리트는 최소한의 방황이나 모색도 없이 처음부터 반공주의자로 행세했을 테고요. 지구상을 뒤덮은 양극화가 더욱 크게 벌어져 이제는 양대 계급이 아니라 1퍼센트가 99퍼센트를 지배하는 시대로 바뀌어 마르크스가 놀랄 지경이 되었는데도, 마르크스를 저주하는 1퍼센트에 빌붙은 정치인, 기업인, 교수, 언론인 등은 여전히 너무도 많군요.

이런 상황인 만큼 영미권 지도자들을 비판하는 영화를 만나기란 기대조차 어려운 일입니다. 더구나 무명의 민중을 주인공으로 내세우는 영화는 더욱더 찾아보기 어렵지요. 스타는커녕 영화의 '영' 자도 모르는 일반인을 배우로 삼아 맡은 배역에 빙의하도록 하면서 영화를 찍는, 명실공히 민중영화 혹은 노동영화라 할 수 있는 작품을 보기는 어려운 일이고요. 작가영화니 예술영화니 하는 평가 따위 던져버리고 그 어떤 주류와도 섞이지 않은 채 자신만의 '정신'으로 예술을 창조하는 감독도 보기 어렵습니다. 감독부터 엑스트라까지 모두가 자유롭고 평등하게 노동자처럼 참여하여 만들어진 영화를 만나는 것은 그러므로 너무도 드문 일입니다.

켄은 이 모든 불가능한 일을 해낸 유일한 영화감독입니다. 평소 다정하고 온화한 인격자로 통하는 켄은 자신의 신념을 영화 제작 현장에서 그대로 구현합니다. 따라서 권위주의를 배제하고, 가장 민주적이고 가장 평등한 방법으로 영화를 찍습니다. 제작비의 절반 이상을 차지한다는 스타를 고용하느라 나머지 배우나 스태프들을 무용지물로 취급하는 일부 감독과는 격이 다르지요.

켄은 우리에게 소위 비주류 영화 '나' 찍는 좌파감독의 전형이지만, 그의 앵글은 언제나 상식적이고 보편적인 사람들, 그리고 그들이 잘 살 수 있는 사회를 향해 열려 있습니다. 결코 '진실의 평범성'을 외면하지 않습니다. 텔레비전 드라마든 다큐멘터리든 극영화든 자신의 사상을 담아낼 수 있는 것이라면 장르를 불문하고 달려들지만, 그가 창작해내는 작품의 일관성은 반세기 이상 전혀 변하지 않았습니다. 단 한 번도 상업주의나 도식주의에 복종한 적이 없어요. 그렇다고 해서 영화가 세상을 바꾼다느니 하는 거창한 사명감을 과시한 적도 없습니다. 대중을 위로한답시고 달콤한 이야기를 전파하느라 혈안이 되었던 적도 없습니다. 제가 사랑하는 켄 로치는 그런 사람입니다.

켄 로치의 영화 철학은 사회적 리얼리즘이다

켄은 지난 오십오 년간 주로 영국의 서민을 깊은 애정으로 보듬는 영화를 만들었습니다. 그런데 과연 그 서민들을 포함한 영국인들은 켄 로치의 영화를 좋아할까요? 물론 좋아하는 사람도 있겠지만 그의 영화는 영국보다 프랑스를 비롯한 유럽 대륙에서 더 인기가 있습니다. 켄은 한 인터뷰에서 다음과 같이 말했습니다.

"프랑스인들은 영화에 대해 (우리와) 다른 태도를 보인다. 영화를 문화 매체로 간주한다. 영화관도 연극무대나 음악을 연주하는 콘서트홀처럼 생각한다. 그들에게 영화는 중요한 예술적 매개체다. 하지만 여기 영국에서 영화는 한낱 상품이다."

가령 〈보리를 흔드는 바람〉에 대한 반응도 영국과 프랑스가 달랐다고 고백했습니다.

"우익들은 그 영화를 싫어했다. 나는 나치를 선전한 레니 리펜스탈과 비교되었다. 토리당 하원의원과 《타임스》 칼럼니스트는 내가 그녀보다 더 나쁜 선전가라고 말했을 정도다. 《데일리 텔레그래프》의 사이먼은 '나는 그 영화를 본 적이 없어요.『나의 투쟁 Mein Kampf』를 읽을 필요가 없는 것처럼 그 영화도 볼 필요가 없지 않을까?'라고 말했다. 그는 BBC에 자주 출연하는 존경받는 칼럼니스트다."

켄은 또한 본인의 작품에 대한 프랑스 영화, 특히 누벨바그의 영향을 받았다고 하는 일각의 평가에 대해서도 부정적입니다.

"1960년대에는 모두가 프랑스 누벨바그의 영향을 받았다. 그들로부터 영향을 받지 않을 수 없었다. 그들은 영화의 문법에 강력한 영향을 미쳤고, 나 역시 어떤 면에서는 영향을 받았다. 하지만 나는 그것이 진정한 의미의 '영향'이라기보다 '유행'이었다고 생각한다. 그 당시 우리는 정말 젊었고, 영화를 제작하거나 이용하는 방법에서도 성숙하지 못했다. (……) 그 영향은 곧 서서히 자취를 감추었는데, 그 이유는 그들이 말하고자 하는 내용보다 스타일에 더 집중했기 때문이다. 나는 이탈리아의 네오리얼리스트들이 더 큰 영향을 끼쳤다고 본다. 내가 좋아하는 비토리오 데 시카, 밀로스 포만, 이리 멘첼 같은 사람들 말이다."

2010년 5월, 켄은 자신에게 가장 큰 영향을 준 세 편의 영화에 대한 인터뷰에서 비토리오 데 시카의 〈자전거 도둑〉(1948), 밀로스 포만의 〈금발 사랑〉(1965), 길로 폰테코

보의 〈알제르 전투〉(1966)를 언급했습니다. 데 시카의 영화는 특히 켄에게 심오한 영향을 미쳤는데요. 켄은 데 시카의 영화를 보고 "영화가 평범한 사람들에 대해서, 그들의 딜레마에 관해서 말할 수 있음을 깨달았다."라고 털어놓았습니다. 저도 이탈리아의 네오리얼리즘 영화를 좋아합니다. 그 영화들과 함께 켄의 영화를 '사회의식 영화(social conscience film)'라고 부르고 싶은데요. 영화사전은 이를 다음과 같이 정의했습니다.

> "사회적인 이슈를 전면화하고 조명하는 영화, 사회적으로 민감한 사안을 내세워 세태를 비판하거나 불의를 고발하고, 궁극적으로 그것을 개선하려는 목적으로 만들어진다. ……사회의식 영화는 사회 문제를 다루는 영화를 포괄적으로 지칭하는 개념이기 때문에 영화 소재 역시 다양하다. 도시문제, 청소년, 인종, 동성애, 빈부격차, 정치적인 음모 등 다양한 이슈들이 채택될 수 있다."[*]

---

[*] 'A Lecture on Realism', in Screen. 14:2, pp. 61-74.

저는 레이먼드 윌리엄스(1921~1988)가 1977년 〈스크린〉에 쓴 「리얼리즘 강의」에서 말한 사회적 리얼리즘(social realism)이 켄 영화를 이해하는 핵심임을 강조하고 싶습니다. 그에 의하면 사회적 리얼리즘은 다음 네 가지 원칙을 갖습니다. 첫째, 작품에 등장하는 인물의 행위가 개인적이거나 심리적인 것에 그치지 않고 사회적으로 확장되도록 해야 합니다. 즉 사회구조에 영향을 미치는 공적 행위로 나아가야 합니다. 둘째, 등장인물의 행위가 세속적인 행위여야 합니다. 셋째, 등장인물의 행위가 그 작품이 만들어지는 시대를 배경으로 해야 합니다. 넷째, 작품이 진보적 관점을 가져야 합니다. 즉 지배자가 아닌 일반인의 삶을 묘사해야 합니다.

자유로운 개인, 행복한 노동은 가능한가?

저 역시 자유로운 개인의 행복한 노동이 가능한 세상을 꿈꾸어왔습니다. 그러한 세상을 켄이 함께 꿈꾸어왔기에 저는 그와 그의 영화를 좋아합니다. 그는 노동자 계층에서 태어나 자랐지만, 계층 구분이 명확한 영국에서 보기 드물게 명문 사립중고교와 대학을 졸업했습니다. 충분히 대학 전공(법학)을 바탕으로 법률가가 되어 출세코스를 달릴 수도 있었지만, 그는 평생 연극과 영화를 통해 자유로운 개인과 그들의 자치로 이루어지는 사회를 추구했습니다. 그는 한 나라에서 하나의 계급이 지배하는 것도 증오하지만, 몇몇 강대국이 대부분의 힘없고 가난한 나라를 지배하는 것도 증오합니다. 그래서 영국 출신이지만 과거의 대영제국은 물론이고 현재의 영국이 강대국인 미국과 보조를 맞추는 점에도 매우 비판적이에요. 그의 삶이나 영화는 그야말로 민주주의자의 그것인데, 그의 민주주의란 가난한 사람들, 노동자와 **룸펜**프롤레타리아까지 포함하는 대다수가 어떤 지배나 차별 없이 실질적인 주인공이 되어 모든 문제를 스스로 결정할 수 있는 '인간의 존엄성'을 보장받는 삶을 뜻합니다.

따라서 한 나라 안에서라면 그 누구도 정치 체제에 있어 억압하거나 억압받아서는 안 됩니다. 또한 국제적으로는 어떤 나라나 민족도 다른 나라나 민족의 부당한 지배를 받아서는 안 됩니다. 즉 모든 민족과 나라에 민족자결권

이 보장되어야 한다는 뜻이지요. 이에 따라 켄은 자신의 조국인 영국이 과거에 아일랜드를 침략한 일에 철저히 비판적이었고, 지금까지도 영국이 북아일랜드를 지배하고 있는 점을 비판합니다. 나아가 영국의 중심인 잉글랜드가 스코틀랜드를 병합하고 지배해온 점도 비판했습니다. 아울러 미국이 세계 최강국으로서 약소국을 침략하거나 영국이 미국에 빌붙어 중동에서 전쟁을 일으키는 데에도 비판을 거두지 않았어요. 그런 점에서 그는 국제인이고 세계인입니다. 명실공히 진정한 코스모폴리탄입니다.

켄은 강대국의 국가주의나 민족주의도 거부합니다. 그러나 약소국이 자국을 지키기 위해 국가주의나 민족주의를 외치는 것마저 부정하지는 않습니다. 한국은 상당히 부유하고 강한 나라가 되었음에도 여전히 민족주의나 국가주의가 강한 나라죠? 저는 그것이 미국이나 중국이나 일본과 같은 강국에 대해서가 아니라 약소국에 대한 것, 특히 동남아 중심의 가난한 나라에서 온 이주노동자에게 행해질 때 반대합니다.

이주노동자나 국내 노동자나 출신과 관계없이 모든 노동자는 인간다운 존엄성을 보장받는 고용과 노동조건을 누리고, 자신의 권리를 지키기 위해 다른 노동자들과 단결하며 사용자와 교섭하고, 그런 교섭을 위해 단체행동을 할 수 있는 권리를 인정받아야 합니다. 우리는 이미 1948년 헌법에서부터 노동자의 인권을 기본적 인권으로 규정해왔으나 그런 헌법을 위배하는 법률이나 정책들 때문에 노동자들은 인간다운 삶을 누리지 못했습니다. 켄의 영화는 소위 선진국이라고 하는 영국이나 미국에서도 그런 작태가 벌어지고 있음을 고발하고 있는데, 한국을 비롯한 소위 후진국의 노동 현실은 더욱더 열악합니다.

자국의 부당한 국가주의를 비판하기는커녕 소위 '국뽕'이라는 대중적 취향에 영합하는 영화들처럼 상류계층의 기호에 맞는 부르주아 근성의 영화들만 제작되는 현실에서 켄의 영화는 그야말로 '인간 존엄성의 영화'라고 할 수 있습니다. 켄이 극도로 증오한 마거릿 대처 이후 소위 신자유주의는 실질적으로는 노동자이면서도 형식적으로는 사용자 또는 개인 영업자라는 식으로 노동을 착취하는 변태를 양산했습니다. 그 결과 신자유주의는 노동자 보호라는 헌법과 국제법의 이상을 파괴했는데요. 이제 신자유주의라는 이름의 반자유주의를 버리고 참된 자유주의, 자유로운 개인의 행복한 노동을 보장하는 1945년 2차 대전 종결 이후의 시절, 곧 인류의 이상이었던 그 시절로 되돌아가야 합니다. 한국에서도 1945년의 해방과 1948년의 헌법으로 돌아가야 하지 않을까요?

자유로운 개인은 단순히 행복한 노동으로 끝나는 것이 아니라 그것을 가능하게 해주는 개인의 마음까지 자유롭게 보장할 때 가능합니다. 예를 들어 국가와 사회체제가 아무리 자유롭게 변한다 한들 개인에게 가장 중요한 틀인 가정의 자유가 없이는 마음이 자유롭지 못하지요. 가정과 학교의 민주주의가 자유로운 개인 양성에 매우 중요하다고 주장하는 이유입니다. 권위주의적인 부모나 폭력적인 부모 밑에서 행복한 개인이 성장할 수 없어요. 사실 영국의 가정이나 학교는 한국보다는 훨씬 자유롭지만 켄의 영화는 그마저도 철저히 비판합니다. 자유로운 개인이 직장에서 행복하게 노동하려면 그 시작인 가정과 학교가 자유로워야 하고, 민주주의 역시 더욱 공고하게 보장되어야 하니까요.

특히 교육은 평등하고 자유로워야 합니다. 가장 인간적이어야 합니다. 어떤 억압이나 차별이 있어서는 안 됩니다. 켄은 이 세상 모든 곳에서 자유와 평등이 보장되어야 한다고 주장하는 영화를 평생 만들었습니다. 그것을 스타 시스템이 아니라 평범한 일반인들을 뽑아서, 영화 속의 주인공들처럼 느끼고 살게 하면서, 그야말로 휴머니즘이라는 말에 가장 적합한 사실적인 영화를 노동자처럼 만들었습니다. 그래서 그는 '자유로운 개인이자 행복한 노동자'입니다. 그 자신이 자유로운 개인, 행복한 노동이 가능함을 보여주었습니다. 그러니 어찌 그를 좋아하지 않을 수 있을까요?

켄 로치 필모그래피

⟨Television⟩

Catherine ('Teletale' 1964)

Z-Cars (series episodes, 1964)

Diary of a Young Man (series, 1964)

Tap on the Shoulder (The Wednesday Play, 1965)

Wear a Very Big Hat (The Wednesday Play, 1965)

Three Clear Sundays (The Wednesday Play, 1965)

Up the Junction (The Wednesday Play, 1965)

The End of Arthur's Marriage (The Wednesday Play, 1965)

The Coming Out Party (The Wednesday Play, 1965)

Cathy Come Home (The Wednesday Play, 1966)

In Two Minds (The Wednesday Play, 1967)

The Golden Vision (The Wednesday Play, 1968)

The Big Flame (The Wednesday Play, 1969)

The Rank and File (Play for Today, 1971)

After a Lifetime ('Sunday Night Theatre' 1971)

A Misfortune ('Full House' 1973)

Days of Hope (serial, 1975)

The Price of Coal (1977)

The Gamekeeper (1980)

Auditions (1980)

A Question of Leadership (1981)

The Red and the Blue: Impressions of Two Political Conferences—Autumn 1982 (1983)

Questions of Leadership (1983/4, untransmitted)

Which Side Are You On? (1985)

End of the Battle… Not the End of the War ('Diverse Reports' 1985)

Time to Go ('Split Screen' 1989)

The View From the Woodpile (1989)

The Arthur Legend ('Dispatches' 1991)

The Flickering Flame (1996)

Another City: A Week in the Life of Bath's Football Club (1998)

〈Cinema〉

Poor Cow (1967)

Kes (1969) (as Kenneth Loach)

Family Life (1971)

Black Jack (1979)

Looks and Smiles (1981) (as Kenneth Loach)

Fatherland (1986)

Hidden Agenda (1990)

Riff-Raff (1991)

Raining Stones (1993)

Ladybird, Ladybird (1994)

Land and Freedom (1995)

Carla's Song (1996)

My Name Is Joe (1998)

Bread and Roses (2000)

The Navigators (2001)

Sweet Sixteen (2002)

11'09"01 September 11 (segment 'United Kingdom') (2002)

Ae Fond Kiss··· (2004)

Tickets (2005), along with Ermanno Olmi and Abbas Kiarostami

The Wind That Shakes the Barley (2006)

It's a Free World (2007)

Looking for Eric (2009)

Route Irish (2010)

The Angels' Share (2012)

Jimmy's Hall (2014)

I, Daniel Blake (2016)

Sorry, We Missed You (2019)

〈Documentary〉

The Save the Children Fund Film (1971)

Time to go (1989)

A Contemporary Case for Common Ownership (1995)

The Flickering Flame (1997)

McLibel (2005)

The Spirit of '45 (2013)

비주류의 이의신청
영화감독 켄 로치, 다른 미래를 꿈꾸다

ⓒ 박홍규, 2021

초판 1쇄 2021년 6월 17일
초판 2쇄 2021년 7월 12일

지은이 박홍규
책임편집 이푸른
디자인 Glasscaiman

펴낸이 이은권
펴낸곳 틈새의시간
출판등록 2020년 4월 9일 제406-2020-000037호
주소 경기도 파주시 사슴벌레로45 제상가동 204호
전화 031-939-8552
이메일 gaptimebooks@gmail.com

ISBN 979-11-970325-0-9(03300)

* 파본은 구입처에서 바꾸어드립니다.
* 이 책 내용의 전부 또는 일부를 재사용하려면 반드시 저작권자와
  틈새의시간 양측의 서면 동의를 받아야 합니다.

이 도서는 한국출판문화산업진흥원의
'2021년 우수출판콘텐츠 제작 지원' 사업 선정작입니다.